도담서가 2024

QR 코드를 통해 연결된 온라인 서점에서 도서구매 가능합니다
Contact : dodamseoga2023@gmail.com

가치가 담긴 실천적 경험

보고서

기록작업을 통해 다시 만난 어린이	2018
발견과 나눔의 순환을 통한 배움	2019
어린이와 자연 사이의 벽을 허물다	2020
몸의 만남 마음의 연결	2022

교사들이 접하게 된 새로운 차원의 경험

번역도서

모든 것에 그림자가 있어요 개미만 빼고	2020
레지오 에밀리아 시립 유아학교와 영·유아센터 지침	2021
일상 속 유토피아	2021
흔적 말 재료의 모자이크	2023

매일을 살아가는 시행착오적인 경험

기타발간물

몸의 만남 마음의 연결: 공간의 한계를 넘어	2020
달팽이 실종사건	2021
빛, 호랑이, 소리	2021
달맞이공원 내비게이션을 시작합니다	2022

레지오 정신을 토대로 한
도담도담이야기 Ⅱ

발견과 나눔의 순환을 통한 배움

: 아뜰리에 정신과 함께놀이

집필진

한솔어린이보육재단
| 오문자 (대표)

한솔어린이보육재단 교육연구원
| 이경진 (연구원장)
| 윤지영 (팀장)
| 김희정 (선임연구원)
| 이수영 (선임연구원)

한솔어린이보육재단 · KCCT
| 최현아 (현장연구원)
| 이오영 (현장연구원)
| 손유림 (현장연구원)

참여 어린이집

경찰청어린이집	항공누리어린이집
광명경찰서어린이집	현대양재어린이집
기아광주어린이집	현대제철당진어린이집
르노삼성연구소어린이집	현대제철인천어린이집
무궁화어린이집	CJ키즈빌어린이집
서산오토밸리어린이집	KR어린이집
서울시농수산식품공사올본어린이집	LB루셈어린이집
풀무원어린이집	LG이노텍(파주)어린이집
하이원태백어린이집	SKY어린이집
한솔교육&CJ키즈빌어린이집	the KIDS 여의도2어린이집
한화여의도어린이집	

* 어린이의 개인정보 보호를 위해 사진 사용에 대한 동의와 어린이 가명을 사용하기로 보호자의 동의를 받았습니다.

레지오 정신을 토대로 한
도담도담이야기 II

발견과 나눔의 순환을 통한 배움
: 아뜰리에 정신과 함께놀이

한솔어린이보육재단 · 오문자

책 발간에 즈음하여

한솔어린이보육재단은 정체성 수립을 위한 '한솔다움' 찾기의 여정을 계속 이어가고 있습니다. 2017년에는 '어린이들의 존재와 권리 존중하기'라는 주제를 중심으로 현장연구를 진행하였고, 콜로키움 행사와 〈도담도담이야기 I : 기록작업을 통해 다시 만난 어린이〉(2018, 어가) 출판을 통해 서로 소중한 지혜를 나누며 영감을 받기도 하였습니다. 한솔다움 찾기 프로젝트의 두 번째 해인 2018년도에 재단은 '아뜰리에 정신'과 '함께놀이' 개념을 주제로 그 가치들의 구현에 집중해 왔으며, 우리의 경험을 더 많은 분들과 나누기위해 두 번째 '도담도담이야기'를 출판하기로 결정하였습니다.

작년에 출판된 〈도담도담이야기 I〉이 어린이라는 존재를 이해하기 위해 교사들이 새로운 관점과 방법을 통해 그들의 일상적 삶을 들여다보며 깨달은 내용이 담겨있다면, 올해의 〈도담도담이야기 II〉는 작년에 새롭게 인식하게 된 어린이들의 잠재력을 살리고 재단이 올해 선정한 핵심 가치를 실천해 보기 위해 교사들이 노력했던 현장의 경험들을 담고 있습니다. 책 내용의 구성방식은 작년과 동일하게 한 해 동안 이루어진 교사들의 기록작업 산물에 교육연구원의 생각을 첨가하여 다양한 목소리가 공존하도록 하였습니다.

보육의 질적 변화를 위해서는 물리적이고 가시적 변화가 도움이 될 것이라는 많은 현장 교직원들의 기대와 욕구를 반영하여, 올해 재단은 '아뜰리에 정신'의 함양을 하나의 주제로 설정하였습니다. 레지오 교육의 특징인 '아뜰리에'의 개념을 토대로 하되 환경적 변화 자체보다는 원리에 집중하였습니다. **'아뜰리에 정신'**의 핵심은 탐구심과 실험정신입니다. 재단은 어린이들이 주체가 되어 탐색하고 실험하며 새로움을 발견해 나가기에 우호적인 환경과 풍요로운 맥락을 마련하고자 노력했고, 이는 최근 개정된 누리과정에서 강조되는 '놀이'의 본질을 살리는 것과도 마주 닿아 있다고 봅니다. 정형화된 방식을 넘어 어린이들에게 다양한 사물과 공간을 제공하거나 열어주었고 그들의 반응에 마음의 귀를 기울여 보았습니다.

또 다른 한편으로 재단은 보육실천에서 중점을 두는 개념 중 하나인 협력의 가치를 반영하는 **'함께놀이'**에 집중하였습니다. 모두가 극한 경쟁으로 치닫는 우리 사회에서 '협력'이라는 가치가 과연 유효할지 의구심이 들 수 있습니다. 그러나 최근 연구에 의하면 협력은 어린이들 간 관계 맺음에 필요할 뿐 아니라 배움으로도 이어질 수 있다고 합니다. 어린이만이 아니라 성인이나 기관 간에도 협력은 동일한 위력을 발휘할 것이라는 믿음을 갖고 있습니다. 협력의 가치를 실천하기 위해, 재단은 도담도담연구회, 기록나눔세미나, 연구교사 협의체, 콜로키움 등 구성원들 간 생각과 시행착오적 경험을 교류하는 나눔의 기회를 강조해 왔습니다. 올해는 새로운 나눔 방식으로 콜로키움 이외에도 소규모 패널 전시를 마련하여 외부와 소통하려는 실험을 해보았습니다. 이를 통해 재단 구성원들 간 결속을 다지면서 함께 배우고 성장할 수 있다고 믿기 때문입니다.

마지막으로 〈발견과 나눔의 순환을 통한 배움〉이라는 본 책의 제목으로 돌아가고자 합니다. 우리는 배움이란 남이 발견해 낸 지식을 홀로 외우고 숙지할 때보다 자신이 궁금해 하는 현상을 들여다보며 새로움을 발견하고 그것을 다른 사람들과 나누면서 더욱 생동적이며 풍요로워진다고 믿습니다. 어린이들이 아뜰리에 정신을 발휘해 새로운 것을 발견하고 그것을 친구들과 협력하려는 과정에서 함께 나누며 배움이 깊어지듯이, 본 책의 발간으로 인해 현장 교사들의 진정어린 발견과 깨달음이 보다 많은 분들과 나누어지고 이 과정의 순환이 활발히 지속되길 기대합니다. 꿈꾸는 가능성을 살아있는 현실로 만들려면 용기가 필요합니다. 이처럼 매년 새로운 시도를 통해 발견한 경험을 나눌 수 있었던 것은 재단과 관련된 모든 분들이 같은 방향을 향해 나아가며 용기를 주셨기에 가능한 일입니다. 항상 재단의 시도를 믿고 지지해 주시는 한솔교육의 변재용 회장님, 재단 구성원 모두, 그리고 특히 현장의 여러 교직원분들, 그리고 반짝이는 모습을 기꺼이 우리와 함께 나누어준 어린이들에게 진심으로 감사드립니다.

2019년 5월 상암동에서
오 문 자
한솔어린이보육재단 대표

목차

발간사   5

Ⅰ. 들어가며   9

Ⅱ. 아뜰리에 정신을 추구하며   15

   2-1. 아뜰리에 정신 구현을 위한 성인의 실험   17
       | '아뜰리에 정신' 구현을 위한 실험들
       | 우리들의 실험 공간이 된 '아뜰리에'

   2-2. 환경적 변화에 적극적으로 반응하며 놀이를 만들어가는 어린이   44
       무형의 자료로써 공간 | 자신들만의 공간을 확보해가는 영아들
       거울을 통한 확장 | 나, 너, 우리를 이어주는 '따라방'
       일상 속 빛과 어둠 | 빛을 보기 위해 어둠을 찾는 어린이
          | 어둠 속에서 함께함을 배워간 영아
          | '상상'을 통한 탐구를 부르는 어둠
       OHP를 만난 어린이들 | 유희실 속 빛 놀이
          | OHP 위에서 만난 공룡
       라이트 테이블 위에서 피어나는 이야기 | 우주 공간
          | 알록달록 미끌미끌 물고기
          | 엄마를 잃어버린 고양이
       종이 관의 변신 | 구슬이 굴러가는 공장
       점토의 가능성 | 가치로운 순간들은 어린이들로부터 쓰여진다

   2-3. 공간을 넘나들며 아뜰리에 경험을 스스로 만들어가는 어린이   103
       | 놓치고 싶지 않은 도전, 접착
       | "소리 나!" : 바람의 흔적을 만들어 내다
       | 산책길에서 교실로 들여온 그림자
       | "우와~뭐야?" : 빛이 만들어낸 현상을 교실 안과 밖에서 만들어낸 영아들
       | 쿠션과 길이
       | '센'줄과 '안 센'줄이 뭔 줄 알아?
       | "이거 내 거야!" : 표시의 위력
       | 주스 연구소
       | 먹+물+종이 : "대박! 세상 신기해."
       | 어린이들의 생각이 놀이가 된다면, 그곳이 바로 '아뜰리에'
       | 희주의 실-미로 : 역동적 관계망 속에서 일어나는 배움

III. 협력적 가치를 추구하며   159

3-1. 어린이들의 놀이 속에서 작동하는 협력의 가치   161

| 데칼코마니 같은 시도속에서 변형되어가는 끼적이기
| 무섭지만 재미있지? : 우리에게 찾아온 특별한 감정
| 몰입과 더불어 정교해져가는 팽이놀이
| 우리는 슈퍼도로를 만들 거예요!
| 진짜 마법의 열매인가 봐~ 장난 마법의 열매가 아니고
| 성인의 카페문화를 재해석한 어린이들의 카페놀이
| 똑똑, 어떻게 오셨어요?
| 우리도 같이 만들면 되지!
| 어린이들의 연령을 넘어 '함께 배움'

3-2. 협력적 가치를 지원하는 성인 문화   203

| 같이 나누면 즐겁고 함께 하면 빛이 나니까 : 기록 나눔을 통한 원내 협의문화 구축
| 부모와 함께 나아가기
| 만들어가는 협력문화로써 연구교사 협의체

IV. 나가며   231

V. 부록   235

I. 들어가며

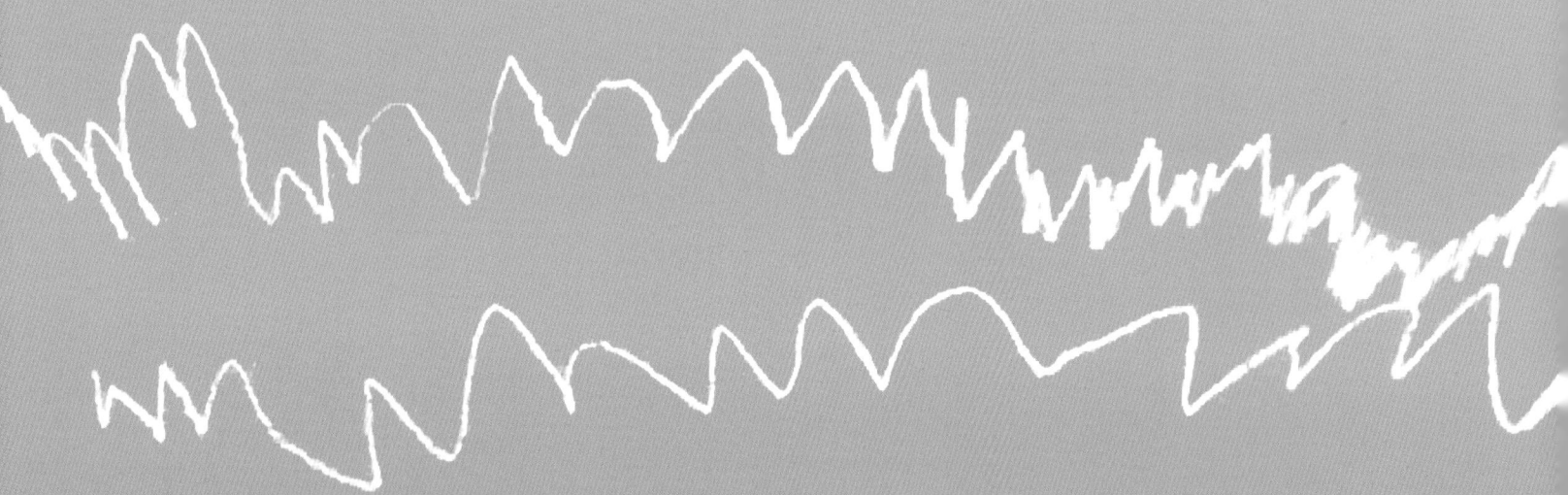

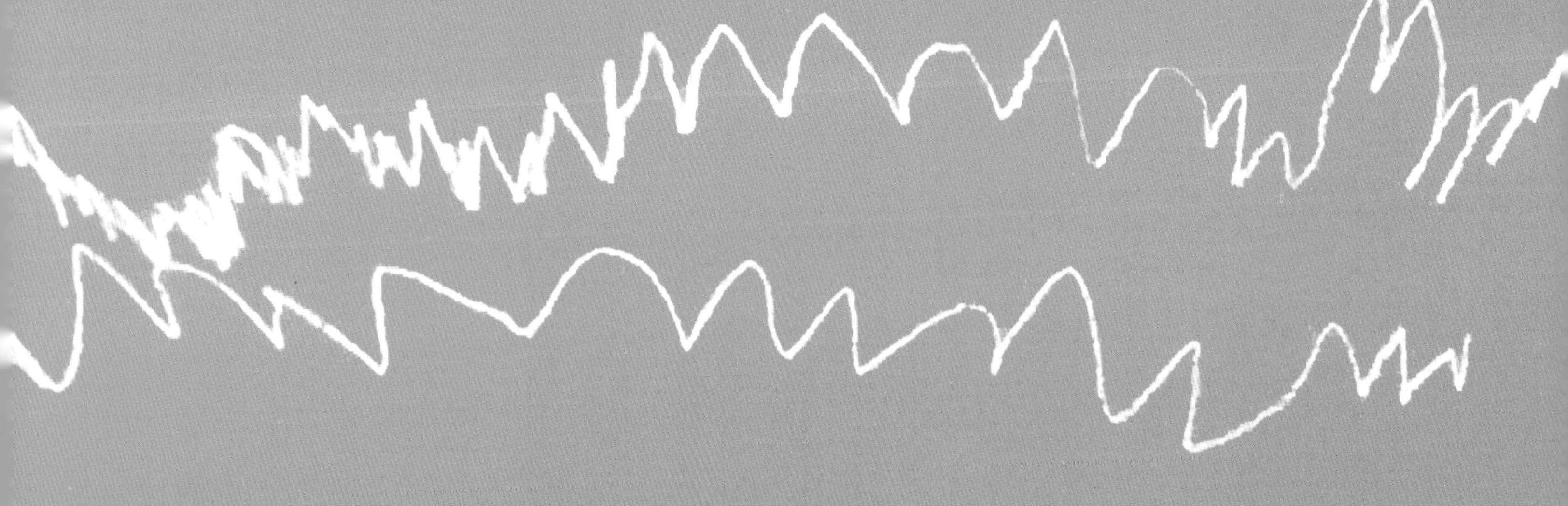

아뜰리에 정신과 협력적 가치의 상승작용을 기대하며

급변하는 현대 사회 속에서 살며 불확실한 미래 사회를 위해 어린이를 준비시켜야 하는 우리들은 종종 불안감과 갈등을 겪게 된다. 어린이들이 갖추도록 요구되는 지식은 날로 늘어만 가는 듯하고 경쟁은 점점 더 가속화되어간다. 미래 사회에 대한 확실한 대비책이 막연한 상황에서, 우리는 이전에 살아온 방식과 통념에 의존하며 익숙한 책략인 속도와 효율성 높이기에 더욱 집착하기 마련이다. 그래서 어린이를 교육함에 있어서 우리는 더욱 이른 나이에 학습지도를 시작하고 경쟁심을 북돋으며, 일정 시간 안에 더 많은 지식을 효율적으로 탑재하기 위해 주어진 시간을 더 세밀하게 쪼개는데 집중하기도 한다. 이미 많은 사람들이 미래 사회에서는 창의성과 융통적 사고, 그리고 협력과 소통이 필요하다고 동의하고 있다. 그러나 시간에 쫓기는 우리가 어린이들에게 스스로 무엇인가를 발견하고 창출하며 즐거워할 기회를 제공하는 것은 대단한 모험처럼 보인다. 또한 개인 간 경쟁이 극심한 현 상황에서 협력과 나눔이란 시간 낭비이고 비효율적인 행위는 아닌지 생각하게 된다. 어린이들이 교육적 경험의 주체가 될 능력과 자질을 갖춘 존재인지에 대한 믿음이 확고하지 않은 우리는 혹시 창의적 사고와 소통 능력, 그리고 협력적 성향조차 우리가 더 효율적으로 주입하고 더 잘 전달하면 되지 않을지 생각하기도 한다. 그러나 새로운 접근이 불확실하다고 기존의 익숙한 접근에 더 집착하는 것은 앞으로 나아가기보다 과거로의 후퇴가 될 수도 있을 것이다. 설사 모험이 된다고 해도 우리는 실험적인 시도를 계속해 나가야만 변화와 발전이 있을 것이다. 이에 올해 재단은 아뜰리에 정신과 함께놀이에 주목하기로 하였다.

우리의 관점은 어린이들과의 작업에서 막강한 영향력을 발휘하기 때문에 우리는 항상 우리의 실험적 시도를 신중히 검토하며 그 근거, 즉 '왜'를 면밀히 살펴볼 필요가 있다. 우리 현장에서 아뜰리에는 종종 레지오 교육 실천을 가시화하는 방법으로 인식된다. 레지오 교육의 근간인 기록작업에 집중하기보다 아뜰리에라는 물리적 공간 설치에 몰입하여, 공간을 마련하고, 아름답게 설비하며, 다양한 자료들로 채우기에 바쁘다. 레지오 교육에서 아뜰리에는 성인과 어린이의 모임의 장소, 기록이 남는 장소, 사고를 자극하는 자료가 있는 장소라는 다양한 기능도 있지만 무엇보다도 어린이들의 탐색과 실험의 장소이다. 교육학자인 듀이(Dewey)는 배움은 능동적 과정이라는 점을 역설하고, 타인이 미리 준비되고 정리된 지식체를 전달하는 것이 아니라 학습자가 능동적으로 활동에 직접 참여하여 자유롭게 실험하며 지식이 구성된다는 점을 강조한다. 이 관점에 따르면 아름답고 멋진 공간으로 아뜰리에가 설치되고 수많은 자료가 구비된다고 해도 이 공간에서 실험과 자유로운 탐구가 일어나지 않는다면 발견과 배움이 일어나지 않으므로 존재의 가치가 사라진다. 그래서 공간 자체가 아니라, 발견과 탐구의 가능성을 담은 맥락으로써 아뜰리에, 혹은 '아뜰리에 정신'(the Spirit of Atelier)을 살리는 것이 무엇보다 중요한 것이다.

레지오 교육원리에 영감을 받은 교실에는 항상 자료가 넘쳐난다. 레지오 교육의 탐구와 배움을 지원하는 '백 가지 언어'라는 개념과 자료를 동일시하기 때문이다. 이 경우 자료가 모든 것을 해결해 주는 만능약이라 생각하기 쉽지만, 자료는 자동적으로 언어가 되는 것은 아니다. 자료가 배움의 매개체로서 역할을 하려면 어린이의 생각을 떼어놓고 이야기할 수 없다. 비고츠키(Vygotsky)를 비롯한 사고를 매개해주는 상징의 역할을 연구하는 학자들의 주장에 의하면, 어린이가 자신의 생각을 표현하고 문제를 해결할 때 비로소 자료는 '사고의 매체'(medium) 혹은 '배움의 언어'가 될 수 있다. 그러므로 자료를 활용하여 산출된 현란한 결과물이 아니라 어린이의 의도 구현을 위해 자료가 사용되는 과정에 집중하는 것이 중요하다. 자료 자체가 배움을 보장해주는 것이 아니며, 교육적 가치가 있는 좋은 자료와 나쁜 자료가 별도로 구분될 수 있는 것도 아니다. 교사는 어린이가 다양한 자료를 적극적으로 탐구할 기회, 자신이 몰입하는 상황에서 생각을 확장시키는 도구로 자료를 사용할 맥락을 마련해주어야 한다. 물론 어린이들은 새로운 자료를 보면 탐구심을 발동시키지만, 무조건 풍부하고 다양한 자료가 항상 비치되어야 하는 것은 아니다. 어린이 각자의 이전 경험에 따라 흥미를 끄는 자료도 다르며, 자료가 지나치게 풍부하면 오히려 손이 바쁘더라도 마음은 따라가지 않는 경우도 발생할 우려가 있다. 무엇보다도 물리적 자료가 아뜰리에의 주인공이 되는 현상은 아뜰리에 정신을 살리는 것에도 도움이 안 되며, 어린이들의 사고를 활성화시키지 못한다는 점도 유념할 필요가 있다.

협동, 배려, 나눔의 가치는 과거, 현재, 그리고 미래의 삶에서도 필수적 가치로 인식되고 강조되고 있지만, 이제 우리는 이 익숙한 가치를 새롭게 접근할 필요가 있다. 이전에 협동은 노동 분담을 통한 생산성 확보, 그리고 대집단을 위한 소수의 희생을 강요하는 등, 집단 대 개인이라는 대결적 관점에서 해석되어왔다. 그러나 MIT Media Lab에서 집중적으로 연구되고 Harvard Project Zero팀과 레지오 교육자들이 현장 연구를 통해 부각시킨 '집단지성'(collective intelligence) 혹은 '집단학습'(group learning)의 관점에서 보면, 협력과 나눔은 집단뿐 아니라 개인의 삶과 배움을 윤택하게 해주는 긍정적 책략이 될 수 있다. 현재까지 우리는 지식의 주입을 통해 배움이 일어남을 전제로 교육해왔다. 그러나 앞으로는 학습자가 주체가 되어 새로운 아이디어와의 만남과 깨달음을 통해 타인과의 관계 속에서 지식을 구성해가는 과정이라는 사회구성주의 인식론적 관점에 귀를 기울일 필요가 있다. 자신의 경험에 의미를 부여하고 세상을 이해하고자(meaning making)하는 성향의 어린이들이라면 이 과정에서 능동적으로 자신의 생각을 끊임없이 재조직하고 수정해 나갈 것이다. 이에 대해 레지오 교육을 이끌어 온 리날디(Carlina Rinaldi)는 "대화가 절대적으로 중요하다. 여기서 대화란 단순한 교환으로서가 아니라 변환의 과정으로서, 그 안에서 우리는 최종 결과가 무엇이 될지를 절대 통제할 수 없는 상태를 말한다." 고 한다.

러시아의 학자인 비고츠키(Vygotsky)는 어린이가 개인으로서가 아니라 타인과의 협의를 통해 새로운 아이디어를 얻고 자극을 받아 생각이 발전할 수 있다는 것을 '근접발달영역'(Zone of Proximal Development)의 개념으로 역설하고 있다. 각기 경험의 역사가 다른 또래들은 동일 현상이나 문제에 대해 서로 다른 생각을 가지고 있을 수밖에 없다. 이것은 불필요한 갈등이 아니라 서로의 생각을 발전시키는 생산적 자극이 될 가능성이 있다. 그렇다면 함께 놀이하면서 문제를 해결하거나 생각의 나눔이 활발하게 일어나는 상황에서 어린이들은 서로의 비계(scaffold)를 설정해 주며 상호 학습과 발달을 지원할 수 있다. 사회적구성주의 관점의 또 다른 학자인 로고프(Rogoff)는 참여의 중요성을 부각시키면서, 배움이 어린이에 따라 각기 수용할 수 있는 만큼 자신에게 맞추어 적합화 혹은 전용(appropriation)되는 현상에 주목한다. 이처럼 자연스러운 놀이 상황에서 작동하는 협력은, 수준에 따라 면밀히 계획된 집단 안에서 언어적 상호작용을 통해 일률적인 수준의 배움이 성취되기를 기대하는 협동학습과는 성격이 다르다. 오히려 우리가 교실에서 다양한 언어와 방식을 통해 일어나는 서로 다른 성격과 수준의 배움에 주목할 때 협력은 더 많은 가능성을 보여준다.

그러나 학습자간 협력은 자동적으로 일어나지 않는다. 어린이들은 협력을 통해 서로의 배움을 자극하고 도움을 줄 잠재력과 성향은 있지만, 이를 최대한 끌어내어 발전시키는 것은 성인의 역할이다. 우리는 '협력하는 법을 배우는' 기회가 필요하다. 이를 위해 재단은 어린이들에게 놀이를 통해 협력하는 법을 습득하고 협력의 생산적 가치를 경험하도록 하고자 한다. 협력적 가치를 어린이와 함께하는 현장에서 살아내기 위해 재단은 '함께놀이'라는 개념을 설정하였다. 그러나 정해진 놀이 방식이 있고 교사가 개입해야 하는 일반적 놀이 활동과는 달리 접근하고자 한다. 함께놀이의 정형을 준비하여 어린이들에게 활동 형태로 제공하는 대신, 우리는 어린이들이 주도하는 놀이 안에서 함께놀이 개념을 찾아보고자 한다. 즉 어린이들에게 '주기' 대신 어린이들이 몰입하는 경험 안에서 함께놀이 요소를 '찾아내어 격려하기'로의 전환이 필요하다. 왜냐하면 놀이(play)란 교육적 경험이 일어날 가능성이 있는 맥락이고, 그 안에서 협력이라는 가치를 추구하는 것은 바로 교육자인 우리이기 때문이다. 이런 접근을 통해 우리는 어린이가 배움의 주체가 되는 놀이 중심 교육과 보육을 실천하고자 한다.

아뜰리에 정신과 함께놀이 혹은 협력이라는 두 개념을 새롭게 해석하고 접근하자 새로운 가능성이 보인다. 특히 물리적으로 아늑한 공간에서 적은 수의 어린이들이 경험의 주체로서 탐색과 실험에 몰입하게 되는 아뜰리에 경험은 구성원들 간의 긴밀한 상호작용이 잘 이루어질 수 있는 상황으로 보인다. 실제 한 원장님은 구성원간 협의문화를 만들어가기위해 우선적으로 아뜰리에를 주목하였다. 작은 단위의 공간 안에서 문화를 바꾸어 보기가 상대적으로 쉬울 것이라 판단하였고, 추후 이 공간에서 시작된 문화가 어린이집 전체에 스며들기를 기대하였다. 동일한 맥락에서 재단은 작은 집단 안에서 서로에게 민감하게 반응하면서 협력의 가치가 살아날 수 있기를 기대하며 올해 현장연구 주제로 아뜰리에 정신과 함께놀이의 두 개념을 결합시키기로 하였다. 이를 통해 **'어린이들이 배움의 주체가 되어 끊임없이 무엇인가를 발견하고, 발견한 것을 타인과 나누는 과정을 거치면서 함께 배우며 성장할 수 있을 것'**이라고 기대해 본다.

II. 아뜰리에 정신을 추구하며

2-1. 아뜰리에 정신 구현을 위한 성인의 실험

\ '아뜰리에 정신' 구현을 위한 실험들
\ 우리들의 실험 공간이 된 '아뜰리에'

'아뜰리에'라는 개념은 모두에게 매우 매력적이지만 실행하려면 곤혹스러운 과제로 다가오기 쉽다. 배움의 출발점이 되는 아뜰리에 정신을 놀이 속에서 구현하기 위해 성인이 할 수 있는 부분은 무엇일까? 재단은 '공간으로서 아뜰리에'가 아닌 '아뜰리에 정신'에 집중하기로 하였다.

첫 이야기에는 여러 기관이 아뜰리에 정신을 살리기 위해 재단의 지원을 받아 물리적 환경변화를 시도해 본 사례가 담겨있다. 기관들이 직면한 문제는 아뜰리에 설치를 위해 필요한 공간을 어떻게 확보할 것인가? 새로 생겨난 공간 안에는 어떤 자료를 모으고 어떻게 배치할 것인가? 이다. 현장은 **공간 새롭게 보기**와 **자료 새롭게 보기**라는 두 원칙을 중심으로 재단과 작업을 하였고, 그 과정에서 새로운 공간과 자료를 덧붙이는 것을 벗어나 기존 공간과 자료를 활용하여 새로운 쓰임을 창출할 수 있는 많은 가능성을 발견하였다. 그러나 이는 시작에 불과하다. 설치가 완벽하게 이루어진다면 교사와 부모, 그리고 어린이들이 아뜰리에를 받아들여 잘 활용할 것인가?

두 번째 이야기는 설치된 아뜰리에 공간에 교직원을 포함한 성인들이 **나름의 속도와 방식으로 다가가는** 모습을 운영자의 관점에서 기술하고 있다. 아뜰리에라는 생소한 개념을 도입하면서 원장과 교사들이 느낀 불안감, 시행착오로 점철된 도전, 그리고 그 결과로 얻은 보람과 희열이 담겨있다. 교사들은 그 과정에서 각자의 어려움과 의구심, 궁금증을 숨기지 않고 드러냈고, 함께 해결 방안을 모색하였다. 이 사례에서 주목할 것은 구성원들이 타 기관의 경로와 방법을 수동적으로 답습하기보다는 자체적으로 아뜰리에에 대한 도입방법과 활용 책략을 찾아 나갔다는 점이다. 또 다른 주목할 점은 구성원들 간의 상호 신뢰와 존중감이 변화의 원동력이 되었다는 점이다. 리더로서 원장은 교사들을 압박하기보다 기다려주었고 강요하지 않고 넌지시 제시하였으며, 그들의 두려움과 어려움을 인정하고 함께 방법을 모색하였다. 교사들 역시 원장이 일관성과 확신을 보여주었기에 전반적 방향성에 대해 믿음을 갖고 따를 수 있었다.

아뜰리에 설치의 취지와 근거를 잘 이해해 본다면 새로운 실험이지만 누구나 의외로 쉽게 도전해 볼 수 있다. 아뜰리에가 모든 문제를 해결해주는 만능약이라고 간주하기보다 아뜰리에 정신을 살리는 것에 집중한다면 결코 불가능하거나 난해한 작업도 아님을 볼 수 있다.

'아뜰리에 정신' 구현을 위한 실험들

한솔어린이보육재단 교육연구원

어린이들에게 실험을 통한 발견과 배움을 꿈꾸게 하는 공간인 **아뜰리에**. 그래서인지 레지오를 참조하는 영유아기관에서는 마치 선행되어야 할 필요조건처럼 아뜰리에를 설치한다.

하지만, 왜? 누구를 위해서? 라는 물음표가 생길 만큼, 어린이의 실험공간이 아닌 전시관이나 미술관처럼 아뜰리에가 설치되는 것을 종종 보게 된다. 어린이의 실험과 배움보다는 성인들의 만족을 위해 설치되어, 보기에는 그럴싸해 보이지만 어린이들이 어지럽혀서는 안 되는 공간으로 점점 그 의미를 잃어 가는 것은 안타까운 일이다.

이런 현실과 의미 왜곡의 가능성을 충분히 인식하면서, 재단은 아름답게 보이는 자료로 가득한 물리적 공간보다 '아뜰리에 정신'에 집중하기로 하였다. 재단은 아뜰리에 정신 구현을 시도하려는 기관의 신청을 받아 현장 방문을 통한 지원을 계획하였다. 우리의 목표는 '각 기관의 상황이 반영된' 아뜰리에 환경을 만들어 나가는 것이었다. 어린이집을 신축하는 경우, 아뜰리에 공간을 미리 확보한 기관도 있지만, 아뜰리에 설치를 위해 증축을 한 경우는 없었다. 우리 지원의 핵심 원칙은 공간과 자료를 새로 구비하는 대신, 이미 가지고 있는 **익숙한 공간과 자료 새롭게 보기**에서 시작하는 것이었다.

재단의 지원은 3회에 걸쳐 이루어졌다. 1차 모임에서는 공간 둘러보기와 더불어 원장과 교사들이 아뜰리에 정신을 이해하고 함께 협의를 통해 방향을 결정하도록 지원하였다. 2차 모임에서는 교사들이 찾아낸 공간과 자료를 공유하고 새로운 자료를 소개하는 등, 관점을 넓히는 것에 초점을 두었으며, 마지막 3차 모임에서는 교사들이 직접 자료를 갖고 놀아보고 서로 기록하며 자료의 가능성에 대해 알아가는 시간을 가졌다. 재단 입장에서 실험과도 같았던 아뜰리에 정신 구현 작업은 여전히 진행 중이다. 이제 지난 1년간의 우리 작업 과정을 아뜰리에 설치를 위한 '공간 새롭게 보기'와 자료를 구비해 주기 위한 '자료 새롭게 보기'의 두 축을 중심으로 지원 사례를 돌아보고자 한다.

1. 공간 새롭게 보기

우리가 궁극적으로 추구하는 것은 아뜰리에 정신의 구현이지만, 어린이들에게 탐구정신을 자극할 만한 새로운 공간 또한 우리들에게 필요하고 도움이 될 것이다. 먼저 어린이집의 모든 교직원이 모여 우리 어린이집의 공간을 새롭게 둘러보기에서 시작하였다. 여기서 '공간 새롭게 보기'란 다른 용도로 활용되고 있는 공간이나 어린이를 위해 활용될 수 있을 것이라고 생각조차 안했던 공간 중, 어느 곳이든 어린이들에게 실험이 이루어질 수 있는 곳이라면 아뜰리에가 될 수 있다는 생각으로 모든 공간을 새롭게 열고 보자는 의도였다.

아뜰리에 설치를 위한 적절한 공간 마련을 위해 모든 교직원이 모여 협의를 하게 된 것이 '기존 공간을 새롭게 보다'에 대한 의견 나누기의 중요성 뿐 아니라 교직원 각자 공간에 대해 부여하는 의미가 다르기 때문이었다. 어린이집은 원장의 개인적인 판단에 따라서만 아니라 모든 교직원과 모든 어린이들에게 의미 있는 방식으로 공간이 사용된다. 교직원들은 아뜰리에 설치를 위하여 비어 있는 공간, 잘 사용되지 않는 공간 그리고 창고 등 물품을 보관하는 곳이나 자투리 공간까지 되돌아보고 서로의 생각과 서로 가지고 있는 의미들에 대해 생각을 나누는 시간을 가졌다.

"아뜰리에 설치를 시도하면서 아뜰리에가 가지는 공간적 의미에 치중해 생각하고 있었는데, 이번 협의를 통해 공간적 의미에 집중하기 보다는 어린이들에게 자발적이고 실험적인 경험을 충분히 지원해주는 것이 중요함을 알게 되었다."

2018. 3. 15, H어린이집 아뜰리에 설치 협의 중에서, K교사

"어린이집에서 현재는 전시용도로만 쓰이는 공간, 곳곳의 숨은 공간을 새롭게 해석하여 활용해보는 것도 좋을 것 같다는 생각이 들었다."

2018. 3. 19, A어린이집 아뜰리에 설치 협의 중에서, Y연구원

"우리 어린이집의 환경과 교사들의 개별적인 특성을 파악하는 기회가 되었고 지금까지와는 다른 시각으로 교실 환경을 바라보기 시작하는 과정에서 힘들지만 잘 했구나 하는 안도감이 든다."

2018. 4. 5, P어린이집 아뜰리에 설치 협의 중에서, L원장

"아뜰리에 설치의 막연한 두려움에서 협의를 통해 생각의 변화를 갖게 되는 의미 있는 시간이였다. 우리 어린이집의 창이 많고 빛이 잘 들어오는 특성을 살려 어린이들에게 심미적인 즐거움을 줄 수 있는 공간을 만들어야겠다는 생각이 든다."

2018. 3. 21, M어린이집 아뜰리에 설치 협의 중에서, A원감

이렇게 아뜰리에 설치 협의는 교사들에게 막연함과 두려움, 그리고 물리적 공간이라는 의미에서만 떠올리기 쉬운 설치의 편견에서 조금은 벗어나게 해주었으며 아뜰리에 정신에 대한 생각과 동료 교사들의 생각에 대한 귀 기울임으로, 기존 공간을 새롭게 보면서 우리 어린이집만의 공간적 특성을 살리는 것으로 한걸음 내딛게 되었다. 그 결과 각 어린이집마다의 상황을 고려한 아뜰리에 설치 방식을 정리해보면 다음의 몇 유형으로 묶을 수 있었다.

1) 유휴 보육공간의 활용

아뜰리에를 위한 독립된 공간을 별도로 설치해야만 하는 부담을 내려놓고, 다용도로 사용하거나 유휴 공간인 기존 보육 공간들에 대해 새롭게 바라볼 수 있는 기회를 가져보았다. 어린이집의 연간 운영 계획에 따라 한시적 또는 일정 기간 사용하지 않는 보육실이 생기거나, 개원이후 원아 모집에 따라 배정하고 남은 보육실이나 특별활동실이 있기도 하다. 몇몇 어린이집은 이 공간을 활용하여 아뜰리에를 설치하였다. 그 예로, H어린이집은 연간 운영 계획에 따라 한시적으로 사용하지 않는 보육실을 아뜰리에로 구성하여 영아와 유아를 위한 아뜰리에로 활용하였고, S어린이집은 개원 후 연령별로 보육실을 배정하고 남은 만5세의 보육실을 활용하여 유아들이 주로 사용하는 아뜰리에를 구성하였다. 또한, K어린이집은 특별활동실로 사용했던 공간에 부피가 큰 악기들이나 기타 비품들을 다른 곳으로 옮기고 그 공간에 아뜰리에를 설치하였다. 어린이집 내에서 각 어린이집의 상황과 여건에 따라 비어 있는 공간을 활용한 것이다.

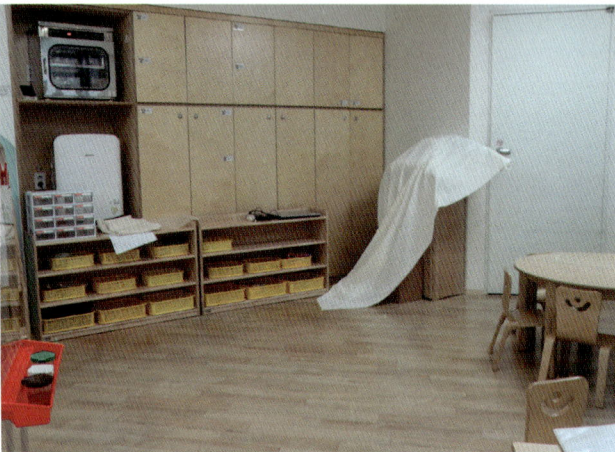

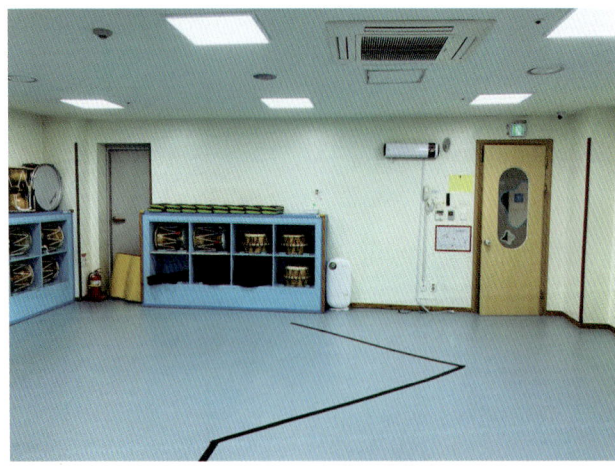

(왼쪽 윗줄부터)
- H어린이집 내 유휴 보육실
- S어린이집 내 유휴 보육실
- K어린이집 내 특별활동실

2-1. 아뜰리에 정신 구현을 위한 성인의 실험

2) 공간의 용도에 대한 관점 전환

아뜰리에 설치를 위해 비워진 공간이 없다면, 평소에 잘 사용하지 않거나 아예 폐쇄되어 있던 공간을 새롭게 들여다 볼 필요가 있다. 예를 들면, 어린이들의 대근육 활동을 위한 기자재를 보관하는 창고 대용 공간이나 대근육 활동을 위하여 구조화된 실내 놀이터의 위층과 아래층의 비어 있는 공간, 어린이들의 안전을 위하여 인위적으로 폐쇄 되었던 자투리 공간을 활용할 수 있다. 이런 공간은 대부분 햇빛이 들지 않는 어두운 곳이거나 천장이 낮아 어린이들이 활동하기에 적절하지 않다고 생각되었던 곳이다. 통상적 기준으로는 보육에 적절치 않지만, 시각을 전환시키면 의외의 가치를 발견할 수 있는 공간들이다. 어린이들의 흥미와 배움이 잘 엮인 실험과 탐구가 가능하다면 어두운 공간, 천고가 낮은 공간, 좁은 공간, 반듯하지 않은 공간도 나름의 가치를 살릴 수 있는 여지가 있다.

A어린이집은 어린이들의 대근육 활동을 돕기 위한 기자재를 보관하던 복층 구조의 아래층을 이용하여 창고를 아뜰리에로 변화시켰다. 어둡다는 특성을 활용하여 빛을 탐색하는 공간으로 구성하기로 하였고, 햇빛을 더 차단하여 빛에 대한 민감함을 높이고자 입구에 암막커튼을 사용하기도 하였다.

H어린이집과 P어린이집은 실내 놀이터로 구성된 놀이집의 아래층을 활용하였다. 천장이 낮고 햇빛이 잘 들지 않는 점을 활용하여 벽면에 거울지를 붙이고 조명을 활용하여 영아들이 아늑함을 느끼며 거울의 반사현상과 빛을 탐색할 수 있는 공간으로 만들었다.

D어린이집은 2층으로 올라가는 계단 아래 작고 협소한 공간에 주목하였다. 천장의 모서리 부분과 성인의 시선이 닿기 어렵다는 점으로 인해 교구장으로 막아 어린이들의 출입을 일체 금지하였던 곳이다. 이 공간의 위험요소를 제거한 후 개방하면서 영아들이 빛과 그림자를 탐색하는 공간으로 변화시켰다. 이렇게 기존에 잘 사용되지 않거나 아예 사용을 금지했던 공간들은 오히려 그 특성을 살려내면서 빛과 어둠을 대조해보며 실험하기에 적합한 공간으로 재탄생되었고, 다양한 기기와 자료를 활용하여 빛을 중심으로 한 어린이들의 실험이 이루어지는 배움의 공간으로 바뀌게 되었다.

또한, A어린이집의 도담뜰은 복층으로 구성되어 있으며 1층은 어린이들과 부모들이 책을 읽고 소통하는 공간으로 목적에 맞게 잘 활용되고 있었다. 그러나 2층은 천장이 낮고 구조상 교사의 시야가 확보되지 않는 점 등으로 인해 세탁물을 건조하거나 기타 교직원 등의 휴게 공간으로 이용되었던 공간이었다. 하지만 공간 구조의 특성을 살려 다양한 재질과 크기의 종이 등 자료를 구비한 종이 아뜰리에로 설치하였다.

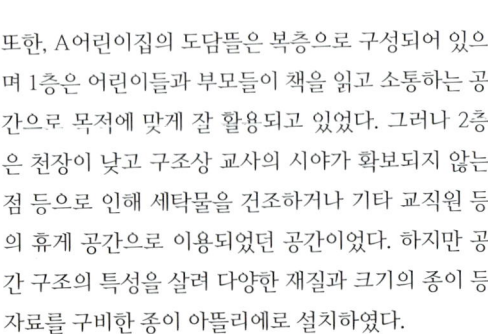

3) 공동 사용을 통한 공간 창출

새로운 공간을 마련할 수 없지만, 이미 다른 용도로 사용되고 있는 공간을 들여다보면 가능성이 보이기도 한다. 가구를 재배치하거나 새로운 기기를 더해주면 공간이 새롭게 구획되거나 창출될 수도 있다. 어린이집에는 열려있는 공용 공간 혹은 전이 공간들이 다수 존재한다. 이 공간들은 모든 교직원과 각 연령의 어린이, 그리고 부모들에게 접근이 가능하지만 동시에 흐름이 있는 공간인 만큼, 어린이들이 어떤 생각을 하고 있는지 그 사고 과정을 어린이집 전체가 소통할 수 있다는 장점을 살릴 수 있다. 또, 공용 공간 중 일부 자투리 공간도 새로운 시각에서 보면 어린이들의 탐색과 실험의 공간으로 다시 자리를 잡을 수 있을 것이다.

H어린이집에서는 부모와 교사, 부모와 어린이, 어린이들과 어린이들이 만나는 공간이자 때로는 물을 마시기도 하고 관상용 식물을 관찰하던 공간의 한쪽 벽면에 OHP와 자료를 내어주었다. 제일 염려하였던 점은 영아들의 안전이었지만, 오히려 영아들에게 최고의 빛과 그림자 탐색 놀이 공간이 되었다.

M어린이집에서는 식당을 오가는 전이 공간인 길목을 활용하였다. 이곳은 구성원의 순환이 일어나는 공간이기도 했는데. 기둥을 중심으로 한 유리창과 하부장, 그리고 교구장 등을 활용하여 어린이들이 오가며 자료를 탐색해 볼 수 있도록 시도하였다.

다른 어린이집에 비해 보육실의 크기가 유독 작은 B어린이집에서는 어린이들이 보육실에서 벗어나 자연스럽게 실험의 흔적들이 복도로 흘러 나오는 것을 교사들이 허용해 주었다. 그러면서 교실 밖 공간은 아뜰리에가 되었고 점차 모든 연령의 어린이들이 소통하는 공간이 되었다. 특히 계단 아래 위치했던 라이트 테이블과 유토가 놓여있는 작은 복도에서는 어린이들의 연령과 무관하게 놀이가 이루어졌고, 협력적 배움이 일어났다.

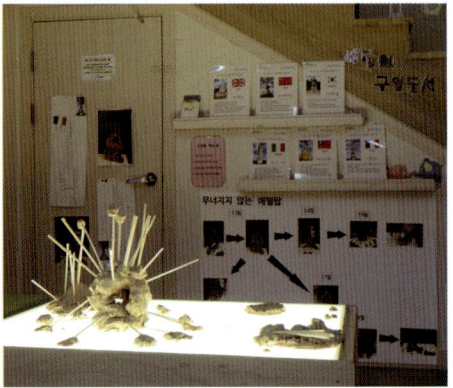

단층의 건물 안에 학급수가 많은 T어린이집은 모든 어린이집의 사람들이 만나고 지나치는 공용 공간 내에 유리벽으로 구분해놓은 도담뜰을 다른 곳으로 옮기고 아뜰리에를 설치하였다. 공용 공간 안에 유리벽으로 둘러 쌓인 아뜰리에는 그 위치나 소재의 특징으로 인해 부모나 어린이들 간의 소통이 자연스럽게 이루어지고 있다.

아뜰리에에서의 놀이는 바깥놀이에서도 그 흐름이 연결되었다. 어린이집의 산책길이나 바깥놀이터의 일부 공간, 건물 외벽을 이용하여 아뜰리에를 설치해갔으며, 실내 공간에서 이루어지기 어려웠던 실험이나 탐색이 이루어졌고, 실외 공간의 아뜰리에 설치로 자연과 함께 하는 놀이가 더 깊어져 갔다. M어린이집은 바깥놀이터를 활용하여 실외 아뜰리에를 설치하였고, N어린이집은 전체 공간대비 보육실이 다소 협소한 편이지만 보육실 앞 설치된 테라스가 있기에 교사들의 협의에 따라 어린이들의 놀이가 보육실에서 테라스로도 이어질 수 있도록 공간을 일시적으로 마련하기도 하였다.

4) 보육실의 일부 공간 활용: 미니 아뜰리에

아뜰리에에서 일어난 어린이들의 놀이는 종종 보육실 안으로 들어와 연결되고 확장되기도 하였고, 반대로 보육실에서의 놀이는 자연스럽게 아뜰리에에서 더 깊은 실험으로 연결되었다. 이렇게 아뜰리에 정신은 자연스럽게 보육실과 아뜰리에를 오고갔으며, 그 경험들은 상호 보완되며 발전해 나갔다. 결국 아뜰리에가 미술활동이 일어나는 공간이 아니라면, 보육실 모든 영역은 마음먹기에 따라 항상 아뜰리에로 변화할 가능성이 있다. 그리고 이 책의 다음에 이어지는 II-2 부분에 소개된 사례들에서 어린이들은 이런 일이 실제 가능하다는 것을 끊임없이 확인시켜주고 있다.

2. 자료 새롭게 보기

재단 지원의 아뜰리에 컨설팅을 받은 어린이집들은 아뜰리에 설치를 위한 공간을 마련한 이후 그 안에 구비할 기기와 자료를 선정하는 일에 착수했다. 어떤 기기들이 도움이 될까? 어떤 자료들이 어린이의 흥미를 유지하면서도 배움이 일어나도록 할 것인가? 이에 교사들은 서둘러 새로 마련된 공간을 채우기보다는 기존에 어린이집에서 또는 일상생활에서 사용하던 자료를 찾아보고 이것들을 새로운 시각으로 들여다보기 시작하였다.

"교사들과 협의 과정을 거쳐 실제적으로 어떠한 자료를 제공할 것인가에 대한 근본적인 고민을 해보았고, 가능성을 두어 다양한 자료를 생각해볼 수 있는 기회가 되었다. 교사들과 서로 자료를 찾아와 소개하고 그 안에서 교육적 가치를 예측해보는 과정이 의미 있었다."

2018. 4. 12, H어린이집 자료에 대한 협의 중에서, I교사

"협의를 통해 자료를 아이들에게 제공하기에 앞서 교사들의 많은 고민이 필요하다는 것을 실감할 수 있었다. 현재 보육실에 제공되고 있는 교재 교구의 의미를 돌아보는 기회가 되었다."

2018. 4. 19, S어린이집 자료에 대한 협의 중에서, K교사

통상적으로 교재와 교구는 교육용 자료로서 성인들이 어린이들에게 가르치고자 하는 내용을 담아 전달하는 도구로 인식되어왔다. 그러나 정해진 교육적 기능과 목적을 담은 '교재와 교구'보다 '자료'는 보다 포괄적이고 중립적인 의미를 지닌다. 만약 우리가 주변에서 만나는 다양한 자료가 어린이들이 실험하거나 생각을 표현하고 키우는 데 도움이 되는 매개체가 될 수 있다는 관점에서 보면, 어느 사물도 평범하거나 당연하지 않다. 아뜰리에 컨설팅을 통해 우리는 주변의 자료들을 새롭게 만나기 위한 절차로 몇 가지를 실행해 보았고 제안하고자 한다. 우선 우리에게 익숙한 자료의 새로운 가능성을 발견하는 방법을 찾아보는 것이다. 둘째로, 어린이의 탐구와 실험에 적절한 자료를 제공하려면 교사 자신이 자료의 가능성을 탐구해보는 시간을 갖는 것이다. 그리고 마지막으로 교사가 시야를 넓혀 주변 세상의 모든 사물의 탐구 자료로서의 가능성을 타진해 본다면 어린이들에게 제공할 자료가 부족할 일은 없을 것이다.

1) 익숙한 자료의 새로운 가능성 발견

새로운 교육을 실행하려면 우리는 항상 새로운 자료, 혹은 좋은 자료를 찾게 된다. 그러나 새로운 자료를 들여오는 것 못지않게 항상 우리 주변에 있던 자료를 새롭게 보는 것도 중요하다. 익숙한 자료도 새롭게 접근하면 새로운 자료가 될 수 있다. 또 교사의 자료에 대한 새로운 시각이 어린이들에게도 영향을 주어 어린이들 역시 새롭게 주변 탐색을 시작하게 될 수 있을 것이기 때문이다.

먼저, 어린이집에서 어린이들에게 내어주고 당연시 여겼던 익숙한 자료를 다시 한번 새롭게 살펴보기로 하였다. 교사들은 자신이 발견한 자료의 가능성을 소개하고 서로가 예측하는 가설과 생각들을 모았다. 이러한 협의 과정을 통해 교사들의 자료에 대한 생각은 변화되었고, 어린이들 역시 교사들의 생각만큼이나 단순하게 도구로만 사용했던 자료들을 그 자료만의 특성을 살려 놀이하고 실험하는 자료로 사용하게 되었다. 대부분 만들기, 그리기 등 미술적 표현에 그쳤던 자료들은 어린이들의 사고를 이어주고 실험하고 검증하게 하는 매체로 활용하게 되었다. 이와 같은 생각의 전환을 좀 더 촉진할 방법은 어떤 것이 있을까?

○ 익숙한 자료의 제시 방법 달리하기

자료 자체의 새로움도 있지만 동일 자료도 새롭게 만날 수 있다. 기존의 익숙했던 자료들도 제시방식, 배열방식, 수량에 따라 낯선 느낌을 주기도 한다. 이런 요소들은 나름 무언의 메시지를 보는 이들에게 전달한다. 자료를 소량만 제시할 때와 다량을 제시할 때, 자료를 갖고 할 수 있는 일들이 달라진다. 자료를 산만하게 헤쳐 놓을 때와 정갈하게 정리해서 제시할 때 보는 사람들은 다른 영감을 받는다. 다양한 색을 섞어서 모자이크로 제시할 때와 일종의 규칙적 패턴이나 색이나 모양, 크기 등의 특정 기준에 따라 묶어 제시할 때 또 다른 가능성이 보이기도 한다.

아래 교사들의 사례를 보면, 동일 형태의 물체를 색, 크기, 질감에 따라 진열해 놓았을 때, 동일 재질의 자료를 크기나 방향을 달리해서 제시했을 때, 그 자료들의 가능성은 달라 보인다. 흰색의 자료인 테이프나 조개껍데기도 같이 모아놓으니, 서로 비교가 가능해지고 미세한 차이점이 두드러진다. 투명한 선반이나 컵, 아크릴 등은 자료 본연의 색이나 질감 등이 더욱 도드라지게 하는 힘이 있어 보인다. 이를 통해 교사도, 어린이들도 익숙했던 자료들에 대해 다시 관심이 생겨날 수 있게 되었으리라 생각된다. 이런 과정을 통해 환경 속에서 심미적 경험을 제공해 주기도 하였지만, 우리의 지적 호기심도 발동시킬 수 있었다.

이 외에도 교사들은 자료들을 타공판, 선반, 아크릴 쟁반 등을 활용하여 배치를 달리해 주기도 하였다. 특히 교사들이 색 PVC 자료를 변형하며 가지고 놀이하던 중 발견한 가능성을 적극적으로 활용하여 다양한 모양을 만들어 어린이들에게 제시해주기도 했다. 이는 단순한 자료제시를 넘어서 교사의 아이디어가 담긴 하나의 재해석된 자료로 보이기도 했다.

○ **자료의 새로운 연결과 쓰임 찾기**

동일 자료도 어떤 자료와 함께 혹은 어떤 상황에서 제시되는지에 따라 다른 가능성을 드러내며 우리에게 이전과 다르게 다가온다. 선별된 두 종류의 자료 혹은 여러 종류의 자료가 매력적인 방식으로 같은 공간 안에 배치될 때, 어린이들은 일종의 제안을 받은 것처럼 좀 더 집중하여 자료의 특성과 상황을 탐색하게 된다. 더 나아가서 교사가 익숙한 자료를 새로운 공간에서 새로운 용도로 제시할 때, 어린이들은 그 자료들을 새롭게 사용할 수 있다.

보육실 미술 영역에서 흔히 볼 수 있는 종이컵, 종이테이프와 여러 종류의 끈이었지만, 그 자료의 용도에 대한 고정관념을 풀고 어린이들의 색다른 사용을 허용해주면서 어린이들의 놀이는 한층 깊어져 갔다. 이렇게 어린이들이 발견한 자료의 쓰임이나 용도는 교사들의 기대보다 훨씬 더 어린이들의 놀이과정을 활발하게 지원해주었고 그들의 사고를 더욱 정교화시켜주는 매체로서 역할을 했다. 어린이들의 색다른 발상으로 끈, 테이프, 컵, 심지어 교실 의자는 새로운 용도와 삶을 찾았다.

만약 우리에게 익숙한 교육용 자료들이 색다른 자료를 만난다면 새로움의 효과는 더욱 극대화된다. 우리에게 많은 생각을 던져 준 대표적인 자료의 예는 바로 빛이었다. 항상 수동적으로 받아들이며 간접적으로 작용하는 빛을 하나의 자료로 어린이들에게 제공해 준다면 어떤 일이 일어날까? 자신이 능동적으로 움직여서 달라지고 변화하는 빛의 모습을 탐색하고 실험하는 것은 어린이들에게 흥미로운 놀이 중 하나였다.

빛을 어린이가 직접 놀이와 탐구에 끌어들일 수 있도록 만든 기기인 OHP와 라이트 테이블 위에 익숙한 사물들을 올려놓았다. 어린이집 교실에서 흔히 발견되는 투명한 블록, 구성 놀이 자료들이지만, 빛과 만나면서 자료의 역할이 달라지는 것을 어린이들은 발견하였다. 또 창문을 통해 들어오는 자연의 빛을 의식하고 가능성을 예측해 본 교사는 색 블록들을 의도적으로 창가에 제공해주기도 하였다. 아마도 가끔 바닥에 의문의 색 그림자들이 생겨났을 것이고 어린이들을 매료시켰을 것이다.

'아뜰리에 정신' 구현을 위한 실험들

C어린이집에서는 협의를 통해 사업체의 성격과 어린이집 경험 간의 연계성을 위해 푸드 아뜰리에(Food Atelier)를 시도해 보기도 했다. 일상에서 흔히 볼 수 있는 식재료를 익숙한 음식을 마련하는 데 쓰이는 것이 아니라 독립적인 탐색 자료로서 트레이에 담아 어린이들에게 새로운 상황에서 제시하였다. 어린이들에게 익숙한 것을 낯설게 접근할 기회를 제공해서 어린이들의 호기심을 끌었고, 식재료를 유심히 들여다보고 냄새를 맡으며, 변화해 가는 모습을 관찰할 수 있었다. 내가 좋아하거나 싫어하는 먹거리라는 단순한 구분이 아니라, 온전히 하나의 생물로서 접근하여 상태의 변화에 주목할 수 있었을 것이다.

2-1. 아뜰리에 정신 구현을 위한 성인의 실험

어린이들의 다양한 탐색과 실험이 있기 전, 교사들은 함께 협의하며 새로운 자료를 찾고 그 자료의 가능성을 예측하며 어떤 시점에 어떤 방법으로 제공할지 고민했다. 낮잠시간 미러볼이 주는 심미감, 빛과 미러볼의 위치에 따라 달라지는 빛의 움직임을 어린이들은 탐색했고, 바깥놀이에서 자연물 제공은 어린이들에게 일상생활의 흉내가 아닌 또 다른 형태의 놀이를 지원했다. 같은 자료라도 어떤 방법으로 제공해주는가, 다른 어떤 자료와 함께 제공해주는가에 따라 탐색과 놀이 방법은 달라졌다.

어린이집에서 흔히 볼 수 있는 자료 중에 탐구 매체로서 가능성을 지닌 자료는 많다. 크기가 다양한 종이상자, 핸드타올, 두루마리 화장지, 다양한 크기의 비닐봉투, 안전고리, 면 손수건, 에어캡, 옷걸이, 천 종류, 필름 통, 병뚜껑, 공예 철사, 나무막대, 용수철, 카메라 등. 하지만 우리는 이 자료들 이외에 또 다른 어떤 자료가 있는가 찾아 나서기보다는 한 가지 자료라도 어떻게 이 자료들을 아뜰리에에 비치하고, 어떻게 어린이들에게 제공해주어야 하는지에 대해 고민해야 했다. 따라서 아뜰리에에 제공할 만한 자료에 대한 교사들의 사전 실험과 협의는 계속 이루어졌고, 이러한 교사들의 고민과 협의는 현장 교사들 간에 아뜰리에의 의미와 기능에 대한 인식을 변화시켜갔다. 아뜰리에는 각양각색의 수많은 자료를 화려하게 진열해 놓은 공간이 아니었다. 어린이들이 언제든 자신의 탐구와 배움의 과정을 지원해 줄 수 있는 매체를 자유롭게 선택하고 실험해볼 수 있도록 성인이 섬세하게 준비한 자료가 구비 되어 있는, 어린이들의 진정한 실험과 연구, 그리고 소통의 공간이 되어갔다.

2) 교사들의 놀이를 통해 찾아가는 자료의 힘

새로운 자료를 어린이들에게 제시하기 전에 실제 교사가 자료를 탐색해보고 실험해본다면, 눈으로 외형을 보면서 발견해 내는 것과는 다른 특징이나 가능성을 찾아낼 기회가 주어진다. 교사들이 직접 자료를 갖고 놀아보면서 자료에 대한 교육적 기대, 어린이들과 만나는 자료의 가능성에 대해 예측하는 일이 필요하다고 판단했다. 스스로 연구하고 탐구하지 않는 교사는 어린이들에게 영감을 주기에 한계를 느낄 것이다. 무엇보다도, 교사들은 어린이들이 느낄 수 있는 희열이나 좌절과 같은 배움과 연관된 감정도 느끼게 될 것이다.

실제 만난 현장의 교사들은 협의에서 찾아온 자료를 소개하고 어린이들의 흥미와 배움이 잘 엮어질 수 있는 교육적 가치를 예측하며 가설을 세우고, 서로의 가설에 생각을 얹으며 아뜰리에에 제공해 줄 자료를 찾아갔다. 혼자 생각했던 한 가지 가설에 동료교사들의 99가지 가설이 더해지면서 자료의 가능성에 대한 가설은 더욱 풍성해져 갔다.

"생각하지도 못했던 다양한 자료와 놀이 방법, 확장 연계하는 방법들까지 협의할 수 있어서 의미 있는 시간이었다. 어떻게 하면 어린이들이 더 흥미롭게 놀이할 수 있을지 함께 고민하는 과정에서 협력하는 것이 이런 것이구나 느꼈던 것 같다."

2018. 4. 12, H어린이집 자료에 대한 협의 중에서, L교사

교사들이 찾아온 자료는 어린이집에서 항시 보아 오던 자료도 있었지만, 생각하지도 못한 의외의 자료들도 많았다. 그 다양한 자료들을 어린이들에게 어떻게 제공해줄지, 과연 제공해주었을 때 어린이들에게 흥미가 있는 자료가 될 수 있을지, 또한 자료를 통해 어떤 배움이 일어날지, 우리는 어린이들보다 먼저, 교사들이 놀아보기로 하였다.

"동료 교사들과 준비한 자료를 가지고 직접 놀이하면서, 자료를 탐색하기보다는 '자료를 가지고 무엇인가 만들어 내야겠다'는 생각이 강했던 것이 분명했다. 하지만 두 번째 놀이를 하면서 '자료 하나만 생각하고 들여다보자'라는 생각으로 놀이를 하였더니, 그 자료 하나로도 무궁무진한 생각을 할 수 있다는 것을 알게 되었다. 그래서 왜 아이들을 기다려야 하는지도 알게 되었다."

2018. 6. 20, N어린이집 자료에 대한 협의 중에서, L교사

"아이들이 놀이하는 모습을 제 3자의 입장에서 바라볼 때와 놀이 참여자로 직접 놀아보았을 때의 느낌은 정말 확연히 달랐다. 자료를 아이들 시각에서 선택하는 기회가 생기자 막상 너무나 많은 생각이 들었기 때문이다. 하지만 놀이가 시작되고 함께 놀이하던 교사의 방법과 나의 놀이 방법이 극에 달하여 확장된다는 느낌을 받았을 때 "우와.." 아이들도 이럴 때 희열을 느끼겠구나 하는 생각이 들었다."

2018. 5. 10, H어린이집 자료에 대한 협의 중에서, L・B교사

놀이하면서 교사들은 스스로 찾은 자료에 대한 문제점을 알게 되었고, 제공 방법 등 아주 세심한 부분까지 다시 생각해보는 기회가 되었다. 문제점을 수정하고 제공 방법 등을 협의하면서 누구의 가르침도, 누구의 경험에서 나온 배움도 아닌 본인 스스로의 실험으로 수정하며 배움이 일어나고 있음을 알게 되는 기회가 되었다. 이러한 교사의 실험과 배움은 자연스럽게 어린이들에게도 이어졌다.

자료에 대한 가능성을 발견하고 실험하는 교사들의 협의는 아뜰리에 설치 과정에서 지속적으로 이루어졌고, 지금도 여전히 이루어지고 있다. 어린이집에서 사용하지는 않았지만, 우리들의 일상생활에서 사용했던 자료 중에 이런 자료까지 생각했나 싶을 만큼 매체로서의 가능성을 예측한 자료에 대한 교사들의 생각은 다양했다. 우리가 흔히 마시는 차 티백의 우려냄의 정도에 따라 색의 연하고 진함을 비교하고 물의 양을 조절해보는 실험을 기대하는 교사, 자물쇠와 열쇠의 관계를 알고 있는지, 열쇠의 각기 다른 모양에 따른 잠금과 열림에 대한 실험을 기대하는 교사, 전화기 선의 늘어남을 실험하여 힘의 세기와 무게에 따른 실험을 기대하는 교사, 흙에 물감을 섞어 바깥 놀이에서 어린이들과 자유롭게 흙 페인팅을 해보고 싶다는 교사들이 있었다. 이렇듯이 어린이들을 위한 아뜰리에 설치를 위하여 교사들은 끊임없이 생각하고 실험해야 한다. 그래야 비로소 아이들에게 재미있는 공간, 자유로운 공간, 배움이 일어나는 공간으로서의 아뜰리에 정신이 살아있는 물리적 공간으로서의 아뜰리에가 존재할 것이다.

3) 보육환경을 넘어 주변 세상 속으로 탐구 자세 확장하기

교사들은 때로는 어린이집이나 보육실이라는 한정된 공간을 넘어설 필요가 있다. 교사는 어린이들에게 아직 제공해준 적 없는 일상생활 속에서의 많은 자료 중에 어린이들의 탐색과 실험의 과정에 도움이 될 수 있는 자료를 찾아보고, 아뜰리에에 자료를 제공해주어도 좋을지를 먼저 실험해보는 것은 중요하다. 그 과정에서 당연하게 여겼던 자료의 일상적 쓰임과는 달리, 어린이들과 만났을 때 어린이의 문제를 해결해가는 과정에서의 배움 또한 기대할 수 있는 자료는 많다. 앞으로 우리와 어린이의 세상에 대한 시야를 넓히는 데 도움이 되려면 우리도 일상에서 무심하게 보았던 사물들을 유심히 둘러보아야 한다. 주변을 열심히 들여다보면 많은 것들에서 자료로서의 가능성을 포착할 수 있다. 이런 자세와 과정은 어린이를 위해서만이 아니라 우리 성인들의 삶을 윤택하게 하는 데 도움이 될 것이다.

모양과 색이 다른 뚜껑 / 과일 포장지 / 모아놓은 살구씨와 감씨 / 종이와 그림자
색과 질감이 다양한 책 / 색이 물든 나무(댑싸리)/ 재질과 색이 다양한 스카프/ 돌과 그림자
열매와 가루 / 실로 엮은 조형물 / 투명한 아크릴 /색이 있는 우산
불투명한 아크릴 / 유광재질의 큰 천 / 다양한 색의 아크릴 그릇과 빛 / 독특한 형태의 꽃(꽃양배추)

실과 조형물 / 벽화 속 굵은 펜 그림 / 만개한 벚꽃 / 크고 특이한 나뭇잎(엄나무)
텍스트가 있는 스티커와 리본 / 거울에 비친 조명 속 아크릴 조형물/ 거울과 조명/ 비치는 큰 천
입자가 고운 모래 / 크기와 굵기가 다른 나뭇가지 / 엉켜 있는 인조나무 조형물 / 다양한 계열의 색연필
색이 있는 에어캡 포장지 / 다양한 색과 모양의 플라스틱 병 / 빨대와 스틱, 종이냅킨 / 오래된 나무의 결

우리들의 실험 공간이 된 '아뜰리에'

김현욱 원장

어린이집에 아뜰리에를 만들려면?
어린이집에 아뜰리에를 만든다면?
어린이집에 아뜰리에가 있다면?
우리가 할 수 있을까?
아뜰리에 운영을 결정하기 전, 원장으로서 많은 고민이 되었다. 처음 시도하는 아뜰리에 운영! 이를 성공적으로 이루려면 교사의 참여가 중요하다고 생각했기에 오며가며 만나는 교사들에게 의견을 물었다.

> *원장: 선생님! 아뜰리에를 어떻게 생각해요? 혹시 생각해본 적 있어요?*
> *김교사: 아직 잘 모르겠지만 아이들이 좋아할 것 같은데요... 아무래도 교사들은 일이 좀 많아질 것 같아요.*
> *(걱정하는 마음이 느껴지는 목소리다.)*
>
> *원장: 선생님 아뜰리에를 운영한다면 어떨까?*
> *소교사: 아이들이 아뜰리에에서 어떻게 놀까 궁금해요. 그런데 아무래도 처음 하는 거라 좀 어렵게 느껴질 것 같아요.*
> *(꺼리는 듯 보이지만 해보고픈 생각이 있는 것 같다.)*
>
> *원장: 선생님 아뜰리에 어떻게 생각해요? 만약 우리가 한다면...?*
> *오교사: 작년에 놀이기록을 하다 보니 아뜰리에가 궁금하기도 하고 한번 해보고 싶단 생각도 해봤는데요...*
> *(자신 없는 듯 말했지만 분명 욕구가 있는 모습이다.)*

교사들을 통해 한 가닥의 희망을 발견하고, 스스로가 기대했었던 결정을 과감히 하였다. 이는 원장으로서 내린 '새로운 시도를 위한 도전'이었고, 교사들을 성장시키고픈 욕구였다. 10개월 뒤, 이 결정이 교사들을 성장시켜 수준을 끌어올리는 촉매가 되었음을 알게 되었을 땐 눈물이 나도록 감사했다.

어린이들의 놀이를 들여다보고 욕구와 흥미를 발견하는 작업은 건전한 보육을 가능하게 할 뿐 만 아니라 교사들이 갖는 교육관을 정립하는데 중요한 작업이라 여긴다. 지난해 교사들의 기록 작업을 해봤던 경험은 어린이들의 유능감을 발견하게 하는 또 하나의 계기가 되었고, 교실운영에 직접적인 영향을 주었다. 이에 앞으로 더 변화되어지길 바라는 마음으로 아뜰리에 운영을 결정하게 되었다. 함께하는 모든 교사들이 아동중심과 놀이중심을 온전히 이해하고 현장에서 바른 보육을 실현해 나갈 수 있도록 지원하고 싶었으며, 그 길목에서 만난 아뜰리에가 어린이들과 교사들에게 꾸준한 시도와 실험의 욕구를 자극하는 살아있는 공간으로써 경험되길 바라는 마음으로 운영을 결정했다.

1. 아뜰리에 운영을 위한 준비

1) 1단계

○ 공간과 예산 마련하기

아뜰리에 운영을 위해 우선, 공간은 1년간 잠시 비워지는 만4세반 교실을 이용하기로 하였고 예산은 전년도 예산액 중 1, 2월에 사용 가능한 교재교구비 3백만원을 사용하기로 하였다. 교직원들의 참여 욕구를 어느 정도 확인했다고 해도, 아뜰리에 공간을 마련하고 필요한 자료를 구입할 수 있는 예산의 확보는 큰 숙제라 생각했다. 그렇기에 예산을 훑어보며 가능한 금액을 찾아냈을 때 원장으로서 매우 기뻤다.
그러나 지나고 보니 아뜰리에는 적은 예산으로도 운영이 가능했다. 특정한 공간이 아니어도 운영이 가능했기에 이후 유희실 공간의 3곳에도 작은 아뜰리에를 마련하였다. 가장 중요한 건 교사임을 알 수 있었다.

2) 2단계

○ 모든 교직원들과 아뜰리에 운영 목적을 공유하고
　운영에 대한 부담감 덜어내기

'아뜰리에는 모두에게 즐거운 공간'임을 경험하는 것이 목적이었다. 전체 교직원 회의를 통해 아뜰리에 운영에 대한 목적과 방향을 공유하였고, 아뜰리에를 1년간만 운영되는 교사들의 실험공간으로 내주었다. 또한 부모님들과도 공유하여 가정에서의 자료 지원을 당부했다. 어린이들의 놀이를 들여다보고 지원해주는 경험을 통해 놀이의 중요성과 어린이들의 유능함을 발견하는 기회가 될 것이라는 것, 그리고 아뜰리에 안에서의 매체가 갖는 의미와 매력을 발견하고 놀이 속에 담긴 어린이들의 수많은 언어를 읽어내는 경험을 하는 것이 우리에게 의미 있는 일이 될 것임을 기대하였다.

○ 주변의 자료 모으기와 정보 수집하기

충분하지 않은 정보들, 그리고 머릿속의 막연함. 아뜰리에는 어떤 모습이어야 할까를 고민하며 타기관의 아뜰리에를 엿보려했으나 기회를 갖기 어려웠다. 정보를 나누려고도 하지 않았고 온라인에 돌아다니는 사진도 한 장 없었다. '뭐 대단하다고 정보를 꽁꽁 감추는 걸까?' 그 당시 야속한 마음이 컸으나 지금은 온전히 이해한다. 아뜰리에는 표본이 있을 수가 없으며 잘 만들어진 곳이라는 기준을 가질 수가 없다. 또한 타기관의 아뜰리에를 그대로 모방하거나 성공사례를 따라할 수도 없다. 이것을 조금이나마 이해하는 데는 10개월의 시간이 걸렸다.
아뜰리에 공간에 무엇을 넣어주면 좋을까? 어떤 자료들을 놓아줄까? 어디 가서 사야 하나? 어떻게 배치하면 좋을까? 벽면엔 무엇을 어떻게 붙여주면 좋을까? 를 교사들과 고민하며 서로 의논하고, 레지오 경험자인 현장연구원으로부터 정보를 듣는 시간을 가졌다. 주변에서 쉽게 접할 수 있는 다양한 자료들과 어린이들이 흥미를 쉽게 가질 만한 매체들을 모으고 시장에 나가 일단 구입하여 아뜰리에 공간에 놓아주었다. 그리고 라이트 테이블, 샌드 라이트 테이블, OHP와 같이 어린이들에게 매력 있는 기자재를 구입했다.

○ 환경 구성하기와 자료 배치하기

만4세반 교실에서 사용했던 책상과 사물함, 의자, 역할놀이 교구장 세트, 블록, 이젤, 거울, 옷걸이 등등 교실 내의 모든 물건을 그대로 이용하여 공간을 구성하였고 교구장에 자료를 배치했다. 서랍장엔 자료로 쓰일 물건들을 모아 채워 넣었으며, 조리실에 도움을 받아 갖가지 재활용품을 수집하여 진열했다. 평소 어린이들이 사용할 수 없었던 매력적인 자료들은 시장에서 구입하여 교실 한 쪽 교구장에 넣어주고 창의적 표현을 할 수 있는 자료들은 미술놀이 장에 종류별로 넣어주며 환경을 채워갔다. 그러나 뭔가 채워지지 않는 허전함이 남아 있었다.

○ 교사들의 욕구 유지하기

교사들의 자발적 참여는 아뜰리에 운영에서 가장 중요한 요소라 생각했기에 동기부여가 될 수 있는 그 무언가를 찾고 싶었다. 원장의 마음에 맞닿아야 하는 교사들의 마음을 어떻게 끌어올 수 있을까? 다행히 교사들은 아뜰리에 공간에 필요한 기자재와 자료들을 구입하고 모으는 일을 시작으로 하여 아뜰리에에 대한 기대와 호기심을 키워가고 있었다. 원장으로서 교사들의 호기심과 흥미가 사라질까 조심스러웠다. 그러나 아뜰리에 운영에 속도를 늦추고 무리하지 않는 것, 즐기는 것에 초점을 두어야 한다는 생각으로 교사들을 재촉하지 않았다. 점차 쉽게 보이는 교사들의 관심과 참여를 호응하고 격려하는 것, 무언가 시도해보려는 행동에 대해 옳고 그름을 판단하지 않고 적극 지지하는 것이 원장으로서 할 수 있는 유일한 일임을 알게 되었다.

2. 아뜰리에로 끌어들이기

서툴지만 아뜰리에를 구성한지 2주가 지났다. 그리고 신학기가 시작되었다. 그러나 아뜰리에는 그 모습 그대로 있을 뿐 누구도 들어오지 않았다. 아뜰리에 안에 있는 많은 자료들에 대해 안전이 걱정되었기에 교사들은 아이들을 데리고 들어오지 못했고, 교사들도 들어오지 않았다. 아마도 신학기 적응프로그램을 진행하느라 엄두도 내지 못했던 것 같다. 이미 설치해 놓은 아뜰리에가 무용지물이 될 것 같은 불안감이 있었으나 교사들을 채근할 수 없어서 나름대로의 전략을 피웠다.

'무엇으로 이끌어볼까?'

유토가 올려진 라이트테이블의 불을 켰더니 황홀할 만큼 매력적인 빛을 냈다. 교실 문을 살짝 열어 라이트 테이블을 노출시켰고 그 유혹에 빨려들어 올 그 누군가를, 어린이이건 교사이건 기다리기로 했다. 영아들에겐 위험지역이라며 누군가는 계속 문을 닫았다. 그 누군가와 원장은 답도 없는 실랑이를 벌였고, 시간은 흘러 아뜰리에가 구성된 지 3주가 지나게 되었다.

신학기 적응프로그램을 진행하며 보호자와의 완전분리가 이루어지는 시기에 영아들은 분리불안으로 인해 많은 울음을 보인다. 어느 날 심하게 우는 영아를 데리고 아뜰리에를 방문한 교사가 있었다. 우는 영아를 달래기 위해 영아의 관심을 놀이로 돌려주고픈 교사의 마음이었을 것이다. 영아를 데리고 아뜰리에 첫 방문을 시도했던 그 교사는, 당시 '경이로운 모습'을 보았노라고 말했다. 아뜰리에를 들어서는 순간 울음을 뚝 그치고 교사 품에서 내려와 자료를 탐색하며 놀이에 몰입하는 모습은 교사들을 놀라게 했고 더 많은 영아들이 아뜰리에를 방문하는 계기를 만들었다. 아뜰리에 첫 방문은 교사의 용기였을까? 아님 유혹에 걸려든 걸까? 그 날 이후로 아뜰리에는 어린이들이 좋아하는 놀이 공간이 되었다.

"놀이에 몰입하며 울음을 그친 영아들...!
분리불안을 잊게 만든 힘은 무얼까?"

어린이들의 아뜰리에 방문은 교사들의 관심을 이끌었고 호기심을 발동시켰으며 눈과 귀를 열게 했다. 교사들은 아뜰리에 안의 자료가 갖는 매력을 발견해가며 새로운 자료를 더 넣기도 혹은 빼기도 했다. 뭔가를 알아보기 위한 실험을 하는 듯 교사들의 능동적인 움직임이 시작된 것이다.

3. 교사들의 실험 공간이 된 아뜰리에

1) 시도1: 자료의 보충과 기다림

아뜰리에를 처음 방문하던 날, 영아들이 울음을 그치고 놀이에 몰입했던 이유는 무엇이었을까? 자료가 갖는 매력이었을까? 교실 분위기였을까? 우리는 고민을 공유하며 그 결론을 자료에 두기로 했다. 아뜰리에 새로운 자료를 보충하고 새롭게 정리하며 어린이들이 잘 볼 수 있는 위치와 방향을 찾고 불필요할 것 같은 자료는 제거하였다. 모든 자료에는 좋고 나쁨이 있는 것이 아니며 주변의 모든 사물들도 어린이들에게 좋은 탐색자료가 될 수 있다는 것, 그래서 우리는 자료가 갖는 가능성에 더 주목해야 함을 나중에서야 알게 되었다. 자료를 보충하며 환경을 재구성한 뒤 우리는 어린이들의 몰입된 놀이를 기대했다. 그런데 어린이들의 손길이 닿는 자료는 한정되어있었다. 그 많은 자료를 대부분 사용하지 않았고 매일 같은 자료를 반복하여 놀이했다. 우리는 반복해서 같은 자료에 집중하는 것은 자료를 탐색하기 위한 과정일 것이라 생각하고 충분한 자료 탐색이 이루어지는 동안 방해하지 않고 기다려 주었다.

또한 어린이들의 놀이는 자료를 제공하며 놀이의 확장을 지원했던 교사들의 의도와는 전혀 다르게 흘러가면서 새로운 이야기를 연속적으로 담아내고 있었다. 어느 날 빨대에 실과 끈을 사용해 구성놀이를 하는 유아를 발견하고 교사는 더 많은 빨대와 실을 별도의 공간에 놓아주었다. 그러나 교사의 예상과는 달리 어린이들은 실을 이용해 책상과 의자를 휘감아 엮고 의자 등받이에 매듭을 지어가며 공간을 구성했다. 짧게 혹은 길게 길이를 조정해 보고 사물을 엮어낼 수 있는 실의 기능을 검증하는 듯 했다. 이러한 놀이는 며칠 뒤 색테이프라는 새로운 자료를 불러왔다. 사물을 부착하는데 주로 사용되던 색테이프를 이용해 실의 기능을 대신하듯 책상과 의자를 엮었고, 어린이들은 이내 색테이프가 갖는 접착 성질을 이해했는지 색테이프를 이용해 의자 등받이와 바닥을 휘감아 붙이며 자신만의 의자를 구성했다. 그렇게 만들어진 각자의 의자는 또 다른 놀이를 이어가는 매체가 되었고, 어린이들은 교실 내 다양한 자료를 이용해 놀이에 쓰여질 매체를 또 다시 만들어갔다.

놀이에 있어 자료의 선택은 어린이들의 몫이라 생각한다. 쓰임에 필요한 것, 어린이들의 생각과 감정 혹은 인지의 한 부분을 담아내기 위해 필요한 매체는 어린이들의 손에서 만들어지고 선택되었을 때 가장 의미 있는 놀이를 만들어낼 수 있는 것이라 여겼기에 어린이들의 놀이를 기다리며 지켜볼 수 있었다. 우리 모두는 어린이들의 유능감을 재발견하며 또 다른 고민을 하게 되었다.

2) 시도2: 자료의 이동과 환경의 재구성

아뜰리에 한쪽 구석, 헌 옷과 천을 걸어 둔 옷걸이 앞에서 처음으로 3명의 어린이가 옷가게 놀이를 하고 있다. 각자 옷걸이를 뒤적이며 천을 고르고, 고른 천을 몸에 대보며 벽면에 부착된 작은 거울 속 자신의 모습을 들여다본다. 옷감의 특성을 설명하며 교사에게 옷을 권하고, 옷걸이와 거울 사이에서 옷이 걸린 옷걸이를 들고 몸을 좌우로 흔들며 자신의 경험을 표현한다.

- 교사의 기록작업 중에서

이 공간에서는 처음 이루어지는 놀이이기에 앞으로의 놀이 전개가 궁금했고, 교사는 놀이지원을 시도해 보기로 했다. 먼저 옷걸이의 위치를 방해받지 않는 곳으로 이동하고 그곳에 더 큰 거울을 부착해주었다. 물론 더 많은 옷들을 걸어주었고 벽면을 이용해 모자와 타이 머리띠 스카프를 추가로 제시해주었다. 어린이들은 다양한 꾸미기로 자신의 모습을 변신하는 놀이를 했고, 전신거울에 비추어보거나 친구들에게 보여주며 더 활발하게 놀이하는 모습을 보였다. 덕분에 교사들에겐 또 다른 시도의 욕구가 생겼다. '여러 친구들이 함께 거울을 본다면... 거울을 통해 공간 속의 나를 볼 수 있다면 더 재미있지 않을까?' 이번엔 안전 거울지를 부착하여 한 쪽 벽면 모두 거울로 만들어주었다. 그리고 옷걸이에 걸린 천과 옷의 색에 제한을 두어 검정색과 흰색만 남기고 모두 정리했다. 또한 묶을 수 있는 다양한 재질의 흰색 끈과 천을 고정시킬 수 있는 빨래집게를 옷걸이 옆에 함께 놓아주었고, 보다 깊이 있는 놀이가 이루어지길 기대했다.

다음 날 어린이들은 교사의 의도와는 달랐지만 그 공간을 활용하여 자신들의 놀이를 만들어갔다. 집게를 이용해 입고 있는 옷을 집어 액세서리를 대신했고, 흰색 반투명천 아래에 여러 친구들이 함께 들어가 기분을 공유했으며, 바닥에 천을 깔고 공간을 나누며 역할 놀이를 만들어갔다. 이러한 놀이가 이루어지는 동안엔 주변의 자료를 이용해 필요한 소품을 만들고 그 놀이를 확장해나갔다. 놀이를 들여다보면서, 교사가 놀이를 지원하며 가졌던 기대와 자료를 넣어주며 가졌던 예측은 그냥 교사의 것이었음을 알게 되었다. 우리는 어떤 자료와 어떤 환경을 만나든 어린이 자신들의 놀이를 스스로 만들어 간다는 것을 이해했고 교사의 지원이 놀이의 방향을 좌우하려는 행위가 되어서는 안 됨을 알게 되었다. 이 공간 안에서 교사들의 실험이 이루어지듯 아이들 또한 자신들의 호기심을 해결하기 위한 다양한 실험을 하고 있음을 이해했다. 우리는 다시 고민하기 시작했다.

> "어린이들의 놀이를 더욱 풍성하게 해 주기위해
> 교사는 무엇을 해야 할까?"

이즈음 재단은 아뜰리에 운영을 위한 3차례의 방문 컨설팅을 최종 확정하였고, 우리는 아뜰리에 공간의 의미와 아뜰리에 안에 머무는 자료에 대한 기초지식을 본격적으로 들이며 고민 할 수 있었다. 스스로 우리 어린이집 자료를 찾아보는 시간을 가졌고, 3차 컨설팅에서는 교사들이 직접 찾아온 자료들을 가지고 '놀아보기'를 경험했다. 어린이들에게 자료를 제시해주기 전 교사들의 '놀아보기'는 매체에 대한 기초적인 이해와 놀이에 대한 예측을 가능하게 하며, 매체에 대한 교사의 이해는 어린이들의 놀이를 더욱 풍성하게 하는데 도움을 줄 수 있다는 것을 경험해 볼 수 있는 시간이 되었다. 놀아보기의 의미를 온전하게 이해하지는 못했지만 우리는 컨설팅 이후 의도적으로 놀아보기를 지속하며 어린이들의 풍성한 놀이 지원을 위해 노력했다. 우리의 '의도적인 놀아보기'는 몇 달 뒤 '필요에 의한 놀아보기'가 되었다.

3) 시도3: 유희실에 도입된 아뜰리에

어린이들의 놀이를 들여다보고 교사로서의 지원을 고민하다보니 그 전에 몰랐던 매력적인 놀이 공간이 눈에 띄었다. 어린이들도 좋아할지, 흥미로운 놀이가 이루어질지를 고민하며 우리는 실험하듯 놀이 공간을 추가로 구성했다. 교실 아뜰리에 공간에 있었던 OHP를 어린이들이 보다 활발히 이용할 수 있도록 유희실 넓은 공간으로 이동하였고, 어두운 복합놀이대 하부에 거울을 설치하고 종이로 창문을 가려 빛 아뜰리에를 만들었다. 또한 복합 놀이대 상부에 작고 아늑한 공간에는 다양한 점토와 도구를 넣어 점토 아뜰리에를 만들었다.

유희실 넓은 곳에 자리 잡은 OHP공간에서는 어린이들이 다양한 놀이를 시도했다. 그러나 빛 아뜰리에와 점토 아뜰리에서의 놀이는 제대로 이루어지지 않았다. 흥미로울 것 같았던 기대와는 달리 공간은 어수선했으며 어린이들의 자발적인 놀이는 이루어지지 않았다. 어떻게 하면 놀이가 활발하게 이루어질까? 무엇이 필요한 걸까? 결국 교사들에게 해결해야 할 숙제가 더 생기게 되었다.

4) 시도4: 문제점의 소통과 해결을 위한 협의

아뜰리에 공간에 대한 어린이들의 호감도가 상승하며 아뜰리에서의 놀이가 더욱 활발해지는 시기에 교사들은 아뜰리에 방문 시 느끼는 불편함을 토로했다. 처음부터 마음속에 느끼고 있었을 문제가 해결되지 않은 채 지나온 것이다. 교사들은 서로 어려움을 공감하며 고민을 함께 해결해보고자 생각을 모았다.

> 하나, 놀이 후 엉망이 된 교실의 놀잇감 뒷정리가 너무 힘들다.
> 둘, 일부 공간에서 영아들이 다칠까봐 아뜰리에 가는 것이 겁난다.
> 셋, 라이트 테이블에서의 놀이가 어린이들의 흥미를 지속하지 못한다.
> 넷, 점토공간에서의 놀이가 수동적이며 소극적이다.

"현실적 어려움을 어떻게 해결하면 좋을까?"

교사들은 교육과 경험을 통해 알게 된 모든 정보와 지식을 모아 해결방법을 협의했다. 어린이들의 자료 선택과 놀이 공간에서의 자유로움 그리고 주도적인 놀이를 지원하는 것이 중요함을 알기에 놀이 후 뒷정리는 온전히 교사의 몫이라 여겼으니 힘든 일이 되었던 것이다. 또한 비치된 놀이자료들이 흥미롭고 매력적이었으나 영아들에게 위험한 크기와 재질의 것들이 있었기에 영아들의 안전을 우려하여 아뜰리에 놀이 시 교사들은 크게 긴장을 할 수 밖에 없었던 것이다. 아뜰리에는 어린이뿐 아니라 교사들에게도 즐거운 공간이 되어야 한다. 그러므로 우리들은 협의를 통해 다음과 같은 방법을 찾았고, 아뜰리에 정신에 어긋나지 않는다고 판단하며 조심스럽게 그 방법을 공유했다.

**하나, 아뜰리에 안에서도 서로를 위한
최소한의 약속과 규칙이 있다.**
자료를 마주하는 어린이들에게 서로를 위한 약속(던지지 않기)이 있음을 알려주고, 자율성을 보호하는 가운데 서로를 위한 단체 규칙(놀이 후 주변 정리)을 갖기로 하며 어려움을 해결했다.

둘, 놀이하는 아이들을 믿어보기로 한다.
놀이에 몰입하며 자료를 활용하는 어린이들은 탐색의 시간을 갖는 동안 자료의 특성을 파악하므로 위험놀이로 빠지지 않을 것이라 믿음으로써 우린 두 번째 어려움을 해결했다.

**셋, 자료를 제공할 때는 자료를 통해
무엇을 경험하면 좋을 지를 예측해봐야 한다.**
교사의 예측과 가설은 놀이를 더 흥미롭게 지원할 수 있으며 자료를 더욱 풍성하게 해 줄 수 있음을 알게 되었고 이를 공유함으로써 세 번째 어려움을 해결했다.

**넷, 점토는 충분한 탐색의 시간이 필요하고,
점토에 대한 고정관념을 버리는 것이 중요하다.**
교사가 먼저 점토에 대한 고정관념을 버리고 있는 그대로를 즐기도록 점토로 주어야 한다.
무엇을 만들 것인가를 고민하게하지 말고 점토의 성질을 충분히 느끼고 마음껏 탐색할 수 있는 자료를 넣어주는 것이 중요함을 공유하고 점토 놀이공간을 재구성하면서 네 번째 어려움을 해결했다.

"좋은 자료가 무엇인지 알고 싶어요."

어느 날 한 교사가 심각한 표정으로 질문을 해왔다.

*김교사: 원장님! 어떤 게 좋은 자료일까요? 알고 싶어요.
알면 그걸 찾아서 놓아주고 싶은데,
무엇이 좋은 자료인지 잘 모르겠어요.
원장: 나도 잘 몰라요. 그런데... 나도 그걸 알고 싶네요.
같이 알아봅시다.*

다른 교사들도 같은 궁금함이 있을 것이라 생각했고, 원장으로서 교사들의 궁금함을 해결해주고 싶었다. 원장 체면에 부끄러울 수 있는 마음을 감추고 '열심히 공부하여 알려 주마' 다짐하고 있는 자료를 뒤졌다. 다행히 대표님의 특강자료 중 하나인 '아뜰리에 안에서 작동하는 수많은 언어들'을 발견했다. 이를 토대로 교사들을 위한 연수 자료를 만들고 내용을 이해하고자 읽고 또 읽기를 반복했다. 교사들에게 제대로 전달해야했기에 부담감을 안고 열심히 공부했으며 다음에 요약된 내용을 전달하였다.

* **좋은 자료란 무엇일까?**
– 좋은 자료가 따로 있는 것은 아니다. 자료의 좋고 나쁨은 자료 자체에 있기보다는 자료와 만나는 어린이의 관계의 질, 즉 어떻게 자료와 어린이가 만나는가에 의해 결정된다.
– 모든 자료는 올바른 사용법이 있는 것이 아니다. 자료의 사용법은 사용자에 의해 그 때마다 정해진다. 그래서 우린 자료의 가능성에 대해 주목해야 하며 열려있어야 한다.

* **아뜰리에 안에서는 어떤 자료들이 머물 수 있는가?**
– 자료의 목록: 모든 주변의 사물들은 필요에 따라 어린이들의 탐구 자료가 된다.
– 자료의 새로움: 기존의 자료를 새로운 방식으로 접근할 때 새로운 자료가 된다.
– 모든 공간은 아뜰리에가 될 수 있다.

* **교사의 자세**
– 교사는 어린이들에게 자료를 제공하기 전에 자신도 자료 탐색을 통해서 자료에 대한 기초적인 이해를 가져만 한다.
– 어린이들이 처음 만난 자료는 탐색 의지를 불러일으키므로 탐구 시간을 어느 정도 제공하는 것이 바람직하다.
– 교사가 어린이에게 특정자료를 제공할 때는 나름의 예측과 교육적 기대를 가지고 있어야 한다.

4. 교사 협의를 통한 아뜰리에의 재구성

원내 연수를 통해, 그 동안 가지고 있던 고민과 어려움을 해결하면서 교사들은 아뜰리에 공간을 재구성하게 되었다. 이번엔 큰 변화가 있었다. 교사들 간 협의가 이루어진 것이다. 의견을 공유하며 더 좋은 것을 찾아내는 노력이 있었고, 교사들 간 놀아보기를 반복하며 자료에 대한 예측을 하고 이를 반영하여 재구성을 한 것이다. 또한, 영유아들이 함께 이용하는 공간임을 고려하여 영아반 교사와 유아반 교사가 번갈아 놀아보는 경험을 가진 것은 아이들에 대한 배려와 존중이었다. **공간의 완성**보다 더 의미 있었던 것은 **교사들의 변화**라고 생각한다. 필요성을 이해하고 협의하는 문화를 만들어가는 그 모습은 원장으로서 벅찬 감동이 되었다.

교사들은 이 때의 경험을 회상하며 "재미있었다."고 말한다. 주제별 보육과정을 운영하면서 아뜰리에를 구성하고 들여다보는 작업이 쉽지는 않았을 텐데, 더군다나 재구성하는 작업이 재미있었다니. 그 이유는 무엇이었을까? 우선, 교사들은 자발적 동기를 가지고 참여했다. 아뜰리에에서 놀이하는 어린이들을 통해 가졌던 성취감, 교사 스스로가 갖는 도전의식과 실험정신, 자료를 재구성하며 다음 놀이를 기대하는 교사들의 열정. 이것이 그 이유이지 않을까? 아뜰리에가 꾸준히 변화하고 그 속에서 교사들이 성장할 수 있었던 것은 교사들이 시도를 즐기고 아뜰리에 정신을 알아가며 맛본 성취감 덕분이었을 거란 생각이 든다. 즐거운 아뜰리에를 경험하고, 공간이 갖는 의미보다 그 정신에 집중해야함을 조금이나마 이해하는 기회가 되었길 바라는 마음이다.

5. 아뜰리에 공간으로의 외부인 초대

아뜰리에는 어린이들의 놀이공간이다. 우리는 그 공간을 교사들의 실험 공간으로 응용했으며 교사들은 어린이들의 놀이를 지원하고 개방된 환경을 만들어주기 위해 지속된 시도를 해왔다. 결국 교사들은 어린이들을 위해 놀이를 지원하고 환경을 재구성해가며 스스로를 성장시켰다. 그리고 보다 확고한 신념을 갖기 위해 아뜰리에를 외부인에게 공개하기로 결정했다.

1) 학부모 초대

만 1세반을 제외한 모든 연령의 부모님들을 초대하여 아뜰리에에서의 놀이기회를 제공했다. 물론 부모참여수업이라는 명목으로 실시된 기회는 특별한 놀이 경험으로 부모를 반성하도록 하는 결과를 만들었으며, 레지오 철학과 아뜰리에가 갖는 의미를 조금이나마 전달하는 계기가 되었다. 또한, 교사를 향한 신뢰와 전문가로서 교사를 인정하는 마음을 갖게 하는 기회가 되었다고 본다. 참여수업을 계기로 가정에서의 재활용품 지원 또한 더 활발해졌다.

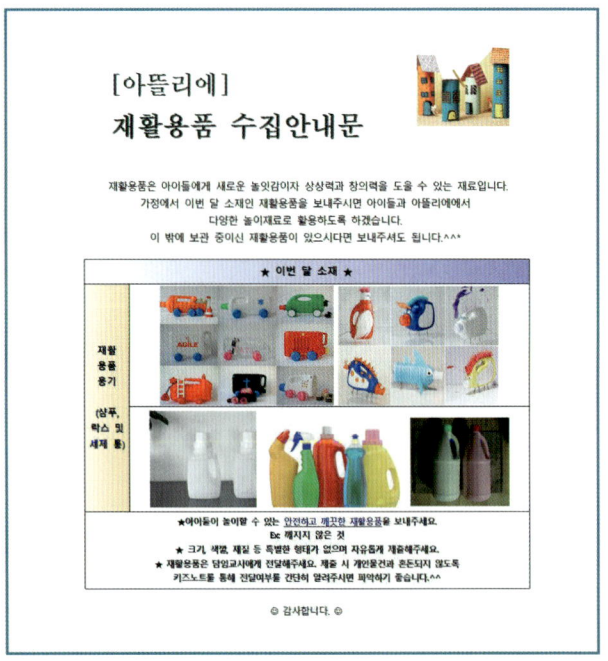

6. 시범 운영을 정리하며

아뜰리에 운영은 막막함을 갖고 시작한 도전이었다.
10개월은 우리의 걸음이 맞는 방향을 향하고 있는지, 어떻게 걸어야 하는지를 꾸준히 고민해가며 지나온 실험의 시간들이었다. 단 한 가지, 옳은 일이기에 결코 후회가 없을 거란 믿음으로 앞을 향할 수 있었고 항상 좌표가 되어주었던 재단을 바라보며 용기 낼 수 있었다. 시종일관 같은 곳을 바라보며 함께해 온 교사들이 있었기에 시범운영은 우리 모두에게 성장의 발판이 될 수 있었다. 원의 운영자로서 아뜰리에의 변화와 교사들의 변화가 선순환되며 성장해갈 수 있었던 것에 감사드린다. 아뜰리에를 운영하며 교사들은 제각각 다른 경험치를 가졌을 것이다. 아뜰리에에 대한 생각의 폭도 서로 달랐을 것이다. 그러나 분명한 것은 아뜰리에 안에서 행복해하는 어린이들을 보았고, 놀이에 몰입하는 모습에서 보였던 어린이들의 눈빛과 손끝의 모양을 보며 감동한 경험이 있다는 것이다. 아뜰리에 운영에 참여했던 모든 교사들은 이러한 기억을 가슴에 담았을 것이고, 그 경험과 기억은 항상 내면에 내재되어 교사들의 말과 행동에 녹아져 나올 것이라 기대한다. 새 학기에도 우린 또 시도할 것이다. 이번엔 교실 속 아뜰리에를, 앞으로도 계속될 교사들의 도전을 응원하며 함께 시도를 꿈꾼다.

2) 재단 소속 교사 초대

동료교사들을 초대하여 아뜰리에를 오픈하고 놀아보기를 제안했다. 우리에겐 부끄러움과 자신감이 반반씩 뒤섞여 긴장감이 팽팽한 날이었다. 그러나 부모들보다 더 놀이 몰입을 잘하는 교사들의 모습과 자료를 대하는 동료교사들의 반응을 살피느라 바빴던 우리들은 이 기회를 통해 우리가 잘 해나가고 있음을 느끼면서 성취감을 맛보게 되었다. 동료교사들의 칭찬과 전문가들의 격려는 우리가 잘 해나가 있음을 확인시켜주는 도장 같았고, 앞으로 더 나아갈 수 있는 원동력이 되었다.

2-2. 환경적 변화에 적극적으로 반응하며 놀이를 만들어가는 어린이

무형의 자료로써 공간	\ 자신들만의 공간을 확보해가는 영아들
거울을 통한 확장	\ 나, 너, 우리를 이어주는 '따라방'
일상 속 빛과 어둠	\ 빛을 보기 위해 어둠을 찾는 어린이
	\ 어둠 속에서 함께함을 배워간 영아
	\ '상상'을 통한 탐구를 부르는 어둠
OHP를 만난 어린이들	\ 유희실 속 빛 놀이
	\ OHP 위에서 만난 공룡
라이트 테이블 위에서 피어나는 이야기	\ 우주 공간
	\ 알록달록 미끌미끌 물고기
	\ 엄마를 잃어버린 고양이
종이 관의 변신	\ 구슬이 굴러가는 공장
점토의 가능성	\ 가치로운 순간들은 어린이들로부터 쓰여진다

물리적 공간의 설치 행위로 아뜰리에를 접근하기보다 '아뜰리에 정신'을 추구하기로 선택하면서, 성인들은 '공간 새롭게 바라보기'와 '자료 새롭게 바라보기'를 통해 환경 변화를 시도하였다. 기존 공간의 용도를 변화시키기도 하였고 어린이집에서 흔히 볼 수 없던 기자재와 자료를 구비하기도 하였다. 그런데 각각의 공간, 기기, 자료들은 나름의 특성과 가능성을 지니고 있다. 어린이들에게 새로운 공간과 자료를 제공하기에 앞서 교사는 우선 기존의 공간과 자료를 탐색함으로 해서 교육적 잠재력을 미리 생각해 보는 것이 반드시 필요하다. 즉, 어린이들은 이 장소에서 그리고 이 자료를 갖고 놀이하면서 무엇을 발견하고 배울 수 있는지? 이런 자료에 대한 지식이 어린이들이 지식을 구성하는 데 어떤 도움을 줄 수 있는지? 등의 질문을 스스로 제기할 필요가 있다. 그렇다면 성인이 변화시킨 놀이 환경에 어린이들은 어떻게 반응할 것인가? 과연 이 변화를 적극 수용하고 흥미로운 놀이를 만들어 갈 것인가? 우리가 주목한 변화된 환경으로는 교사가 의도적으로 **비워놓은 공간**, 통상적으로 우리가 주목하지 않던 **빛과 어둠**, 어린이들에게 제공된 **거울** 공간, 그리고 **OHP**와 **라이트 테이블**과 같은 기자재를 갖춘 영역 등을 들 수 있다. 또 평상시 교재나 교구로서 쓰이지 않던 **점토**나 기다란 **종이 관**도 있다. 다음 이야기들은 위에 언급된 다양한 환경적 요소들의 가능성에 대한 개별적 고찰과 더불어 어린이들이 그 상황에서 놀이해 나간 모습을 담고 있다. 어린이들은 낯선 자료나 공간을 호기심과 기대감을 갖고 다가갔고 새로운 자료를 가지고 많은 실험을 하였으며, 그 과정에서 우리가 예상치 못한 신선한 방식으로 그들만의 새로운 놀이를 만들어 내었다. 성인의 우려와 달리 어린이들은 아무런 편견이나 주저함 없이 새로운 세팅에 접근하여 새로운 자극으로 인해 생겨나는 실험과 배움을 또래들과 함께 즐기고 있었다. 결국 교사가 어린이들의 생각을 자신의 틀 안에 가두기보나 열린 마음 자세로 다가가 어린이들의 생각을 포용해야 함을 느끼게 되었다.

무형의 자료로써 공간

어린이들이 모여 있는 곳에서는 종종 놀이 공간의 소유권 문제로 다툼이 일어나곤 한다. 성인들이 보기에는 공간적 여유가 있는데 왜 다투는 것인지 궁금하고, 다른 공간을 두고 왜 그 자리를 고수하려는지 도무지 이해가 가지 않을 때가 있다.

과연 공간은 부여받거나 점유할 수 있는 것일까? 공간은 구획이 분명한 물체가 아니기에 가시적 혹은 물리적으로 주고받을 수 없다. 하지만 종종 성인들 사이에도 눈에 보이지 않는 공간의 경계가 확연히 느껴지기도 하고 자신의 공간을 고수하려는 개인들의 욕구와 움직임이 발견되기도 한다. 공간의 문제는 소유의 문제처럼 보이지만, 본능적인 존재 인정의 문제일 수도 있다. 그렇기에 우리는 개인 공간을 침범 당하면 우리의 존재를 인정받지 못하거나 위협받는 것으로 느낀다. 그렇다면 영아들은 어떨까? 영아들의 자리 다툼 역시 과도한 욕심이나 고집의 산물이라기보다는 정체성을 수립해가는 영아들에게 존재를 인정받고 싶은 욕구와 깊이 연관되어 있는 것으로 보인다.

위의 모든 점을 고려한다면, 교사들은 공간을 마치 하나의 '자료' 처럼 내어줄 수도 있다. 통상적으로 교사는 공간을 물체로 채워주기는 쉬워도 비워주기는 어려워한다. 그러나 만약 교사가 용기를 내어 공간(空間), 즉 '비어있는 사이'를 어린이들에게 제공한다면, 이는 자신의 존재를 확인하고 친구와 관계를 맺고 즐길 '기회'를 주는 것이다. 그것은 개인을 위한 것일 수도 있고 집단을 위한 것일 수도 있다. 집단 안에서 개인의 존재를 조율하는 문제는 그 안에서 어린이들이 현명하게 해결할 것이라 믿고 들여다보려 한다.

자신들만의 공간을 확보해가는 영아들   만1세, 정주혜 교사

공간에 대한 관심을 포착하다

학기 초 순조로운 전이 활동을 위해 우리 반 영아의 수에 맞게 교실 문 앞 바닥에 다섯 가지 색의 발바닥 모양 스티커를 붙여주어 자리임을 보이게 하였다. 그런데 영아들 사이에 생긴 암묵적인 규칙이 생기는 것 같았다. 교사가 지정해주지 않는데도 영아들은 언제부터인가 처음 앉았던 발바닥 스티커 자리 위에만 반복적으로 앉는 것이었다.

그러던 중 혜원이의 빨간색 발바닥 자리에 연희가 앉기 시작했고, 빨간색 발바닥 자리는 자신의 자리임을 주장하는 혜원이와 그 자리에 앉고 싶어 하는 연희 사이에 다툼이 계속되었다. 연희가 단순히 스티커 색에 관심이 있으리라 생각하고, 두 영아에게 마음에 드는 색의 스티커를 고르도록 한 후 원래 앉았던 자리에 붙여주었지만 연희는 여전히 혜원이의 자리에 앉았고 다툼은 종결되지 않았다. 연희는 색이 아닌 자리 즉, '공간'에 관심을 가졌던 것이다.

영아의 생각을 배제한 채 교사 생각을 중심으로 문제를 바라보니 문제가 해결되지 않았음을 깨달았다. 그래서 연희의 공간에 대한 관심을 출발점으로 삼아 다시 문제를 들여다보기로 하였다. 그 시기 영아들의 '내 신발을 찾아요' 활동에서 보듯이 영아들도 자신의 물건에 관심을 보인다는 사실과 연결지어 보았다. 영아들의 개인신발 실사사진을 스티커로 제작한 후 영아들이 직접 공간을 선택하여 붙이도록 하였다. 놀랍게도 두 영아의 다툼이 사라졌다.

신발 스티커를 통한 공간의 선택은 다른 영아들도 '개인 자리'에 관심을 두게 된 계기가 되었다. 영아들은 자신의 신발 자리에서 책을 보기도 하고, 놀잇감을 놓아두기도 하고, 가만히 앉아 휴식을 취하기도 하였다. 신발 스티커 자리는 단순히 전이 시간에 모이는 공간이 아닌 **'나만의 공간'** 이 되었다. 영아들의 이런 모습을 보며 많은 생각이 들었고, 고민하게 되었다.

  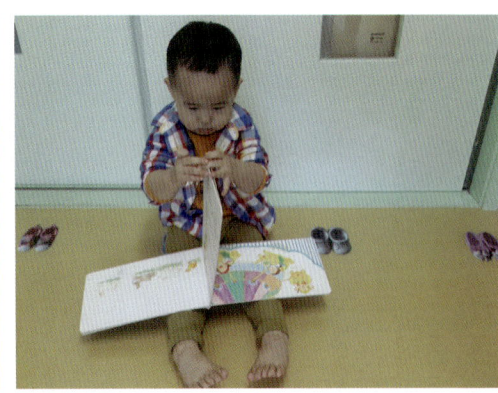

영아들은 자신만의 공간이 필요했던 것일까?
영아들의 공간에 대한 관심을 놀이로 끌어들이면 어떨까?
어떻게 하면 공간에 대한 관심을 놀이와 연결지을 수 있을까?
놀이를 통해 개인 공간에 대한 관심을 또래와의 공간 공유로 발전시킬 수 있을까?

공간에 대한 관심을 놀이와 연결짓다

영아들의 공간에 대한 관심을 놀이 안으로 끌어들이기 위해 어떤 자료를 제공하면 좋을지 생각했다. 영아들의 개인 공간에 대한 관심을 충족시키고, 자유롭게 공간을 구성하여 여러 가지 의미를 부여할 수 있고, 이동하기 쉬우며, 영아들이 앉을 수 있을 정도로 크기가 충분한 것은 무엇일까?
사각형 모양의 여러 가지 색 'EVA판'을 제공해 주었다. 초기에는 혼자 놀이를 주로 하였으나 점차 병원놀이, 소꿉놀이 등 친구와의 놀이로 이어졌다. 영아들은 교실 내 어디든 원하는 곳에 'EVA판'을 이용하여 선생님이 정해준 자리가 아닌 스스로 정한 '내 공간'을 만들고 그 개인 공간 속에서 내가 하고 싶은 놀이를 하며 친구와 소통하고 함께 놀이하였다.

 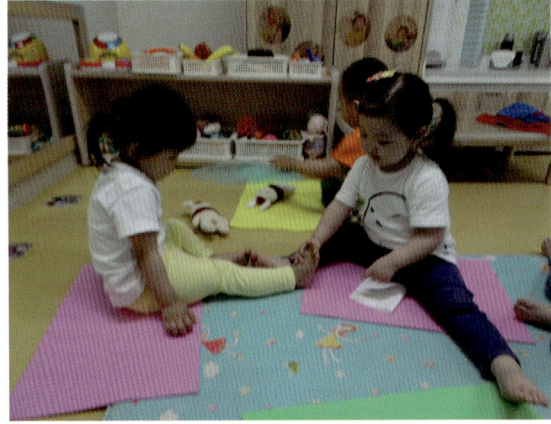

개인 공간 확보를 통한 함께놀이가 지속적으로 이루어지다가 점차 EVA판에 대한 영아들의 관심이 줄어들기 시작했다. 학기 초부터 영아들의 흥미를 계속 끌어왔던 '색 돋보기'의 특성을 활용해보고자, 셀로판지를 코팅하여 사각형 모양의 판을 만들었다.

준혁이가 셀로판지 사각판을 자신의 신발 스티커 사진 위에 올려놓고 그 위에서 내려다보다가, 친구들의 신발 스티커 자리 위에도 하나씩 올려놓고 내려다보기 시작했다. 이 모습을 지켜보던 다른 영아들도 같은 방식으로 놀이를 시작하였다.

학기 초 자신의 자리에 친구가 앉으면 화를 내고 다투던 영아들이 놀이를 통해 친구 자리에 관심을 보였고 자신의 자리를 내어주기도 하였다.

영아들이 공간을 소유하고 주변으로부터 이를 인정받는 것은 매우 어렵다. 언어적 소통의 어려움도 있지만, 공간은 이리저리 움직이거나 경계를 확인할 수 있는 사물의 형태가 없기 때문이다. 그러나 역으로 학기 초 새로운 환경에서 단체생활에 익숙하지 않은 영아들에게 자신의 존재를 확보하려는 욕구는 제일 절박하다. 교사가 영아들의 본능적인 욕구를 이해하고 색 선택의 문제가 아니라 자리의 문제라고 바라보면서 상황은 급전환을 이룬다. 교사가 EVA판과 셀로판지 사각판을 제공한 것은 눈에 보이지 않고 손에 잡히지 않는 공간을 가시화, 물질화시키는 효과를 가져왔다. 이것들은 영아들에게 다루기 쉽고 이해하기 쉬운 실물 도구가 되어주었다. 영아들은 자기 존재의 대체물인 판들을 자신의 신발 스티커와 합쳐보면서 자기 자리임을 확인하였고, 또 마음대로 옮겨보며 몸 이동의 가상 시뮬레이션을 해보는 것처럼 놀이하였다. 확인을 통해 존재에 대한 위협감이 줄어들자, 영아들은 비로소 자신의 자리를 친구에게 빌려줄 여유가 생겨나기 시작했을 것이다.

자신들만의 공간을 확보해가는 영아들

닫힌 공간을 열다

영아들의 자리에 대한 공유를 지켜보면서 다른 형태의 새로운 공간을 제시해 주고 싶었다. 이에 대한 고민을 다른 교사들과 나누던 중 작년에 같은 교실에서 같은 영아들의 담임을 맡았던 교사가 조언을 해주었다. 안전을 고려해 교구장으로 막아놓았던 협소하고 구석진 공간을 가리키며, *"저곳은 작년에 영아들이 응가도 하고, 기분이 안 좋을 때 혼자 마음을 달래기도 했던 특별한 공간이었어요. 저 공간을 열어주는 것이 어때요?"* 라고.

위험할 것이라 단정하고 막아놓았던 공간이 영아들에게는 의미 있는 공간이었다. 어쩌면 그곳은 영아들을 위해서가 아니라 교사의 편의를 위해서 막아놓은 공간이었을지도 모른다. 영아들에게 특별했던 공간을 돌려주기로 하고 개방해 주었다.

하지만 영아들은 그곳에서는 놀이하면 안 된다고 생각한 것일까? 한동안 그 공간에 들어가지 않았다. 그러나 영아들이 하나, 둘 관심을 가지고 들어가기 시작한 후, 까꿍놀이, 소꿉놀이 등 다양한 형태의 놀이가 일어나기 시작했다. 친구가 나갔다 돌아오면 다시 그 자리에 앉을 수 있도록 양보도 하고, 평소 혼자 놀이를 주로 하던 지현이는 친구의 손을 잡아끌며 공간 안으로 초대하거나 먼저 친구에게 놀이를 제안하는 모습도 보였다. 영아들은 그 작은 공간을 공유하면서 배려와 그들만의 규칙을 시도하였다. 그리고 함께 놀이하고, 연대하며, 소통하였다.

영아들 역시 뛰어난 공간적 감각을 갖고 있다. 광활한 공간 안에서 자신의 자리를 찾고 지키는 것은 큰 도전이지만 자신들이 감당할 만한 크기의 공간에 들어서면 오히려 안도감을 느끼고 심적 여유가 생겨나는 듯하다. 개인의 존중도 중요하지만 성인 세계와 마주하게 되면 또래 집단 안 구성원들 사이에 결속력이 생긴다. 너욱이 그들은 이미 자신들의 공동체 안에서 친숙하게 연대감을 쌓아가고 있었기에 온전히 자신들의 영역에서 친구들과 함께함이 가능하고 즐거웠을 것이다. 오히려 작은 공간을 공유하면서 더욱 친밀감을 쌓아가게 되었을 것이다. 그렇다고 해도 영아들은 시각적으로 성인들과 완전히 단절된 공간에서는 역시 두려움을 느끼기 쉽다. 영아들에게 심리적 분리감을 가시화해서 그들의 공간을 확보하고 인정해주면서도 실질적인 안전관리와 공간 운영을 위한 조치가 필요하다. 이를 위해서 다음 단계에 교사는 시야를 반 정도 차단해주는 레이스 커튼을 설치하였다. 이는 적정 수준의 자료를 제공해 준 하나의 사례가 될 것이다.

새로운 공간을 제시하다

그런데 이 소중한 공간이 어린이집 사정으로 없어지게 되었고, 아쉬움에 기록 나눔 시간의 협의를 통해 우리는 교실 내에 그들만을 위한 새로운 별도 공간을 구성해 보기로 하였다. 햇볕이 드는 창가 쪽에 공간을 마련하고, 독립된 공간으로 느껴지되 안과 밖이 보여 소통이 이루어질 수 있도록 레이스 천을 천장에서부터 영아의 얼굴 정도까지 내려오는 길이로 늘어뜨려 주었다. 영아들은 큰 관심을 보였고 이전의 그 구석진 공간에서처럼 함께 놀이하였다. 영아들 사이에 천을 '문'이라고 가정하여 이루어지는 '딩동' 놀이가 시작되었고 반복하여 즐겁게 놀이를 이어갔다.

"딩동~"
"누구세요?"
"아빠다~"
"보고 싶었어요!"

어느 날 그 공간 안에서 연희와 준혁이가 함께 놀이하던 중, 혜원이가 "뭐해?" 하며 다가왔다. 이를 보던 연희가 웃는 얼굴로 다가가 천을 가르며 열어주고 맞이해 주었다. 개인 공간에 대해 강한 관심과 욕구를 보이며 공유가 힘들었던 연희가 친구와 공간을 공유하며 맞이하고 반겨주고 있었다.

영아를 기다리고, 지지하며, 지원하다

하루 종일 어린이집과 교실이라는 닫힌 작은 공간 속에서 친구들과 모든 것을 공유하며 생활해야 하는 영아들에게 개인의 것을 인정해준 적이 있는지 생각해 보았다. 하루에도 몇 번씩 "내 거야!"를 외치며 어린이집의 놀잇감이 자신의 것이라고 주장하는 영아들. 영아들의 강한 소유욕을 알면서도 교사는 어린이집의 모든 것은 친구와 함께 나누고 공유해야 한다고 강요 아닌 강요를 해왔다. 모든 것을 공유해야만 하는 어린이집 생활 속에서 선생님도 친구도 내 것임을 인정해준 유일한 것은 신발 스티커 자리가 아니었을까? 그것을 통해 '내 것', '내 것의 가치'를 인정받게 되면서 비로소 친구의 것도 소중하다는 것을 인식하게 되고, 친구의 것에 대한 인정과 공유로 이어진 것이 아닐까 하는 생각이 들었다. 또한 'EVA판' 놀이에서처럼 나 스스로 '나의 공간', '내 것'을 선택하여 원하는 대로 사용할 수 있는 권리를 부여받았을 때, 자율적 결정을 시도해 보면서 타인의 권리도 돌아보게 된 것은 아닐까?

개인의 것이 보장되었을 때, 내 것을 선택할 수 있는 권리와 구성원들 간에 자율이 허용되었을 때, 내 것을 지키기 위한 투쟁보다 타인의 것을 바라보게 되는 여유가 생기게 되는 것은 성인은 물론 영아들에게 있어서도 마찬가지일지 모른다. 영아들도 선택하고 자율적으로 결정할 수 있는 능력이 있으며, 그것을 통해 공유를 배우고 배려를 경험한다. 공유, 배려에 대한 단순한 지도보다는 영아의 삶을 들여다보고 그것에서 출발하여 영아가 자연스럽게 타인을 바라보고, 타인과의 공유·연대의식을 경험하며, 나눔·소통·배려를 시도해 볼 수 있도록 기다리며 지지해주고 지원해 주는 것이 바람직한 교사의 역할이 아닐까?

2-2. 환경적 변화에 반응하며 놀이를 만들어가는 어린이

거울을 통한 확장

어린이들의 안전에 대한 우려가 색다른 시도를 모두 무력화시키곤 하는 어린이집에서 거울이라니? 거울은 흥미로운 가능성을 지닌다. 자신의 모습을 반영하여 자신의 정체성을 찾도록 도움을 줄 수도 있지만, 거울에 비친 자신의 다양하게 변화하는 모습을 탐구할 수 있도록 만든다. 즉 자신의 다양한 모습을 발견하고 연구하도록 하는 위력이 있다. 개인의 모습에 대한 탐구를 넘어 거울은 사회적 효과도 가져다준다. 거울에 비친 자신의 모습에 어느 정도 익숙해진 어린이들은 종종 거울 안에서 자신만을 찾기보다 자신을 둘러싼 전체 맥락을 발견한다. 자신의 등 뒤에 일어나고 있는 현상에 대한 정보를 주기에 어린이들이 주변의 사건을 의식하도록 만들기도 하지만 사회 집단 속 자신의 모습을 인식하도록 만든다. 또 거울의 반사작용은 시야를 획기적으로 확장 시켜준다. 이는 어린이들에게 착시현상을 통해 함께 가보지 않은 세계로 여행을 하도록 만들어 가상세계로의 진입이 좀 더 자연스럽게 일어날 수 있게 한다. 거울을 만나서 반복되는 이미지, 반사되는 이미지들과 더불어 집단 안에서 자신의 위치를 가늠해보는 작업은 어린이에게 도전이자 흥미로운 매력이 될 수 있다.

나, 너, 우리를 이어주는 '따라방'

만4세, 이하얀 · 양미소 교사

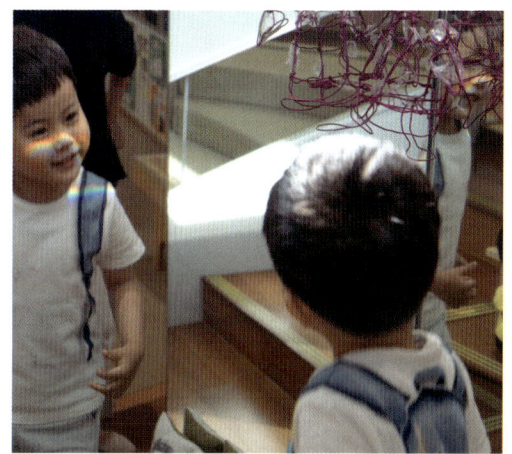

어린이들은 호기심을 자극하고 사고를 확장시켜 주는 환경과 공간을 제공받을 권리가 있다. 과연 우리는 어린이들에게 그러한 환경과 공간을 제공하고 있는 걸까? 새 학기가 시작되기 전, 어린이집의 작은 공간도 낭비하지 않고 탐색을 자극하기 위한 환경을 구성하기 위해 협의를 시작했다.

교사, 계단 옆 자투리 공간을 새롭게 보다

새로운 시각으로 어린이집 공간을 둘러보니, 그 동안 안전을 위해 최대한 어린이들의 접근을 막았던 계단 옆 자투리 공간이 교사들의 눈에 들어오기 시작했다. 그 공간을 어린이들에게 개방해 준다면 어떨까? 놓여 있던 쓰레기통과 화분을 치우고 벽면에 거울을 부착한다면 어린이들을 이곳으로 끌어들일 수 있을까? 그 공간의 개방을 결정하면서 어린이들이 어떻게 다가가고, 탐색하고, 관계를 형성해갈지 교사들도 함께 기대하고 반응을 기다리게 되었다.

교사의 기대를 아는 듯 어린이들은 이 공간에 관심을 보였고, 이동할 때마다 거울 앞으로 가길 희망하고 "우리를 따라 하는 사람이 살고 있어요"라며 '따라방'이라는 특별한 이름을 이 공간에 붙여주었다.

'또 다른 나'와 소통하다

"너 누구야? 왜 자꾸 나를 따라 해!"

거울 앞에 선 어린이는 조용히 자신의 모습과 마주한다. 그러다 잠시 후 한쪽 팔을 든다. 그러자 거울 속의 어린이도 한쪽 팔을 든다. 한참 동안 자신의 신체를 이리저리 움직이던 어린이는 "너 누구야? 왜 자꾸 나를 따라 해!"라고 이야기한다. 분명 자신이 거울에 비쳤다는 사실을 알고 있으면서 '너'라고 하며 거울 속에 비친 대상을 다른 인물인 것처럼 이야기한다. 거울 속의 나와 움직임으로 소통하던 어린이는 거울 속 모습에 더 몰입하며 그 앞에서 "하하하" 하고 웃는다. 거울 속의 나도 크게 따라 웃는다. 그러다 바로 정색한 후 표정을 다시 찡그리고 입을 쭉 내밀며 좀 더 적극적으로 다양한 표정을 지어본다. 그렇게 자투리 공간에 들어온 어린이는 거울 앞에 머물며 다양한 움직임과 표정을 탐색하고 활용하면서 거울 속 나와 친밀해져 간다. 거울 속의 '나와 소통하기'를 시작한 것이다.

친구와 소통하다

혼자 거울방에 머물러 다양한 탐색을 하던 어린이들은 친구를 초대하기 시작했다. 함께 모여 서로의 움직임, 표정을 따라 표현해 보기도 하고, 함께 동물 흉내를 내보기도 하며 다양한 탐색을 해 나갔다. 이 공간에 머무는 시간이 늘어나면서 '거울 속에 비치는 나, 그리고 너'라는 공동의 관심이 생겼다. 그러다 어느 날인가부터 그들만의 놀이가 시작되었다. 엄마, 아빠 놀이에서 인형놀이로 그리고 공연 놀이가 동물 놀이로, 다시 낚시 놀이로 변해갔다. 놀이가 시작되었다가 소멸되고 다시 새로운 놀이가 시작되기를 반복하면서, '따라방'은 재미있는 놀이를 마음껏 만들어내고 즐길 수 있는 그들의 아지트가 되었다.

"(구성해 놓은 낚시터가 망가진 것을 확인한 후) 뭐야?! 범인이 누구야?!"
"망했다! 망했어!"
"'들어가지 마세요' 라고도 써 놨는데!"
"다시 만들면 되지."
"음... 찬성!"

며칠 후,

"좋은 생각이 났어! 극장판 공연을 해 보는 거야!"
"(실망한 듯) 오늘도 극장판 놀이를 또 하는 거야?!"
"응! 지난번보다 손님이 더 많이 올지 몰라."
"그래! 난 찬성!"
"나도 찬성!"

2018. 5. 18. 과
2018. 5. 24. 기록 중에서

함께 모여 놀이하기 시작하면서 어린이들 사이에선 상황을 공유하고 의견을 나누고 조율하는 과정이 중요해졌다. 그리고 어린이들이 나누는 이야기 속에 "찬성"이라는 이야기가 자주 등장했다. 다양한 놀이 과정에서 "찬성"을 외치며 의견을 모으고 조율해가는 어린이들. 결국, "찬성"은 함께 놀이하고 싶어 하는 어린이들의 마음이 적극적으로 표현된 것은 아니었을까?
어린이들은 함께 놀이하기 위해 자신의 생각을 친구가 이해하기 쉬운 방법으로 전달하려 애쓰기도 하고, 문제를 해결하기 위해 자신의 공간에서 벗어나 감정을 참아보기도 하며 서로 소통하고자 노력해 갔다. 상호교류적 대화가 일어나면서 자연스럽게 따라방은 너와 나, 그리고 우리 모두의 공간으로 인식되고 받아들여졌다. 그리고 어린이집의 모든 구성원과 공유하길 원했다.

공간과 소통하다

놀이에 몰입해 갈수록 어린이들 사이에서는 놀이를 구체화 시키려는 움직임도 적극적으로 일어나게 되었다. 어린이들은 놀이의 완성도를 높이기 위해 교실과 아뜰리에에서 자료를 가져와 공간을 새롭게 구성해 가기 시작했다. 이 과정은 어린이들이 놀이에 몰입하고 놀이를 즐기도록 만들었다. 그 공간에 남겨진 흔적은 놀이에 참여하는 어린이들이 놀이 맥락을 이해하는 데 도움이 되어 놀이가 지속될 수 있었을 뿐만 아니라, 다른 어린이들과도 놀이를 공유할 수 있는 단서가 되어 놀이가 더욱 활발해져 갔다. 어린이들은 공간이나 공간에 남겨진 흔적들이 제시하는 바를 읽고 그에 반응하거나 활용하고 있었다. 공간과 소통하기, 혹은 공간을 매개로 소통하기 시작한 것이다.

"거기서 잘 보여?"
"내가 아래로 내려갈게."
"더 잘 보이지?"

"(빨간 버튼을 누르며) 손 조심해!
여기 누르면 뜨거운 물이 나와.
진한 파랑은 뜨거운 물이야!"

"미끼가 왜 안 끼워지지?"
"(아뜰리에서 백업을 가져와) 이건 진짜 잘 끼워져."

어린이와 공간, 환경의 만남을 새로운 관점으로 바라보게 된 교사는 어린이의 호기심을 자극하고 사고의 확장과 배움을 지원하는 환경을 만들어주고자 하였다. 어린이들이 능동적으로 탐색하고 몰입할 수 있는 존재라는 믿음을 가지고 자투리 공간을 어린이들에게 내주었을 때, 어린이들은 그 공간에서 '나' 그리고 친구를 새롭게 만났다. 그리고 그 공간에 머물며 함께 탐색하고, 상상하고, 놀이를 만들어 갔다. 그 과정에서 어린이들은 여러 가지 자료들을 끌어들여 자신들의 놀이 공간으로 새롭게 구성해 나갔고, 그렇게 구성된 놀이의 흔적들이 많은 어린이들과 공유되면서 놀이에 더욱 몰입해 가게 되었다. 그렇게 '따라방'이라고 이름 붙여진 공간은 어린이들에게 특별하고도 소중한 공간이 되어갔다.

이 공간을 들여다봄으로써 이전에는 불필요하다고 여겨졌던 공간이 어린이들에 의해 얼마나 의미 있는 공간으로 변해 갈 수 있는지를 알게 되었다. 앞으로도 어린이의 사회적 잠재력을 인정하고 놀이의 가능성을 믿으며 깊이 있는 탐색을 할 수 있는 환경과 공간을 제공해 주어야겠다. 그 안에서 어린이들의 유능감이 다양한 놀이로 발현되길 기대해 본다.

교사가 교실 밖 자투리 공간을 어린이들에게 내어줄 결정을 하기까지도 많은 용기가 필요하였을 것이다. 이 어린이집 교사들은 자신의 관리 영역을 벗어나고 수많은 위험요소가 있다고 생각하기 쉬운 계단 옆 자투리 공간에서 새로운 가능성을 발견한 것이다. 교사는 그 공간의 용도를 변경한 것뿐 아니라 어린이집에서 흔히 발견되지 않는 거울이라는 사물을 더한다. 이는 적극적으로 어린이들을 끌어들이고자 하는 교사의 의도를 드러낸다.

거울이 부착된 계단의 자투리 공간이 어린이들에게 매력적으로 다가간 이유는 무엇일까? 우선 공간의 소박한 크기는 어린이들이 시각적 자극 범위를 제한해 주어 주목하여 관찰할 수 있도록 준다. 어린이들은 자신이 공간을 장악하고 있다는 느낌으로 아늑함을 느낄 것이다. 또 다른 이유는 어린이들에게 이전에 접근 불가능이었던 금지된 공간에 머무는 것 자체가 짜릿할 수도 있다. 더구나 계단 옆이라면 그 공간에 들어서면서 얻게 되는 새로운 시야가 어린이들을 끌어당길 것이다. 게다가 거울이라는 평면이 어린이들의 호기심을 자극하며 손짓한다. 이 요소들이 합쳐져서 어린이들을 이 공간에 방문하고 머물게 하는 것으로 보인다.

어린이들은 특별한 공간 안에서 놀이를 만들고 이어가며, 자신을 만나고, 친구를 만나고, 자신들의 놀이 흔적을 만난다. 자신들의 놀이 역사가 담긴 공간은 그들의 아지트로서 지속적으로 변화하며 새로운 경험을 만들어낸다. 어린이들은 점차 자신의 탐구 영역을 넓혀가며 물리적 현상 탐구만이 아니라 사회적 존재로서 다른 어린이들과 관계를 맺고 함께함의 즐거움과 짜릿함을 만끽하고 있다. 이 경험은 교사가 어린이들의 행동을 제한하기보다는 충분히 안전성을 고려하고 철저한 준비를 한다면, 어린이들에게 거울이 부착된 작은 그들만의 공간에 머무는 기회를 주는 것은 새로운 체험이 될 수 있음을 보여준다.

일상 속 빛과 어둠

세상에는 보통 빛과 어둠이 공존하지만, 우리의 교육환경은 항상 '빛'이 넘친다. 한구석이라도 빛이 닿지 않는 공간은 어린이들의 안전에 위협이 된다고 생각하기에 보육시설 안에서는 조금의 '어둠'도 허용되지 않는 것이 현실이다. 성인들은 자연의 햇빛이 부족하면 어둠을 없애기 위해 인공조명을 설치한다. 빛은 그 자체로 생명의 원천이지만, 빛이 다른 사물들과 만나면 신비한 과학적이고 심미적인 현상들을 만들어낸다. 그러나 자연과 인공의 빛으로 둘러싸인 환경 속에서 항상 살아오던 어린이들은 빛을 당연하게 여기면서 빛 자체를 하나의 탐구대상으로 주목하지 않고 지나치게 된다. 또 빛에 주목하고자 해도 빛의 정체를 드러내 주는 어둠이 부재하기에 빛의 특별함을 경험해보기 어렵다. 이제 보육공간에서의 빛과 어둠의 가치에 대해 다시 고민해보려면 어린이들이 빛과 어둠을 어떻게 만나가고 어떤 반응을 보이는지 살펴보는 것이 필요하다.

빛을 보기 위해 어둠을 찾는 어린이 만5세, 최혜원 교사

아뜰리에를 떠올리면 많은 자료들이 생각나지만, 그 중 OHP, 라이트 테이블, 손전등과 같이 빛과 관련된 것은 왠지 아뜰리에에 필수적으로 준비되어야 하는 자료로 생각된다. 앞서 언급한 자료들은 당연시했던 빛을 지금까지와는 다른 방식으로 만나게 한다. 그런 낯설음과 새로움이 지나치기 쉬운 빛, 그리고 이와 대조되는 어둠의 잠재성에 대해 생각해 볼 수 있도록 하지 않을까?

아뜰리에 공간 구성을 위해 4층 유희실에 변화를 주었다. 만5세 어린이들이 빛에 대해 보이는 관심을 반영하여 자료로 손전등과 영사기, 라이트 테이블을 준비하였다. 뿐만 아니라 만3세 어린이들의 흥미가 반영된 자석 공간도 마련하였다. 그렇게 새로운 공간과 많은 재료가 담긴 아뜰리에가 생겨났다.

만5세 어린이들은 "아뜰리에에는 재료가 많아서 좋아요."라고 말하지만 아뜰리에에 오면 그 많은 재료 중 어린이들이 가장 먼저 내 것으로 삼고 싶은 것은 바로 손전등이었다. 손전등은 가정에서 사용할 수 없는 물건이라는 희주의 말을 고려하면, 이것을 마음껏 사용할 수 있다는 사실만으로도 굉장한 흥미를 끌 것이다. '빛'을 내 마음대로 쥐락펴락할 수 있는 놀잇감인 손전등을 아이들은 더 많이 요구했다. 하지만 빛을 이용한 놀이는 시간이 흐를수록 반복되고 멈춰있는 듯 보였다.

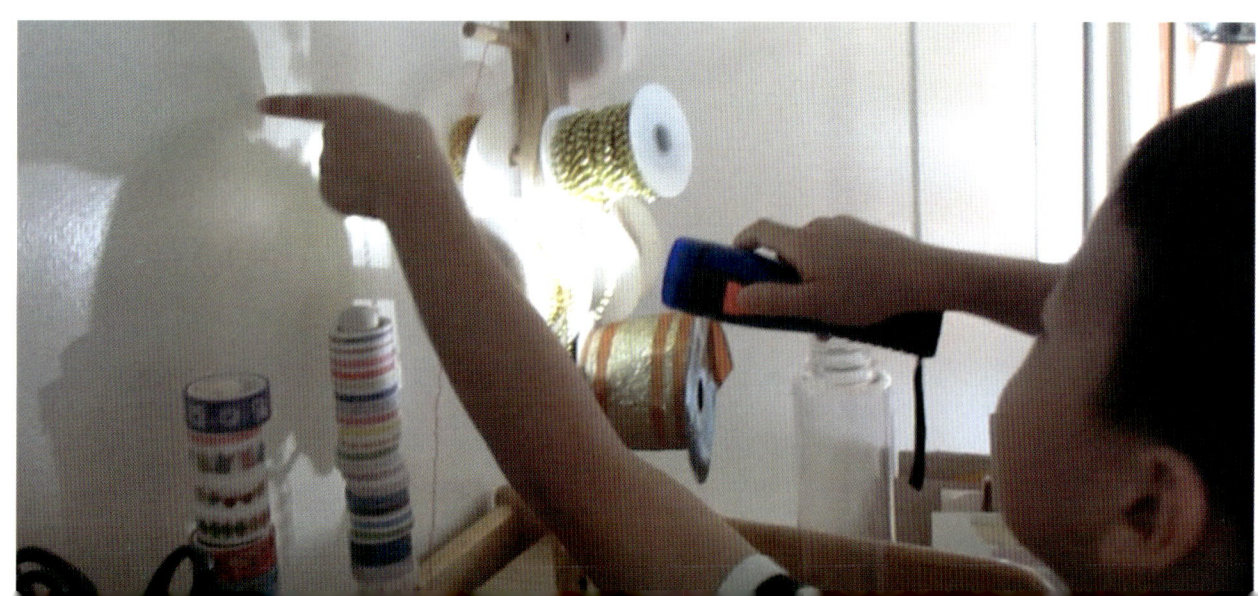

그때 교사의 눈에 들어오는 모습이 있었다. 어린이들이 "어! 이리 와봐! 이것 봐봐!!!"라며 친구들을 불러 교구장 안을 비추어 보거나 혹은 종이 관 통 안을 손전등으로 비춰보고 그 안을 들여다보았다. 무심히 지나치곤 했던 영사기 옆에서 나오는 빛을 종이 관으로 보기도 하였다. 처음 이런 모습을 보았을 때 교사는 '기발하다'는 생각이 들었지만 '왜 그 안을 비춰보는가'에 대해서는 궁금하지 않았다. 오히려 강한 빛이 눈 안으로 들어오면 위험할 수 있기 때문에 교사는 적당히 관찰하다가 "눈이 나빠지겠는데."라는 이야기로 만류하기도 하였다. 매번 왜 비추는지를 물어도 뭘 그런 걸 물어보냐는 듯이 "그냥요."라고 대답했다. 어린이들이 넓은 공간을 다 내버려 두고 왜 이 좁은 공간 안에 친구들을 불러 모으는지 궁금해진 교사는 기록을 되돌아보며 그 이유에 대해 이해하게 되었다. OHP와 손전등은 아뜰리에에서 가장 밝은 비상문 근처 공간에 놓여있었기에, 빛을 흰 벽에 비추면 선명하게 보이지 않았다. 그래서 어린이들의 손전등은 빛을 피해 어두운 공간으로 모여든 것이었다. 어린이들은 '자신들만의 빛'을 찾아가고 있었다.

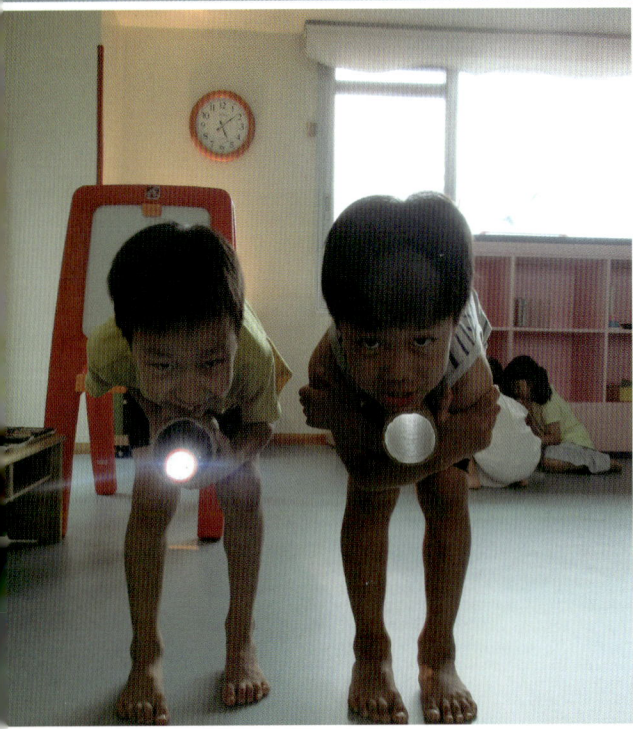

2-2. 환경적 변화에 반응하며 놀이를 만들어가는 어린이

빛을 찾기 위해 어두운 곳을 찾아다니는 아이들의 모습을 보며 교사는 다른 공간에 암막 커튼을 설치하였다. 조금은 비밀스럽고, 아이들이 빛을 마음껏 발견할 수 있는 어두운 공간으로 만들어 주었다. 달라진 아뜰리에서 아이들의 반응은 그 전보다 더 열광적이었다. 아이들은 어둡고 비밀스러운 공간, 그 안에서도 더 어두운 공간을 찾으며 비추는 각도에 따라 달라지는 특별한 빛의 모양을 찾으려 진지하게 놀이에 몰입하고 있었다.

교사들이 어린이들의 흥미가 반영된 자료들을 마련해주자, 어린이들은 교사의 지원에 뜨겁게 반응하며 손전등을 가지고 빛을 탐색하기 시작했다. 하지만 이런 지원에도 불구하고 놀이가 이루어지지 않거나, 반복되거나, 놀이하는 횟수가 점점 줄어드는 것을 보게 된다. 기대했던 교사는 예상과 다른 아이들을 보면 조바심이 나기도 한다. '왜 관심이 없는 걸까? 또 다른 빛과 관련된 자료를 내어줄까?' 교사는 꺼져가는 아이들의 흥미를 이어가기 위해 새로운 자료를 지원한다. 다시금 놀이를 찾아오는 아이들을 보며 안도하지만 또 다시 되풀이되는 상황을 마주하며 교사는 더 깊은 고민에 빠지게 된다. 이 같은 경험은 굳이 아뜰리에가 아니더라도 교실에서 한 번쯤 경험해보았을 것이다. 왜 이런 현상이 일어나는가?

빛을 탐구하려면 '공간에 이미 산재해 있던' 빛과 '내가 만든' 빛을 구분해야 하는 어려운 문제부터 풀어야 한다. 하지만 어린이들은 수동적으로 상황이 변화되길 기다리기보다 내가 만든 빛을 잘 볼 수 있는 환경을 능동적으로 찾아갔다. 빛을 잘 보기 위해 빛을 피해야 하는 아이러니한 상황 속에서 어린이들은 불평하기보다 그것 자체를 해결하기 위한 놀이를 만들어간 것이 놀랍다. 그리고 그 과정에서 빛과 어둠의 상호의존성에 대해 알아가고 있었다. 빛의 밝기가 얼마나 상대적인지, 빛을 탐구하기 위해 '어둠'이 얼마나 중요한지.

위의 상황에서 '위험하다'거나 '기발하다'고 생각했던 어린이들의 행동에 다시 주목하는 교사들의 모습이 인상적이다. 어린이들이 왜 그런 행동들을 하는지 궁금한 마음으로 기록을 다시 보면서 어린이들이 빛을 탐구하기 위해 스스로 적절한 환경을 찾아가고 있다는 것을 알게 된다. 교사들은 어린이들의 발견에 공감하며 한층 더 배움이 깊어지도록 하기 위해 암막을 설치한다. 어둠을 적극적으로 수용한 것이다. 이로 인해 아뜰리에는 이제 교사가 구성해주는 공간이 아닌 어린이들과 함께 상호적으로 구성해 가는 공간이 되었다.

어린이들이 특정 주제에 몰입하여 탐구하길 기대할 때 교사는 주로 무슨 자료를 내어줄 것인가에 집중하게 된다. 특히 의도를 가진 자료의 지원이라면 더욱 그러할 것이다. 하지만 자료와 주제에 온전히 몰입할 수 있는 환경이 마련되지 않는다면 자료는 제 역할을 다 하지 못하고 어린이들의 흥미는 흩어지게 될 것이다. 늘 우리 곁에 있는 빛이기에 손전등과 OHP, 라이트 테이블과 같은 자료를 내어줄 때, '빛'을 드러낼 수 있는 '어둠'이 함께 지원된다면 어린이들은 빛에 집중하여 몰입하기 쉽고 흥미를 유지하게 될 것이다.

어둠 속에서 함께함을 배워간 영아

만2세, 박소연·한소진 교사

'어둠'은 빛을 잘 드러나게 하는 배경으로만 기능하는 것일까? 만2세 영아들도 빛과 어둠의 상관성을 깨닫고 어둠을 요청하는 일이 생겼다. 교사는 이러한 어린이들의 요구에 따라 교실 2층 공간에 빛을 차단하고 어둠을 제공하였다.

깜깜한 어둠을 처음 맞이한 어린이들은 2층 계단 앞에서 어둠을 보고 멈칫하며 물러선다. ...(중략)... 관심은 보이지만 막상 어둠에 다가가지 못하는 어린이들을 보고 역시나 아직까지 영아들에게 어둠을 제공하는 것은 무리였을까. 빛을 제공해주어 흥미를 이끌어 나가야 할까 교사는 고민이 되었다. 그때, 건후가 "우리 빛을 가지고 와보자!"라고 외친다. 건후의 이야기를 들은 어린이들은 놀이에서 경험해 본 손전등을 찾아 왔다. 이전보다 자신감에 차 있는 모습이었다. 용기 내어 2층 어둠에 들어가 보는 어린이들. 천장에 빛을 비추며 빛의 모양을 탐색해보기도 하고 또 한쪽에서는 손전등을 이용하여 무엇인가를 열심히 찾아보기도 한다.

이후에도 어린이들의 어둠 속에서의 빛 탐색은 계속되었다. 어린이들에게 변화된 것이 있다면 어둠을 찾아가기 전에는 한 손에 빛을 꼭 쥐고 가야 한다는 것이다. ...(중략)... 더불어 그 누구도 안내해주지 않았지만 또래 간 "나 빛 좀 빌려 줄래?", "여기 빛 좀 비춰봐" 하는 상호작용들이 2층 공간에서 쉽게 들려왔다. ...(중략)... 빛을 탐색하며 어린이들에게 이 공간은 하나의 놀이 영역쯤으로 여겨지는 듯했다. 동일한 공간이지만 어린이들은 빛과 함께라면 매일 새로운 공간에 온 것처럼 여기저기 빛을 비추어 보며 호기심을 갖는다.

어둠에 다가가는 어린이들의 표정과 몸짓을 보면 그들이 얼마나 두려워하고 있는지 느껴진다. 처음엔 호기롭게 앞장선 어린이도 이내 뒷걸음질을 치거나, 벽에 붙어 선다. 그래도 안 되겠는지 친구들이 있는 무리 속으로 들어간다. 흥미로운 것은 그럼에도 누구도 이 상황에서 멀리 도망가진 않는다. 사진에서 보여주듯, '어둠'은 보이지 않기에 무슨 일이 일어날지 모른다는 두려움을 주기도 하지만, 한편 호기심을 자아내기도 한다. 그리고 이러한 감정에 공감하면서 공동의 문제점을 헤쳐가기 위해 어린이들은 자연스럽게 뭉친다. 이렇듯 어둠은 그 자체만으로도 어린이들을 모여들게 하는 힘이 있다. 게다가 스포트라이트를 주는 방법으로 빛을 비추게 되면서 어린이들은 같은 곳을 보고 이야기를 나누기 시작하였다.

어느 날. 사라는 1층에 정리되어있어야 할 미술 재료 중 하나인 빨간색 솜 공을 우연히 발견하게 된다.

사라: (눈을 크게 뜨고) 이게 왜 여기 있지?
선생님! 내가 빛으로 비췄는데 이게 있었어요!

교사에겐 잘 간수되지 못한 교실 내 놀잇감 중 하나에 불과하였지만, 사라의 눈에는 호기심과 기대감이 가득 차 있었다.

사라: (솜 공을 1층으로 가지고 내려가며)
얘들아. 내가 빛으로 이거 찾았어! 얼른 와봐!!

흔하게 볼 수 있는 재료이기에 다른 어린이들이 큰 관심을 보이지 않을 것이라는 교사의 예측과 달리, 2층 어둠 속에서 무엇인가를 찾았다는 이야기에 어린이들은 사라의 주위로 몰리기 시작한다. 그리고는 모두 함께 2층으로 달려 올라가 빛을 비추어본다. 그때부터 어린이들만의 특별한 놀이가 시작되었다. 다음 날, 사라는 다시 똑같은 빨간색 솜공을 들고 2층으로 올라간다.

사라: (작은 목소리로) 우리 이거 꼭꼭 숨겨보자. 친구들한테 이거 찾아보라고 하자.

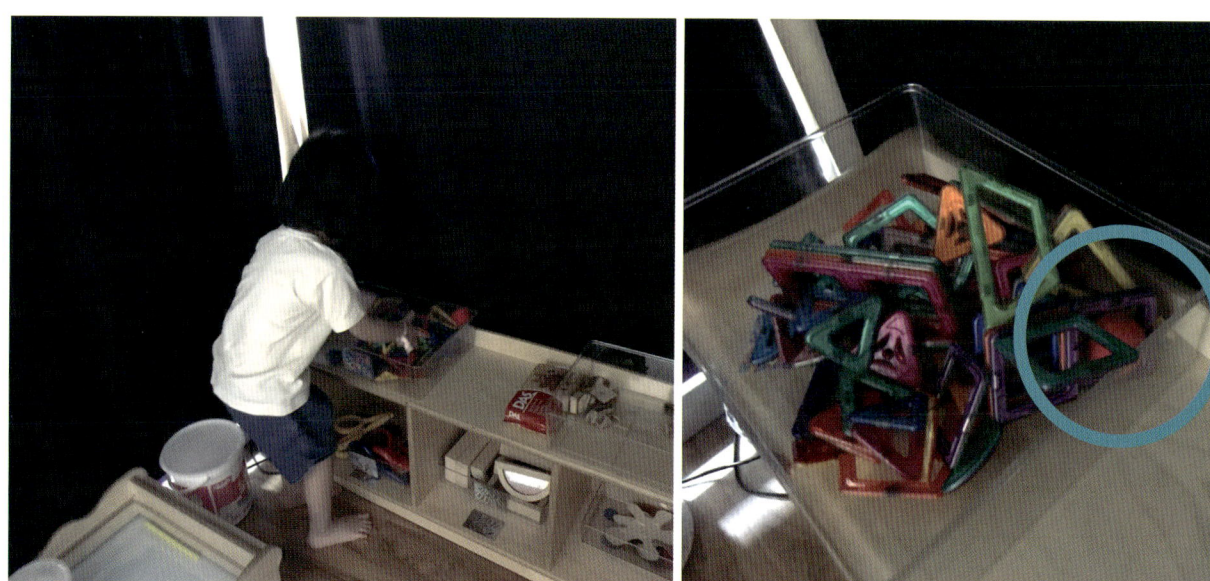

그리고는 맥포머스 놀잇감이 담긴 바구니에 솜공을 넣어 숨기기 시작한다. 단순히 바구니에 넣어 숨기는 것에서 그치는 것이 아니라 바구니에 넣은 솜공이 보이지 않도록 그 위에 맥포머스 놀잇감을 덮는다. 이미 어둠 속이라 찾기 힘든 솜공을 더욱 보이지 않도록 깊숙이 숨겨 놓는다.

사라: (설레는 듯한 표정으로 친구들에게 조명등을 건네면서)
　　　내가 2층에 빨간색 공 숨겨놨어. 얼른 찾아봐!

사라는 친구들에게 함께 놀이하기를 제안하는 것이다. 어린이들은 사라가 제안한 놀이에 흥미를 보이며 2층으로 올라가 이곳, 저곳 빛을 비춰본다. 솜공을 숨긴 곳이 한눈에 띄는 공간은 아니었기 때문에 어린이들은 쉽사리 찾지 못한다. 친구들의 모습을 지켜보던 사라의 입가에는 점점 미소가 지어진다.

세이: (시무룩해 하며) 어디에 숨겨놓은 거야. 못 찾겠어.
사라: 거기 쭉 안으로 더 들어가면 돼. 쫌만 더~
친구들: 나 못 찾겠어.
사라: (솜공을 숨긴 바구니를 직접 가리키며) 짜잔! 여기 한번 봐봐. 여기 있어!

사라의 우연한 경험을 통해 스스로 찾아낸 놀이가 다른 또래들에게도 흥미를 이끌게 되고 그 놀이는 아이들 사이에 하나의 유행처럼 퍼져나가기 시작한다. 교사의 제안과 안내 없이, 오로지 어린이들의 흥미에서 만들어진 놀이가 생겨났다. 하루에도 수차례, 수십 번 아이들이 만든 특별한 놀이는 반복되었다. 숨기는 친구, 찾는 친구의 역할을 바꿔가며 자신이 숨기고 싶은 물건을 선택하여 2층에 뛰어 올라가 숨긴다. …(중략)… 반복되는 어린이들의 놀이 과정을 살펴보니 숨기는 태도에 변화가 있는 것을 관찰할 수 있었다.

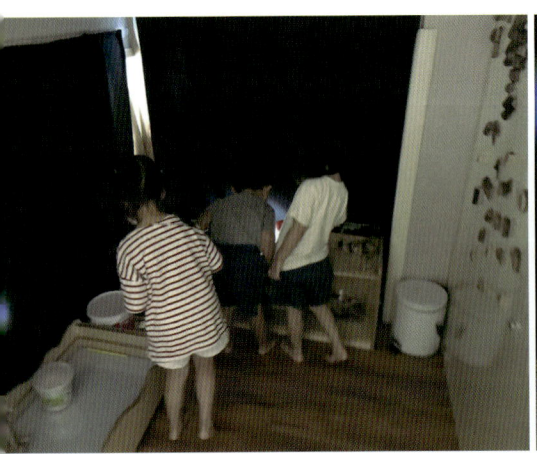  

2-2. 환경적 변화에 반응하며 놀이를 만들어가는 어린이

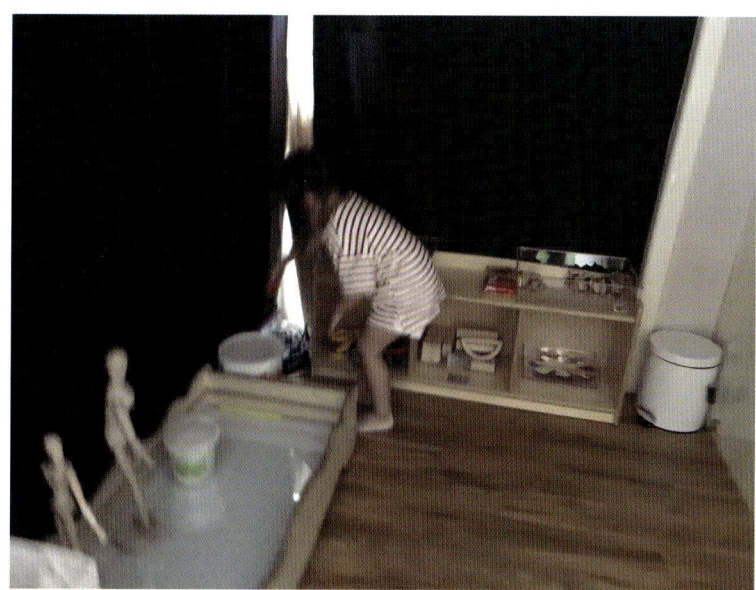 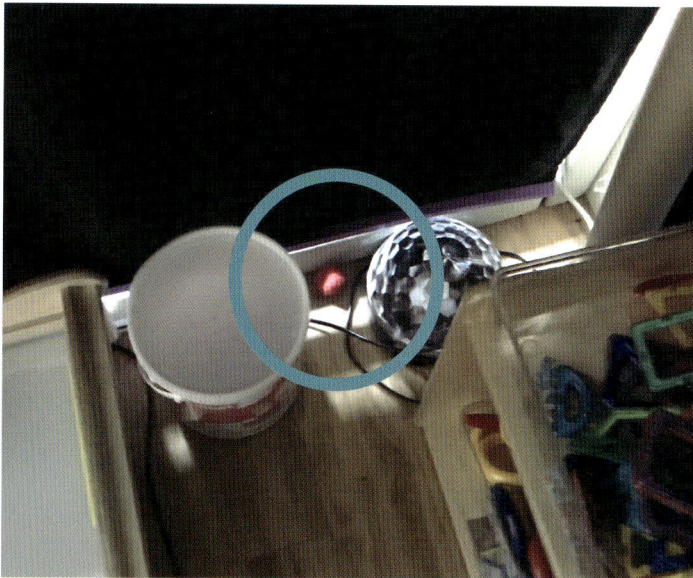

준하: 이번엔 내가 쉽게 숨길까~? 어렵게 숨길까~?
건후: 쉽게! 내가 찾을 거야.

준하와 세이는 물건을 숨기기 전 난이도를 먼저 물어보기도 하고, 숨긴 후에 친구들에게 적절하게 힌트를 주기도 하면서 찾는 친구들을 고려하고 배려하고 있었다. 놀이가 지속되면서 그런 모습들은 준하와 세이에게만 그치지 않았다. 중간에 "내가 쉽게 숨겼어!"라는 친구들을 안심시키는 목소리도 들려왔다. …(중략)… 이 놀이는 혼자 할 수 없다는 것을 어린이들은 누구보다도 잘 알고 있다. 그렇기에 누군가 알려주고 강요하지 않더라도 어린이들은 자연스럽게 놀이 안에서 친구를 살피고 배려하며 함께 놀이하는 방법을 배워가고 있다.

특별할 것 없는 숨바꼭질 놀이가 어둠과 빛이 더해지면서 어린이들에게 특별한 놀이가 되었다. 그동안 경험한 빛 탐색을 통해 어린이들은 어둠 속에서 빛을 비추어 사물을 찾아내는 행위를 놀이로 만들었다. 빛을 비추는 방식에 따라 같은 공간도 다르게 보이며 같은 사물도 빛에 있을 때와 어둠 속에 있을 때 달리 느껴진다는 점을 응용한 것이다. 우연히 발견한 이 놀이는 어린이들에게서 시작된 만큼 만2세 영아들 모두가 참여하기에 적절한 수준이었다. 어른이 보기에 숨기고 찾는 규칙이 단순해 보이지만 영아들은 재미와 더불어 참여하고 싶어 한다. 숨바꼭질에서 자신의 몸을 숨기기도 쉽지 않은 이들에게 도전을 불러일으키는 적절한 난이도의 놀이인 것이다. 게다가 각자의 몸이 아닌 제3의 물건을 숨기고 찾는 놀이기에 어린이들은 조금 더 객관적으로 타인에게 어떻게 보일지 생각할 수 있게 된다.
이로 인해 어린이들은 타인의 마음을 고려하고 배려하기 시작한다. 친구의 마음을 이해하고 미리 난이도를 물어본다. 그리고 '쉽게!'라는 단어를 그 친구가 느낄 수 있도록 적절한 장소를 생각하고 숨긴다. 한 번에 성공하지 못해도 괜찮다. 다시 힌트를 주고 친구의 반응을 보면서 더 알려줄지 말지를 결정하면 된다. 이렇게 상호 간 이해가 맞아야 시시하거나 어렵지 않고 재미있기에 놀이할 수 있기에 아이들은 놀이를 이어나가면서 끊임없이 친구에 대해 살피고 생각한다. 이러한 과정이야말로 영아들이 함께하기 위한 저마다의 방법을 연구하고 배워가는 과정이 아닐까 생각된다.

'상상'을 통한 탐구를 부르는 어둠

만2세, 문사라 교사

어린이들만의 아지트가 된 아뜰리에의 한쪽 공간. 비밀의 방으로 불리는 이곳에서 어린이들은 어둠과 빛이 만들어낸 안락함 속에서 조명을 이용한 가상놀이를 즐기고 있었다. 빛은 반짝이는 별이 되기도 하고, 껐다 켜면서 낮과 밤이 되기도 하고, 치료를 위한 도구가 되기도 하였다. 교사는 좀 더 어두운 공간을 만들어 주고 어린이들이 어떻게 느끼는지 관찰해보았다.

해인: 깜깜하니까 불 켜놓자.
성원: 그래! 너무 어두워.
해인: (성원이 뒤에 그림자를 발견하고) 이게 뭐야? 괴물 같아.
성원: (긴장한 자세로) 무섭잖아.

하원 시간이 되어 교실로 들어가자고 이야기하자,

성원: (시무룩한 표정을 짓는다)
해인: 성원아 왜 그래?
성원: 멍멍이가 무섭잖아.

혼자 남겨질 인형이 걱정되었는지, 성원이는 강아지 인형을 교실로 가지고 들어와 자신의 가방을 꺼낸 후 사물함에 넣어 놓았다. 그리고 다른 친구들에게 비밀의 방에는 괴물이 있다고 이야기하였다.

어두워진 비밀의 방. 어린이들은 안락함 대신 무서움을 느낀다. 그래서 그 속에 혼자 남겨질 강아지 인형까지 챙겨 자신의 사물함 자리를 내어주는 모습은 너무 사랑스럽다. 어둠 속이기에 전보다 더 잘 보이는 '그림자'. 어린이들은 이진 놀이에서 빛에 관심을 보였던 것과 달리 그림자에 주목하게 된다. 그리고 새롭게 등장한 그림자를 '괴물'이라 부른다. 낯선 존재를 이해하기 위해 상상 속 존재를 끌어들인 것이다. 어둠이 만들어낸 어스름한 분위기와 함께 거뭇한 흔적을 남기는 그림자에게 '괴물'이란 이름은 더없이 적절한 것 같다. 단지 조금 더 어두워진 것뿐인데, 어린이들의 놀이는 전혀 다른 방향으로 전환되었다. 이렇듯 어둠은 존재만으로도 무한한 상상을 불러온다. 이전에는 현실을 모방한 가상 놀이를 하고 있었다면 지금은 그 누구도 본적도 없고 만난 적도 없기에 어떤 이야기도 받아들여지는 괴물을 등장시키며 상상의 나래를 펼치기 시작한다. 교사는 편안하고 안락한 이 공간이 갑자기 괴물이 나타나는 공간으로 변하자 당황스러움과 함께 이 놀이를 들여다보며 지원해주는 것이 맞는지에 대한 고민을 하기 시작하였다.

교사의 고민과 달리 우연히 발견한 그림자를 보고 괴물이라고 표현한 성원이와 해인이의 이야기에 풀잎반 어린이들은 자신만의 방법으로 괴물을 찾기 시작했다. 먼저 괴물을 찾으러 간 우찬이와 태윤이. 그림자를 보고 괴물이 아닐까 생각하는 우찬이에게 태윤이는 단호하게 그림자라고 이야기한다. 우찬이는 그림자란 단어를 처음 들어보는 듯한 표정이었으나, 그 외 다른 것을 발견하지 못하자 괴물이 없다는 결론을 내리고 교실로 들어왔다. 반면 시안이와 해원이는 여기저기를 비춰보며 찾다가 조명을 켜놓고 기다리며 언젠가는 나타날 수 있다는 기대감을 가졌다. 괴물에 대한 관심은 어린이들의 끼적임에도 나타났다. 비밀의 방에 있는 괴물을 그린 해원이. 단순히 어두운 공간에서의 괴물놀이를 즐기는 어린이들만의 재미난 놀이로 생각했는데, 상상 속의 괴물을 표상하는 모습에 놀라웠다.

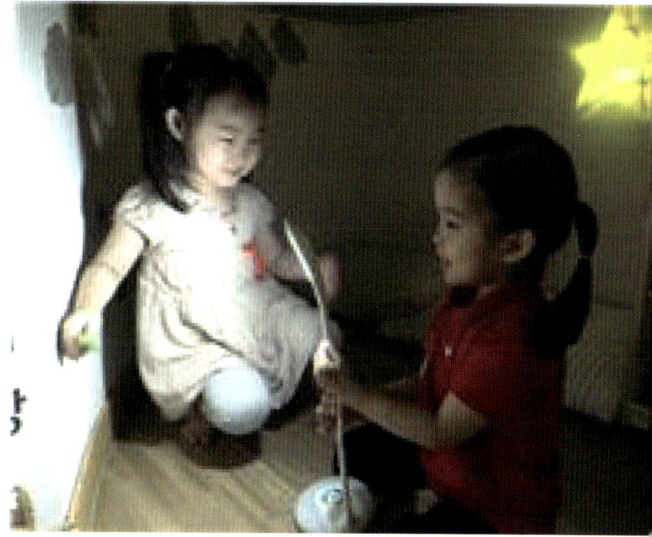

그 이후에도 비밀의 방에는 괴물이 숨어있다고 표현하는 어린이들, 과연 어린이들이 말하는 괴물은 무엇일까? 다시금 비밀의 방에서 괴물을 찾아보기로 하였다.

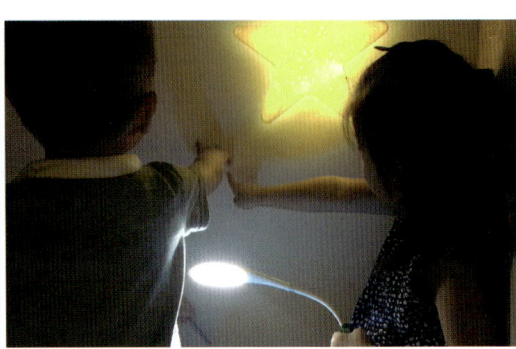

투명색깔판을 들고 눈에 갖다 대면서 여기저기를 찾아보는 어린이들.

해인: (벽면에 걸려있는 조명에 반사된 그림자를 가리키며)
　　　이거 봐, 까만 거 뭐야? 이거 괴물이다.
우찬: 여기 뭐가 있는 것 같은데…(벽면에 생긴 그림자를 가리키며) 엇! 여기!

해인이가 괴물을 발견했다는 이야기를 들은 다른 어린이들도 그림자를 가리키며 "괴물이다!" 라고 표현하기 시작하였다. 그때 해인이가 들고 움직이는 조명등에 의해 생기는 그림자를 발견한 연이.

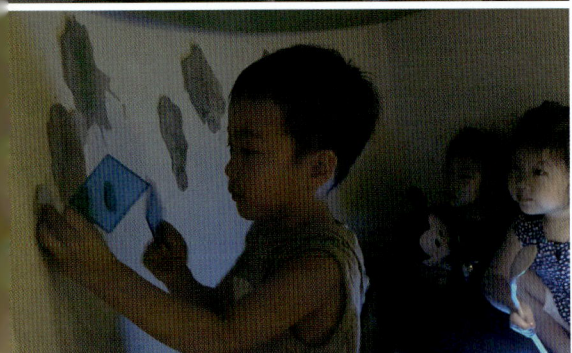

연이: (자신이 들고 있는 투명색깔판의 위치를 조절한다.)
해인: 잘 안보이는데… (조명을 벽면에 비춘다)

빛의 위치가 맞지 않아 색깔 그림자가 나타나지 않자, 해인이 다시 투명색깔판에 조명을 비춘다. 해인이가 뒤에서 비쳐준 불빛으로 인해 연이의 색깔판에 빛이 투과되어 벽면에 파란색 그림자가 생겼다.

연이: 찾았어! 바로 이거 인가봐~
해인: 해원아, 우리 같이 괴물을 찾아보자.
해원: 좋아.
연이: 바로 이거 같아. (벽면으로 가서 빛 위에 파란색 투명색깔판을 겹친다)
해원: 연이야, 방금 내가 괴물을 찾은 거 같아. (연이의 그림자를 손으로 가리킨다)

자신이 생각하는 괴물을 저마다의 방법으로 표현하는 어린이들. 어린이들이 생각하는 괴물은 어떤 모습일까? 어린이들에게 비밀의 방에서 괴물을 찾는 모습이 담긴 영상을 보여주며 회상하는 시간을 가지고 각자가 생각하는 괴물을 표상해보기로 하였다.

해원: 이건 나비 괴물이야, 엄청 빨리 날아다녀서 우리가 잡을 수가 없어. (1)
우찬: 빨간색 괴물이야. (2)
성원: 노란색괴물, 주황색괴물, 초록괴물, 보라괴물, 파란괴물이 섞여있는 무지개 괴물이야. (3)
해인: 보라색 괴물이야, 괴물이 사다리를 들고 있어. 친구들이 위험할 때 타고 가라고 들고 있는 괴물이야.
*　　(4/ 튀어나온 부분이 사다리)*

흔히 교실 속 괴물 놀이는 환영받지 못한다. 우선, 미디어를 통해 전해지는 괴물들의 이미지가 폭력적이고 잔인하기에 교사는 '괴물'이란 관심사에 주목하지 않는 방법으로 암묵적인 금지를 한다. 기록에서 보듯이 교사들은 괴물 놀이가 이렇게 이어질 것이라곤 생각하지 못했고, 더 나아가 이 놀이를 들여다보는 것이 과연 의미가 있는지 고민하였다. 하지만 교사는 어린이들의 괴물 놀이를 따라가 보기로 결정하였다. 어린이들의 놀이 과정을 영상으로 남기고 되돌려주는 모습이 인상적이다. 이러한 지원으로 어린이들은 마음껏 괴물에 대한 자신들의 생각을 풀어갔다. 어린이들은 자신들이 하고 있는 경험이 충분히 가치 있다고 느낀 것이다.

괴물 놀이가 환영받지 못하는 또 다른 이유는 괴물이라는 상상적 존재에서 출발한다는 것이다. 보통 상상은 허구라고 생각하기에 재미는 줄 수 있지만 학습적이진 않다고 느낀다. 과연 그럴까? 어린이들은 때로는 그림자로, 때로는 그림으로 자신들이 생각하는 괴물을 상상하고 표현하였다. 이렇게 모습을 드러낸 괴물은 상상에서만 존재하기에 어떤 모습이든 수용될 수 있을 것 같지만 그렇지 않았다. 친구들과 함께 괴물을 찾고 있기에 내가 찾은 괴물이 친구들에게도 인정받고 받아들여져야 했다. 어린이들은 친구가 찾아낸 '괴물'을 보고 동의한다는 의사표시로 그림자를 가리켰다. 그림자가 괴물이라는 것으로 의견이 모이면서, 어린이들은 다양한 그림자를 의도적으로 만들었다. 투명색깔판의 위치를 옮기기도 하고, 개수를 더하기도 하였다. 하지만 그림자는 빛의 방향에 따라 나타나고 사라졌다. 해인이는 그림자를 만들기 위해 비추는 빛의 위치 또한 중요하다는 것을 알고 조명등을 움직인다. 이렇게 만들어진 색깔 그림자는 이후 어린이들의 괴물 그림에도 영향을 준다. 어린이들의 그림을 보면 그림자를 어떻게 이해하고 있는지가 보인다. 나비 괴물은 쉽게 잡히지 않고 움직이는 그림자의 특성이 담겨있다. 빨간색 괴물, 무지개 괴물, 보라색 괴물은 빛이 다양한 색깔판과 만난 결과로 그림자가 생겨남을 보여준다. 괴물 놀이를 통해 그림자의 특성을 배워가는 과정이 놀랍게 느껴진다.

어린이들은 세상에 존재하지 않는 '허구적인 존재'인 괴물을 우리 교실 안에 존재하는 '실재하는 존재'로 만들어갔다. 상상은 어린이들을 만나 현실이 되었다. 이뿐만 아니라 어린이들은 상상을 통해 빛이 만들어낸 현상인 그림자를 스스로 관찰하고 이해하며 배워가고 있었다. 혼자가 아닌 함께였기에 공동의 주제를 같이 알아가며 공동의 의미를 구성해 나갈 수 있었다. 상상은 낯선 현상을 알아가는 '도구'가 되었다. 이는 재미와 배움이라는 두 마리 토끼를 다 잡는 어린이들만의 방법이 아닐까 생각된다.

OHP를 만난 어린이들

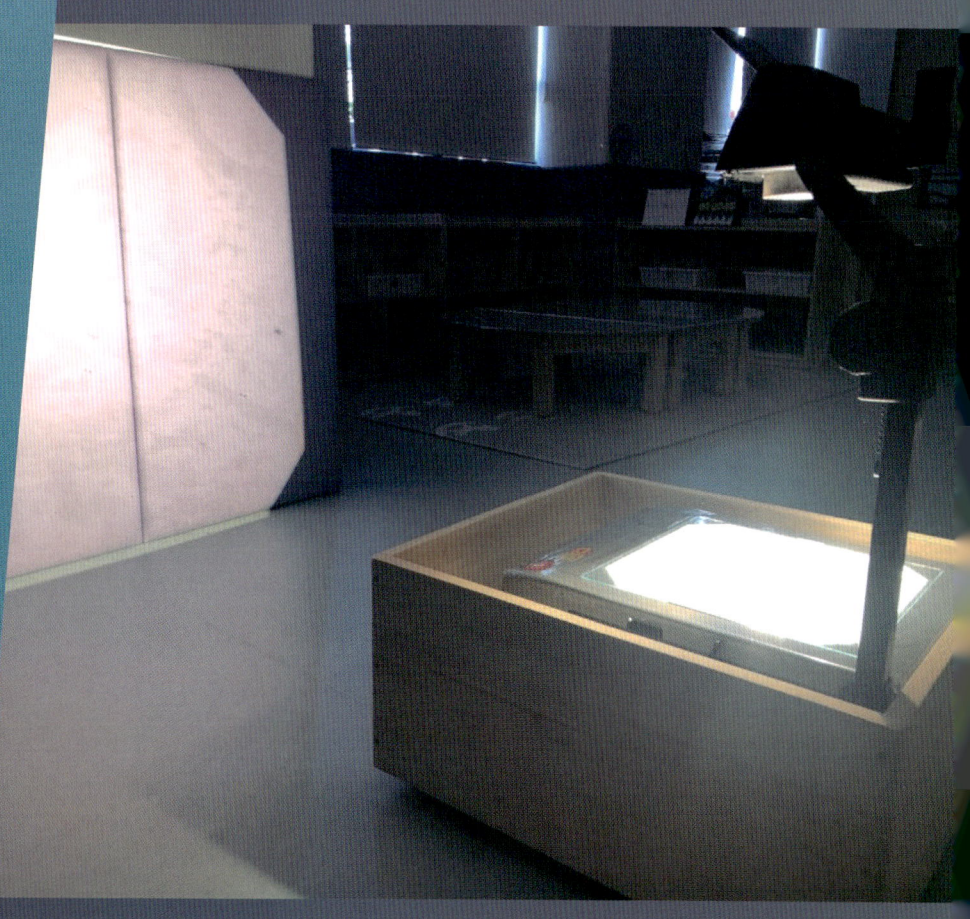

OHP는 빛을 투사해서 평면 위에 올려놓은 물질, 자료의 그림자를 맞은편 면에 비춰준다. 그래서 OHP는 종종 빛과 사물의 그림자 관계, 혹은 빛의 투과도에 따라 달라지는 그림자의 색이나 농담 등 과학적 탐구를 지원하는 교구로 받아들여지기 쉽다. OHP의 다른 잠재력은 어떤 것이 있을까? 우선 빛과 만난 이미지들이 너무 매력적이어서 어린이들의 관심을 끈다. 평범한 사물이라도 빛을 뿜어내는 평면 위에 올려놓으면 그 사물의 예전에 보이지 않던 특징들이 두드러져 보인다. 둘째, 하늘에서 내려오는 햇빛이나 천장에 달린 전등은 위에서 아래로 빛을 쏟으며 주변을 광범위하게 밝혀주지만, 사물의 아래에서 위로 쏘아주는 빛은 그 사물의 후광으로 작용하면서 신비감을 주기도 한다. 셋째, 투사된 그림자가 실물보다 크게 보여서 실물이 아니라도 압도적 존재감을 자아내기도 한다. 이는 어린이들을 자연스럽게 가상의 세계로 인도한다. 마지막으로, OHP 위에 색 투명종이를 올려놓으면 온 세상의 색이 달라지면서 주변의 분위기를 바꾸어 주고, 어린이들의 시선을 집중시킨다. 그렇다면 OHP를 어린이들은 어떻게 받아들이고 있는지 사례를 통해 그 교육적 가능성을 살펴보자.

유희실 속 빛 놀이　　만1세, 이소정 교사

어린이집 유희실 내에 OHP를 이용한 빛놀이 공간이 새롭게 구성되었다. 어린이들은 실내 대체활동으로 유희실 놀이를 하며 자연스럽게 유희실 내에 배치된 새로운 매체를 접하고, OHP를 들여다 보거나 가리키는 등의 관심을 표현했다. 만1세 영아들은 OHP를 어떤 놀이의 자료로 활용할까? 이 공간이 과연 영아들에게 놀이 공간으로 다가올 수 있을까? 어린이들의 흥미도를 확인할 수 없어 어떤 과정으로 놀이가 전개될지 궁금하여 기록을 시작하게 되었다.

주호는 "우와! 우와!"라고 말하며 또래들이 OHP 위에 놓아둔 놀잇감으로 비친 그림자를 향해 달려간다. "따! 따! 허엇~! 따!"라고 말하며 벽면에 비친 그림자를 손바닥으로 두드린다. 시운이는 벽면에 비친 그림자에 눈을 떼지 못하고 그림자를 향해 움켜쥐듯 잡거나, 손바닥을 펼쳐 두드린다. OHP를 접한 영아들은 환하게 빛을 발산하는 OHP 자체만을 탐색하거나, 벽면에 비친 그림자 자체만을 탐색하는 형태로 놀이가 이루어진다. 그림자를 향해 점프하기도 하고, 두드리며 관심을 표현한다. 또, 움직이는 그림자를 잡으려는 듯 움켜쥐기도 하며 저마다의 놀이를 하고 있었다.

모방을 통해 실험을 시도하다

주호가 OHP를 가리키며 전원을 켜달라는 표현을 한다. 교사가 OHP를 켜자, 주호는 여러 물체들을 올려둔 후 화면이 비치는 벽면으로 달려간다. 주호는 "따!"라고 말하며 그림자를 두드린다. 재하는 자동차 놀잇감을 타고 다가와 주호의 모습을 한참 바라본다. 자동차 놀잇감에서 내려 교사와 OHP 쪽을 번갈아 바라보다가, 바로 옆 놀잇감이 놓인 테이블로 이동한다. 재하는 초록색 페트병 조각을 들고 자동차 놀잇감에 잠시 탔다가 내려 벽면으로 이동한다. 재하는 벽면에 페트병을 붙인 채 위, 아래, 좌우로 이동시켜본다.

재하는 자동차 놀이와 OHP 놀이 모두 흥미로운지 갈팡질팡하다가, 빛 놀이를 선택했다. 페트병을 가져와 직접 벽면에 두드려보기도 하고 초록색 페트병 그림자 위에 초록색 페트병을 붙인 채 조금씩 움직여 보는 모습을 보면 재하는 벽면에 비춰지는 그림자가 신기하고 관심이 끌리는가 보다.

페트병 그림자 위에 페트병 실물을 밀착시킨 채 조금씩 움직여 보는 재하는 벽면의 그림자와 페트병의 연관성을 막연히 인식하고 있는 것으로 보인다. 그러나 큰 페트병 그림자와 작은 페트병 실물은 형태는 같지만 크기가 다르고, 평면적 이미지와 실제 사물은 엄연히 다르다. 따라서 우리에겐 당연하게 보이지만, 평면 도형인 그림자가 입체물인 페트병의 또 다른 모습 혹은 표현임을 인식하는 것, 즉 둘의 등가성을 파악하기란 이 연령의 어린이들에게 쉽지 않을 것이다. 그래서 재하는 그림자에 실물을 가져다 대응시키면서 직접 확인하는 소중한 실험 절차를 거치는 것으로 보인다. 여기서 초록색이라는 특징과 페트병 밑의 독특한 모양이 연관성 파악의 단서로서 큰 도움을 주었을 것이다. 재하는 두 가지를 관찰하고 비교하였지만, OHP 위에서 움직이면서 동시에 의도적으로 그림자를 살피지는 않았다. 이 점을 보면, 재하는 아직 나의 움직임이 벽면의 그림자를 변화시킨다는 행동적 인과 관계를 파악한 것은 아닌 듯하다. 그럼에도 그 관계를 파악해 가는 과정에 들어선 것은 틀림없기에 교사의 상황파악에 따른 지원은 소중하다.

우연한 발견을 공유하다

벽면 그림자 주변에 있던 도운이는 "또!"라고 말하며 또래들의 손 그림자를 한참 동안 바라본다. 시현이는 OHP 위에 자신의 손을 올려둔 후 벽면을 바라보고 "셔니 손!"이라고 말한다. 옆에 있던 진우, 지윤이도 OHP 위에 자신의 손을 얹고 손가락을 조금씩 움직여본다. 벽면 그림자를 바라본다.

영아들이 페트병, 천 등 놀잇감 올려두기에 집중하며 놀이하다가, 도운이는 우연히 벽면에 비친 손 그림자를 발견한다. 이어서 손 그림자를 시현이, 진우, 지윤이가 발견한다. 도운이의 발견으로 영아들은 또래와 함께 같은 실험을 하고 있었다. 그리고 영아들은 한동안 손가락을 꼬물꼬물 움직여 보며 자신의 손 그림자를 관찰한다. OHP 위에 올린 자신의 손 위치를 조금씩 옮겨보기도 한다. 어쩌면 나의 손, 나의 일부가 그림자로 비춰진다는 것이 흥미로웠던 게 아닐까? 이처럼 어린이들은 교사가 제시한 플라스틱 자료 외에도 자신의 신체 일부를 탐색하며, 예상 밖의 많은 것에 관심을 가지고 실험하고 있었다. 영아들은 OHP를 이용한 놀이를 통해 자신의 신체에 관심을 갖고 긍정적으로 인식 및 탐색해나가는 발달과업들도 실현해나가고 있었던 것이다.

내 손 그림자는 어디로 갔을까?

시현이는 벽면 그림자 쪽으로 이동하여 '지윤이 손 그림자' 위에 자신의 손을 올려 "시현이 손! 시현이 손!"하고 외친다. 방긋 웃으며 "우와~ 시현이예요."라고 말하고, 벽면으로 달려가 '지윤이 손 그림자' 위에 자신의 손을 얹어보고 두드린다. 지윤이도 벽면으로 달려와 손을 얹는다. 사라진 '지윤이 손 그림자'에 시현이와 지윤이는 당황한 듯 잠시 멈춰 두리번거린다. 그리고 다시 OHP로 돌아와 손을 비춰보고, 벽면에 비친 손 그림자를 바라본다.

시현이는 OHP 위에 자신의 손을 올리고, 벽면에 비친 손 그림자가 자신의 손이라는 것을 인식하지만 벽면 그림자 쪽으로 이동하면 자신의 손 그림자가 사라진다는 사실을 아직 인식하지 못하고 있다. 시현이는 지윤이의 손 그림자를 자신의 손 그림자라고 인식하는 모습이다. 지윤이도 시현이처럼 벽면으로 달려가자, 손 그림자가 없는 것을 발견하고 둘은 두리번거리며 잠시 당황한 듯하다. "방금 있던 내 손 그림자는 어디로 갔을까?" 이러한 인지적 갈등 상황 속에서 당황한 두 영아는 OHP와 그림자가 비치는 벽면을 오가며 자신의 손 그림자의 행방을 찾기 위해 함께 손 그림자를 비춰보며 다시 실험을 시작한다. 둘은 OHP 위에 놓인 서로의 손을 맞잡기도 하고, 서로의 손을 잡는 잡기 놀이를 하기도 한다. 그 순간들 속에서도 둘은 "저거 봐."라고 말하며 서로의 그림자를 확인하고 있었다. 만1세의 영아들도 플라스틱 자료나 신체 부위를 비춰보는 놀이를 통해 다양한 관계를 실험하고 있었다. 그리고 그 과정 속에서 나타난 우연한 발견을 서로 간 공유하고 또래의 놀이를 모방하면서 놀이 속에서 함께 실험하며 인지적 갈등을 해결하고 있다.

더 이상 영아들은 벽면의 그림자에만 집중하거나 OHP 위의 사물과 빛에만 집중하지 않는다. 손을 OHP 위에 얹고 벽면을 바라본다는 것은 이제 영아들이 둘의 연관성을 명확히 인식하기 시작했다는 것을 보여준다. 영아들은 자신의 손을 움직이면서 인과 관계를 시각적으로 확인하기 위해 OHP로 모여들지만 예상치 못한 문제가 다시 생겨난다. 두 손의 겹침으로 인한 그림자가 사라지고 어린이들은 당황한다. 이 상황은 영아들에게 또 다른 도전을 제공하기에 앞으로도 많은 실험과 생각이 필요하다. 이처럼 어린이들의 자발적 놀이는 깨달음의 즐거움, 예상이 어긋나서 생기는 당황함 등 계속 문제와 도전을 스스로 제기하고 이를 해결하는 과정에서 배움이 심화 되어 가는 장이 되어준다.

빛과 그림자, 그리고 가상놀이

도운이, 지우, 시운이는 페트병과 플라스틱 컵을 양손에 하나씩 쥐고 페트병을 플라스틱 컵에 물 따르듯이 반복적으로 흔들어 놀이한다. 도운이는 빛이 나오는 OHP의 전등 부분을 가리킨다. 지우는 도운이가 가리킨 전등 아래에 페트병을 대어본다. 도운이, 시운이도 페트병을 대어본다. 지우가 페트병을 들고 마시는 흉내를 내자 도운이와 시운이도 페트병을 전등 아래에 대어본 뒤, "후루룩" 소리를 내며 마시는 흉내를 낸다.

도운이가 OHP의 전등 부분을 가리키자, 모두의 시선이 전등 쪽으로 집중된다. 그 중 지우는 페트병을 전등 아래에 가장 먼저 대어본다. 시운이, 도운이도 지우의 놀이를 모방하며 물을 마시는 듯 놀이를 반복한다. 빛을 페트병에 담는 것일까? 아니면, OHP 바로 앞 정수기에서 물을 마시던 경험을 놀이로 되살린 것일까? 영아들은 OHP가 다루는 빛, 그림자 요소를 제외하고도, 기기 그 자체를 이용한 가상놀이를 시작하고 있었다. 즉, 탐색과정에서 더 나아간 놀이의 발전이 이루어진 것이다. 이처럼 어린이들은 탐색의 과정 또한 놀이로 승화시켜나가고 있었다. 놀이 속에서 끊임없이 시도하고, 실험하는 어린이들은 놀이의 가치로움을 실현하는 유일한 존재가 아닐까? 그리고, 과연 어디에서 어디까지 실험을 해 나갈까? 나날이 궁금해질 따름이다.

교사가 아무리 심사숙고하여 특별한 자료를 제시해도, 여전히 신체 부위와 같은 어린이들이 본능적으로 들여오는 '자료'의 위력을 간과할 수는 없다. 손과 같은 신체 부위는 어린이들의 빛 실험에 우호적인 자료이다. 신체 부분은 항상 자신과 함께 이동하며 수시로 꺼내 활용할 수 있다. 또 인공물과 다른 손 모양의 독특함과 쉽게 움직여 모양을 바꿀 수 있다는 점은 영아들이 실물과 이미지를 연결 짓도록 돕는다. 그런데 둘의 연관성을 확인하는 데는 그간 도움이 되었던 손의 장점이 상황에 따라 방해요소로 작용하기도 한다. 나의 몸이 OHP 앞을 떠나면 그 그림자도 몸의 이동과 함께 사라지기 때문에 확인할 길이 없다. 이 경우 손이 아닌 나름의 특징을 드러낼 수 있는 독립적 사물들, 자료들이 필요한 것이다. 따라서 절대적으로 '좋은' 자료를 찾기보다 어린이들의 현안 탐구에 적절한 자료가 '좋은' 자료임을 인식하는 게 필요하다.

어린이들의 페트병에 '빛 담기'처럼 보이는 가상놀이는 빛과 그림자의 인과적 관계 이해라는 특정 지식 습득의 차원에서 볼 때 불필요하며 심지어 비생산적으로 보일 수 있다. 그러나 도전의 내용만 달라졌을 뿐, 어린이들의 관점에서는 여전히 용기에 담기 불가능한 빛을 담아보면서 '빛의 속성 탐구'라는 탐구를 새로운 방식으로 이어가는 것일지 모른다. 이제 놀이에 포함되었던 다양한 사물들의 속성, 그리고 사물 간의 관계를 이해한 어린이들은 그 지식을 이용하여 앞으로 무한히 새로운 놀이를 마음껏 만들어나갈 수 있고 교사는 이를 격려해야만 한다.

OHP 위에서 만난 공룡
만5세, 변영경 교사

7월, 아뜰리에에 OHP가 들어온 후 어린이들은 탐색을 시작했다. OHP가 그림자를 만들어낸다는 가능성을 발견하면서, 다양한 자료들을 올려보았다. 다양한 형태와 색의 그림자를 만난 어린이들은 자연스럽게 이야기를 만들어 갔다.

2018. 8. 14.

나는 파란하늘반 친구들, 특히 진섭이의 극놀이가 궁금해졌다. 평소에는 진섭이가 극놀이를 시시하다고 했는데, 왜 극놀이를 좋아하게 되었는지 궁금해져 진섭이를 들여다보기로 했다. 진섭이는 자료들이 담긴 바구니를 가져와 OHP 위에 올려놓았고 소영이도 OHP로 가서 앉는다. 교실에서는 둘이 놀이하는 시간이 거의 없는데 OHP 앞에서는 자연스럽게 소영이와 진섭이가 함께 놀이한다.

진섭: 김소영, 아무거나 막 올려놓지 말고!
소영: 그럼 뭐 올리지?
진섭: (통에서 조개껍질을 찾아 올려보며)
*　　　공룡들이 사는 곳이니까*
*　　　이런 조개 같은 것들이 있어야 해.*
진섭: 김소영, 이것 좀 봐!
*　　　이 조개를 올리니까 이 모양이 나왔어.*
소영: 어디? 나도 해볼래!
*　　　(진섭이처럼 불빛에 조개를 비추며)*
*　　　소진섭, 나도 했어!*
진섭: 대박 신기하지?
소영: 맞아, 맞아!

진섭: (자료들을 한쪽으로 정리한 후) 이제 이야기가 시작되는 거야.
소영: (진섭이처럼 자료들을 정리한다.)
진섭: (소영이를 보며) 공룡들이 나오고 있어, 여기 있는 조개랑 이런 것들을 먹고 있어.
소영: 나는 애기 공룡 (애기 소리를 낸다.)
진섭: 그런데 하늘에서 뭐가 떨어졌지~
*　　　(손을 위에서 아래로 움직여 조개껍질을 굴려본다.)*
소영: 아야! 아야!
진섭: 엄청 많이 떨어지고 있지~

진섭이는 이야기를 할 때마다 "~했지", "~있지" 하고 이야기를 했다.
소영이에게 이야기를 들려주고 싶어 하는 것 같았다.

명우, 선후: 니네 뭐하고 있냐?
　　　　　(다른 공룡들을 찾아 OHP 위에 올리려고 한다)
진섭: 아직 이야기 하고 있어, 이야기가 끝나면 들어올 수 있어!
소영: 맞아, 아직 하고 있어.
진섭: 이거 다 끝날 때 까지 기다려야지.

선후와 명우가 "우리 다른 거 하자" 하고 다른 곳으로 갈 줄 알았는데, 진섭이가 기다리라고 하자 옆에 앉아서 진섭이의 이야기를 듣는다.

진섭: 카르카로돈토사우루스가 나와서 잡아먹었지.
　　　카르카로돈토사우루스는 육식공룡이라서 작은 공룡도 다 잡아먹을 수 있어!
명우: 저기 다 잡아먹는다!
진섭: 배가 고파서 작은 공룡을 다 잡아 먹었어.
명우, 선후: 크크크~

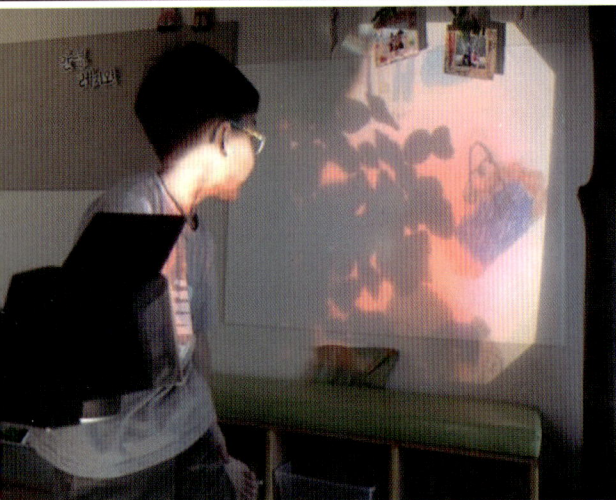

이야기를 하던 진섭이가 갑자기 일어나 빨간색 셀로판지를 비춘다.

진섭: 화산폭발이 나서 다 죽었어! 그래서 이야기가 끝났어.
소영: 꺅~~~
명우, 선후: (깔깔 웃으며) 진짜 웃기다~
교사: 진섭아, 화산폭발이 나서 이야기가 끝난 거야?
진섭: 네, 다 죽은 거에요. (점심 시간이 되어 다른 친구들이 정리하는 것을 보자)
　　　나중에 또 해야지~ 선생님, 이거 그냥 정리 안 하면 안 돼요?

점심을 먹고 오니 이미 정리가 되어 있어, 그렇게 진섭이의 이야기는 끝이 났다. 이번 기록을 하며 그 동안 진섭이의 극놀이 사진과 교실에서의 사진을 다시 보았다. 진섭이는 놀이를 주도하는 아이도 아니었고 친구들과 사소한 일로 갈등을 겪기도 하였다. 근데 극놀이에서는 친구들도 진섭이의 이야기를 재미있어 하고, 진섭이의 이야기를 잘 따라주는 것 같았다. 특히 소영이가 진섭이의 이야기를 잘 들어주고 반응을 잘 해주는 것 같았다. 아마 진섭이는 친구들이 자신의 이야기를 잘 들어주고, 반응해주는 것 때문에 극놀이를 하게 된 것 같다. …(중략)… 그런데 진섭이 이야기는 거의 '죽음'으로 끝난다. 주인공이 상어에게 다 잡아먹혀서 죽거나, 공룡이 화산폭발로 죽는다. 왜 진섭이 이야기 끝에는 '죽음'이 있을까? 궁금해졌다.

2018. 8. 17.

저번 극놀이 이후 소영이와 진섭이는 급격히 친해진 것 같았다. 진섭이도 먼저 소영이에게 놀이를 제안하고, 소영이는 진섭이의 의견을 잘 받아주곤 한다. 레고블럭과 몰펀블록으로 놀이가 시작되자, 진섭이가 친구들이 블록놀이를 하고 있는 곳으로 다가온다.

진섭: 우리 같이 놀자.
소영: 안되는데...
진섭: 왜 안 돼?
소영: 말 잘 들어야 돼.
진섭: 나 말 잘 들을 건데?
소영: 그래, 같이 놀자.
진섭: 나는 스티라코사우루스야! (레고 블록으로 만들기를 시작한다)
소영: (사람 레고 블록을 들고) 아들~ 학교 잘 갔다 와!

평소의 진섭이라면 안 된다고 했을 때 '너랑 안 놀아' 하고 삐졌을 텐데, 말 잘 듣겠다고 하며 함께 놀이하려고 하는 진섭이의 말에, 나는 사진을 찍으며 '어라..?' 하는 생각이 들었다. 소영이는 평소 여자친구들과는 놀이하는 시간이 거의 없었다. 왜 남자친구들이랑만 놀까? 하는 궁금증을 가지고 놀이 안에서 소영이의 역할에도 관심이 가기 시작했다. 사진을 다시 들여다보니 여자 친구들과 놀이할 때 소영이는 거의 '아기', '아기 동물' 역할을 주로 했는데 남자친구들과 놀이할 때는 '엄마', '누나' 역할을 많이 하는 것 같다. 소영이가 남자친구들과 놀이하는 것을 좋아하는 이유 중 하나는 챙겨주는 역할을 할 수 있어서인 것 같기도 했다. 소영이에게 "소영아, 여자 친구들과도 같이 놀아야지", "다른 역할 하면 되지" 하고 소영이의 마음을 몰라주었던 것 같아 교사로서 뜨끔하기도 했다. ...(중략)... 소영, 선후, 명우가 언어 영역 매트로 이동한다.

진섭: 스타라코 안 데리고 가서 치사했어.
  그런데 스타라코가 아까 다이아몬드 찾았대, 다이아몬드를 숨겨놔야 돼, 그치~?
  (애기 목소리로) 엄마, 엄마
소영: 어, 일로와 가자~
진섭: (소영이를 따라가면서) 근데 얘가 갑자기 죽었어요. (공룡을 보여준다)

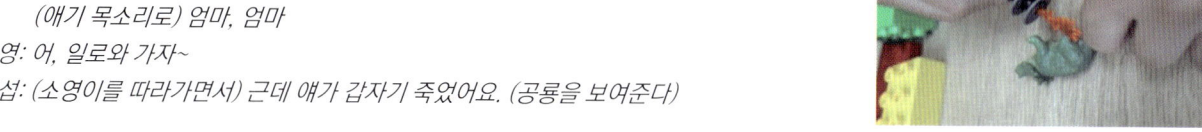

진섭이는 공룡의 이름이 데이노니쿠스이며, 사막에서 집으로 오다가 밥을 못 먹어서 굶어서 죽게 되었다고 하였다.

교사: 그럼 데이노니쿠스는 어떻게 됐어?
진섭: 화석이 됐어요. (데이노니쿠스 공룡을 매트에 두고 사람 모형 레고블록을 가져온다.)
교사: 사람이 나왔네.
진섭: 사람은 공룡들이 멸종한 줄 알았는데 살아있는 스타라코만 발견했어요.
  근데 스타라코는 화산폭발이랑 운석 피하려고 땅 속으로 들어가다가
  운석을 조금 맞았어요. 공룡들은 화산폭발이랑 운석이 나타나서
  다 죽은 거예요. 저 공룡에 대해서 진짜 잘 알아요!
교사: 운석을 맞았어?
진섭: 그래서 땅 속에서 나와서 여행 가다가 죽었어요.
교사: 그럼 이제 공룡들은 아무도 없는 거야?
진섭: 네, 이제 공룡들은 다 죽고 사람 시대가 된 거예요.
진섭: 사람이 나왔지~ 근데 마취약을 만들었어. 주인공 슬랜더맨이에요.
  이 슬랜더맨이 마취약을 만들었어요. (마취약을 공룡에게 발라주면서)
  마취약을 발라서 공룡들이 살아나요.
교사: 아까 공룡들은 다 죽은 줄 알았는데…

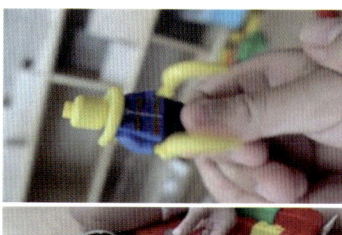

진섭: 공룡들이 죽으면 안 되니까 사람이 마취약을 발라서 살리는 거예요.
  근데 화석이 되면 사람들이 살아있는 공룡을 못 보니까요.
  데이노니쿠스랑 스타라코랑 다 살아나서 사람들이랑 같이 살 수 있어요.
  그래서 다 친한 사이가 됐어요.
소영: 사이좋게 보드게임도 하고, 공룡 놀이터도 같이 갔어요.
진섭: 가위, 바위, 보를 해서 친구가 되기도 했어요. 그래서 이야기가 끝난 거예요.

이야기가 끝나고 진섭이가 다른 놀이를 한다며 놀잇감을 정리했다. 진섭이에게 죽음은 언제든지 다시 살아날 수 있는 의미가 있었다. 진섭이의 공룡이야기로 시작했지만 그 안에는 진섭이와 친구들, 또 소영이의 새로운 모습까지 교사의 들여다봄이 얼마나 중요한지 다시 한 번 깨닫게 되었다.

어린이들은 OHP를 탐색하면서 '그림자 극놀이'를 할 수 있다는 '쓰임'을 자연스럽게 발견했다. 그리고 친구와 함께 한 문장씩 이야기를 만들어 가기 시작했다. OHP의 특징이 극놀이에 관심이 없던 진섭이에게 새로운 계기를 마련해 준 것이다. 이로 인해, 극놀이는 여자친구들의 놀이라고 생각하며 근처도 오지 않았던 진섭이가 소영이와 극놀이를 하고 있는 것이다. 극놀이를 하고 있다고 탐색이 끝난 것은 아니었다. 조개를 올린 후 신기해하는 진섭이와 소영이처럼, 새로운 자료를 올리면 어린이들은 다시 놀라고 궁금해하며 탐색을 시작한다.

극놀이 상황을 들여다보면서 교사는 이전엔 발견하지 못했던 새로움을 만나게 된다. 이전 모습과는 다르게 리더십을 발휘하며 놀이를 주도적으로 끌어가는 진섭이. 함께하는 재미를 느꼈던 걸까? 이후 진섭이의 모습이 달라졌다. 자신의 의견만 주장하기보다 상대방의 의견을 듣고 수용한다. 같이 놀기 위해 '아기' 역할을 받아들이는 것뿐만 아니라 때론 그 역할을 소환해서 떠나간 친구의 마음을 붙잡기도 했다. "아들~"이라 부르는 소영이의 말에서 본인의 역할이 무엇인지를 파악하고, 다른 영역으로 이동한 소영이에게 '아기 목소리'를 내며 엄마를 부르는 진섭이의 모습은 가히 놀랍다. 그렇다면 소영이는 어떤가? 그동안 여자친구들 사이에서 아기 역할을 도맡아 하던 소영이가 새로운 놀이 그룹을 만나게 되면서, 본인이 하고 싶은 엄마 역할을 하기 위해 협상을 하고 리드하는 모습이 흥미롭다. 이렇게 진섭이와 소영이의 새로운 면을 발견하게 된 것은 OHP의 역할도 크다. 무엇보다 그림자가 크게 보인다는 점이 자연스럽게 친구들과 같이 극놀이를 보도록 만들었다. 그와 더불어 OHP는 어린이들이 발견한 '극놀이를 하기 좋다'는 점의 활용으로 진섭이의 관심사가 드러나게 하였다. OHP의 특징으로 놀이에 참여하게 되면서 두 어린이는 다른 놀이에서는 배우거나 발휘하지 못할 많은 사회적 기술들을 연마해 갈 수 있었다.

극놀이의 내용도 새로워졌다. 진섭이는 그동안 알고 있지만 궁금증이 해소되지 않은 공룡의 죽음을 이야기에 담았다. 주인공 이미지가 OHP 위에서 사라짐을 죽음이라 한다면, OHP 위에 다시 등장하면 죽음이 번복될 수 있다. 놀이는 큰 부담 없이 죽음이 환생으로 이어질 수도 있다는 자신의 생각을 드러내어 친구들과 나누어볼 수 있는 상황이다. 보통 '죽음'은 환영받지 못하는 주제이다. 이전 기록에서 진섭이의 '상어가 잡아먹어서 죽이는 이야기'를 듣던 명우의 말, "야, 선생님이 죽는 말 하지 말라고 했잖아."를 통해 우린 느낄 수 있다. 하지만 교사는 진섭이의 '죽음'을 궁금해 한다. 그리고 진섭이가 생각하는 죽음의 의미가 교사가 생각하는 것과 다름을 알게 된다. 진섭이가 생각하는 죽음은 큰 순환에 있어서 단지 한 사건에 불과한 것 아닐까? 교사는 이렇게 한 단어에 대한 어린이들만의 생각이 있을 수 있다는 것을 발견하게 되었다. 그리고 교육 안에서 '죽음'이란 주제에 대해서도 다시 생각하게 되지 않았을까? 마치 어린이들이 OHP를 통해 자료를 새롭게 보았던 것처럼, 교사 또한 OHP를 통해 어린이들을 새롭게 바라보게 되었다.

라이트 테이블 위에서 피어나는 이야기

아뜰리에 혹은 교실 한편에 자리 잡은 라이트 테이블. 이 위에서는 어떤 놀이가 이뤄져야 하는 걸까? 우리에게 친숙하지 않은 특별한 이 책상은 항상 교사들에게 많은 고민을 가져다준다. 교사들은 라이트 테이블을 종종 하나의 새로운 활동영역처럼 접근하기도 한다. 그러나 라이트 테이블은 배워야 할 기술이나 발달과제가 아니고, 그 자체만으로도 이미 가르칠 내용을 담고 있는 만능 교구 혹은 마술적 위력을 발휘하는 고급 교구도 아니다. 라이트 테이블은 하나의 상황이고 맥락으로, 그 위에서 다른 사물들과 빛, 사물과 사물, 사물과 어린이의 아이디어가 만나야 이야기도 나오고 배움이 일어난다. 라이트 테이블의 다양한 쓰임을 고안하여 필요한 상황에 적절한 방식으로 사용할 수 있도록 하려면, 어린이들에게도 라이트 테이블 위에서 탐색할 기회를 많이 제공하는 것이 필요하다. 라이트 테이블 위에서 어린이들과 자료 간에 어떤 만남이 이루어지고 있는지 들여다보았다.

우주 공간 만3세, 김소림·채송화 교사

아뜰리에를 처음 방문한 날, 어린이들에게 이곳을 자유롭게 탐색할 수 있는 시간을 주었고, 어떤 자료에 많은 관심을 보이는지 지켜보게 되었다. 어린이들은 유토, 색 스포이드, 비즈 등 다양한 놀이에 관심을 보이다가 한 곳으로 모여든다. 바로 '라이트 테이블'이었다. 과연 라이트 테이블에서 어떤 놀이가 일어날 것인지 궁금해졌다. 다음날 일찍 등원한 어린이들이 어제 가보았던 아뜰리에에 가고 싶어 하기에 함께 아뜰리에를 다시 방문하게 되었다. 아뜰리에에 들어간 어린이들은 바로 라이트 테이블이 있는 곳으로 향하더니 불을 켜고 놀이를 시작한다.

지후: 이것 봐라~
희준: 우와, 이거 텐트 같다.
지후: (블록을 펼치며) 이렇게 하면 더 멋있지롱~
희준: 나도 해볼게.
지후: 그래, 그럼 우리 같이 만들어보자.
　　　(한참 놀이 하다가) 여기는 우주 속 모습 같아요.
교사: 우주? 여기가 우주 같아 보여?
지후: 네~ 여기서 놀이하니까 우주에 온 거 같아요.
교사: 지후는 여기가 우주 같구나.
지후: 네! 그래서 제가 새로운 거 만들었어요.
교사: 지후가 만들고 있는 건 뭐야?
지후: 이건 우주선이에요.

지후에게 왜 우주선을 만들게 되었는지, 왜 라이트 테이블을 우주라고 표현하는지 질문해 보았지만 놀이에 빠진 지후에게 이야기를 들을 수 없었다. 하지만 지후가 이 공간을 평범한 놀이 공간과 다른 새로운 공간이라 생각하고 놀이한다는 것을 알게 되었다. 앞으로 지후의 놀이가 더 궁금해지기도 한다.

라이트 테이블 위에서 비정형화된 블록을 가지고 여러 가지 모양으로 구성하던 지후는 '우주'라는 가상의 공간을 떠올리며 생각의 꼬리에 꼬리를 물고 더 깊이 몰입해 가고 있다. 교사의 질문에도 답하지 않고 놀이에 빠졌다고 하는 교사의 해석처럼 지후의 머릿속은 이미 우주로 가득한 이야기들이 넘쳐나고 있지 않을까? 어린이들은 이야기가 흘러감에 따라 눈앞에 놓여 있는 자료인 투명 아크릴 블록을 새롭게 바라보고 다양한 형태를 계속 구성해 나가는 즐거움을 느꼈을 것이다. 여기서 지후는 왜 우주를 떠올렸을까? 라이트 테이블이라는 환경, 혹은 간접적으로 흘러나오는 빛은 어떤 역할을 하였을까? 아마도 빛이 주는 신비감으로 인해 어린이들은 일상적이지 않으며 약간 비현실적으로 간주 되는 '우주'를 떠올렸을 것이고, 이런 맥락에서 매일 보던 아크릴 블록은 빛을 받아 다른 용도를 찾게 되었을 것이다.

알록달록 미끌미끌 물고기   만1세, 강은경 교사

물속에서 가지고 놀이했던 셀로판지는 색깔이 빠지고 이염이 되면서 다양한 색과 무늬가 생겼다. 말린 셀로판지에 흥미가 없다면 젖은 셀로판지의 색과 무늬를 탐색하는 것도 재미있을 것 같다는 생각에 놀이하던 젖은 셀로판지를 라이트 테이블로 가져와 보았다.

성준: 친구들 뭐해요?
교사: 친구들 셀로판지로 놀이하나 봐.

성준이는 라이트 테이블로 가서 셀로판지를 펼치고 뭉치기 시작한다.

성준: 이거 봐바요. 이거 무지개 물고기에요.
지오: 무지개 물고기? 이거 무지개 물고기에요?
교사: 진짜 물고기같다. 무지개 물고기처럼 알록달록하네.
지오: 나도. 무지개 물고기.

지오는 성준이가 펼쳐놓은 셀로판지에 다른 셀로판지를 가져와 덧댄다.

성준: 지오도 했어요.
교사: 성준이랑 지오랑 같이 만든 물고기네? 정말 멋지다.
진짜 무지개 물고기보다 더 예쁜 것 같아.

교사는 라이트 테이블에 이 셀로판지들을 놓으면 빛이 투과되어 잘 보이고, 붙이려고 애쓰지 않아도 되리라 생각하고 장소를 옮겨 놀이해 본 것이다. 라이트 테이블 위에서 셀로판지의 탈색과 이염으로 생긴 예쁜 색과 무늬들을 발견하리라 생각했던 교사들은 그 위에서 '무지개 물고기'가 등장하리라고는 생각하지 못했다. 교사의 계획이 아니라 어린이들이 자신의 의지에 따라 자유롭게 표현하고 그것에 또 다른 친구들이 덧대어 표현하는 과정에서 교사의 생각보다 훨씬 유능한, 또 함께 놀이가 가능한 영아들을 발견할 수 있었다.

물과의 만남으로 인해 여기저기 색이 빠진 셀로판지는 기존의 균질한 색을 지닌 셀로판지와는 또 다른 가능성을 보여주는 자료가 되었다. 교사는 매우 실용적인 이유에서 다양한 색을 품고 있는 셀로판지를 라이트 테이블 위로 옮겨 놀이하도록 하였지만, 의외로 이 구겨진 셀로판지가 교사의 기대를 넘어 어린이들의 상상력을 자극하였다. 셀로판지의 여러 가지 색이 라이트 테이블의 빛과 만났을 때 나타나는 아름다움. 어린이들은 그들에게 익숙한 동화 속 주인공인 '무지개 물고기'라는 이름을 빌려서 막연히 각자 느끼던 아름다움에 공동의 참조점을 설정한다. 어린이들은 라이트 테이블 위에서 직접 셀로판지를 뭉치고 비틀고 넓히는 작업을 이어가면서 더 다채롭고 아름다운 색들을 발견하게 되었을 것이다.

빛을 발산하는 라이트 테이블은 패턴과 색을 감상하고 검토하기 쉽게 도와주며, 구겨진 셀로판지와 같이 평범한 사물에 특별한 생명감을 불어 넣어준다.

엄마를 잃어버린 고양이 만2세, 김진이 교사

하영이는 지원이가 준 유토로 고양이를 만들어 고양이 울음소리를 낸다.

하영: (점토로 만든 야옹이를 움직이며) 야옹~야옹~ 엄마, 어디 있어?
지원: 왜?
하영: 야옹이가 엄마를 잃어버렸잖아.
지원: 그래? 그럼 내가 여기 점토로 엄마 야옹이를 만들게.
하영: 좋아.

지원이는 라이트 테이블에 있는 점토를 떼서 엄마 고양이를 만들어서, 하영이가 만든 고양이 옆에 자신의 고양이를 놓는다.

지원: 엄마 왔어~
하영: 엄마~엄마 어디 갔었어?
지원: 잠깐 슈퍼 다녀왔어.

이때 하영이가 처음에 만져봤던 유토에 다시 점토 칼로 긁어본다.

하영: 어? 긁어지네? 아까는 안 됐는데...
지원: (칼로 힘을 주어 점토를 긁어본다)
      진짜 이제 그림이 잘 그려져.
하영: 말랑말랑해졌어.
지원: 왜지?
하영: 몰라.
교사: 아까는 분명 점토가 딱딱했는데.. 왜 말랑말랑해졌을까?
지원: (라이트 테이블을 손바닥으로 만지며) 여기가 따뜻해.
하영: (하영이도 라이트 테이블 바닥을 만져본다) 정말이네.
교사: 아~ 라이트 테이블이 따뜻해지니까
      점토가 말랑말랑해졌나 보다.
지원: 맞아.
하영: 맞아. 맞아

하영이는 점토로 조형물을 만들면서 이야기를 지어내고, 지원이를 놀이에 끌어들인다. 미리 계획한 것도 아니지만 즉흥적으로 하영이의 '엄마를 잃어 울고 있는 고양이'에 반응하여 역시 점토로 '엄마 고양이'를 만들면서 이야기를 함께 구성해 낸다.

시간이 지나 라이트 테이블의 열에 의해 유토가 말랑말랑해지자 이를 즉시 알아차리며 점토 도구를 활용하여 아까 처음에 만져봤던 유토와 비교하여 이야기하며 지원이와 함께 열에 의해 변하는 유토의 특성에 궁금증을 갖는다. 지원이는 처음에 만져보았던 라이트 테이블의 온도의 차이를 깨닫고 하영이에게 라이트 테이블이 따뜻하다는 사실을 알리며 함께 유토의 성질 변화와 라이트 테이블의 특성 간의 관계를 이해해나갔다.

빛을 머금은 라이트 테이블은 유토를 부드럽게 만들어 쉽게 조작하도록 돕는다. 이야기가 진행되어 감에 따라 등장하는 주인공들이 유토 조형물로 순식간에 탄생하면서 이야기 전개가 활성화되고 모두가 함께 이야기 구성에 집중하도록 도와준다. 유토를 덜어냄으로 해서 나타난 빛의 모양은 유토를 덧붙여서 생겨난 조형물과 더불어 어린이들이 마음껏 상상할 수 있도록 돕는 도구가 되고 있다. 라이트 테이블 위를 덮고 있는 유토는 어린이들의 손이 지나간 흔적을 통해 그림을 그려내 그 사이에서 분출되는 빛을 더욱 집중해서 보게 만든다. 이처럼 라이트 테이블 위에서 어린이들은 가상놀이를 하며 유토, 빛, 친구와 관계를 맺어간다. 라이트 테이블의 정형화된 기능에만 집중하는 것을 벗어나면 많은 가능성을 볼 수 있고, 어린이들은 이미 이런 것들을 그 위에서 놀이하며 발견해 내고 있다.

앞서 살펴본 바와 같이 라이트 테이블 위에서는 우주 공간이 펼쳐지기도 하고, 동화 속 무지개 물고기가 다양한 모습으로 나타나기도 하며, 친구와의 가상놀이를 통해 뜻밖의 이야기가 생겨난다. 이처럼 라이트 테이블은 어린이들로 하여금 무엇인가를 더욱 탐색해보고자 하는 욕구를 불러일으키고 상상의 이야기들을 펼치게 만드는 위력이 있는 것 같다.

과연 이와 같은 탐색의 욕구와 상상을 자극하는 힘은 어디에서 오는가? 우선 라이트 테이블의 넓직한 평면은 어린이들이 눈앞에 자료를 펼쳐놓고 편안하게 탐색하면서 다른 또래와 생각을 나누기에 적절한 환경이 되어준다. 자료를 평면 위에 펼치는 과정은 입체물을 만드는 과정처럼 특별한 기술을 동원해야 하는 도전을 받지 않는다. 따라서 또래의 작업과정을 살펴보거나 자료의 시각적 아름다움에 집중하여 이야기를 나눌 심적 여유가 생겨난다. 또한, 어느 자료라도 배경에서 발산되는 빛을 만나면 일상적으로 보여주지 않던 자료의 측면을 드러내며 새로운 모습을 내보인다. 특히 투명 혹은 반투명 자료에서는 자료의 섬세한 형태, 색의 명도와 채도 차이, 물질의 밀도 차이가 확연히 부각 된다. 배경에서 뿜어내는 빛은 사물을 새롭게 탄생시키는 힘을 지니고 있다.

그렇다면 상상의 이야기는 그저 어린이들이 풀어놓는 허무맹랑한 말들일까? 빛과 만난 자료의 특성을 이해하는 과정에서 상상의 이야기가 어린이 생각을 이어주는 끈으로 바라볼 수는 없을까? 우주 속에서 비정형화된 블록을 다양한 형태로 구성해보는 과정, 무지개 물고기라는 이름으로 다채로운 색을 경험하는 과정, 고양이를 주인공으로 한 가상의 이야기를 만들어가는 과정들을 들여다보면, 어린이들은 라이트 테이블 위에서 여러 자료와 관계를 맺으며 그들의 생각을 키워가고 있음을 볼 수 있다. 라이트 테이블. 그 위에서 펼쳐지는 어린이들의 이야기를 인정하고 이를 연결해 갈 수 있도록 교사가 귀 기울이는 것이 무엇보다 중요해 보인다.

종이 관의 변신

아뜰리에라는 색다른 공간을 구성하는 과정에서 교사는 어린이들에게 이전에는 사용하지 않았던 새로운 자료를 제공해 주기도 한다. 이는 분명히 어린이들이 놀이에 더욱 몰입했으면 하는 교사의 바람과 의도에서 나온 것이다. 그런데 무수한 자료 중에 어떤 것을 선택해야 하는지, 어떤 자료가 가장 적절한 자료인지는 항상 의문이다. 교사는 재활용자료인 종이 관, 즉 시트지와 포장지 등을 감싸고 있던 종이로 만들어진 심을 제공하기로 한다.

종이 관은 과연 어떤 잠재력을 가지고 있을까? 일반 종이 관은 어린이들이 매일 사용하는 교구나 놀이감에 비해 크고 길다. 어린이들이 종이 관을 이동시키려면 무게의 중심을 잘 파악하고 자신의 몸과 움직임을 조율할 필요가 있다는 점에서 신체적 도전을 제공한다. 이것을 옮기려면 다른 어린이의 도움이 필요하다는 점에서 협력작업을 불러올 수도 있다. 종이 재질을 사용하였기에 환경 친화적이면서도 다루기 위험하지 않고, 다른 물건이나 종이 관끼리의 접착도 용이하다. 필요하면 그 위에 표식과 흔적을 남길 수도 있다. 특히 가운데가 비어있기에 다른 사물을 넣으면 관을 따라 사물이 이동할 수 있는 통로의 역할을 한다. 이처럼 많은 가능성은 어린이들의 손을 만나면 더 많은 방향으로 퍼져나갈 수 있을 것이다.

구슬이 굴러가는 공장 만4세, 최윤혜 교사

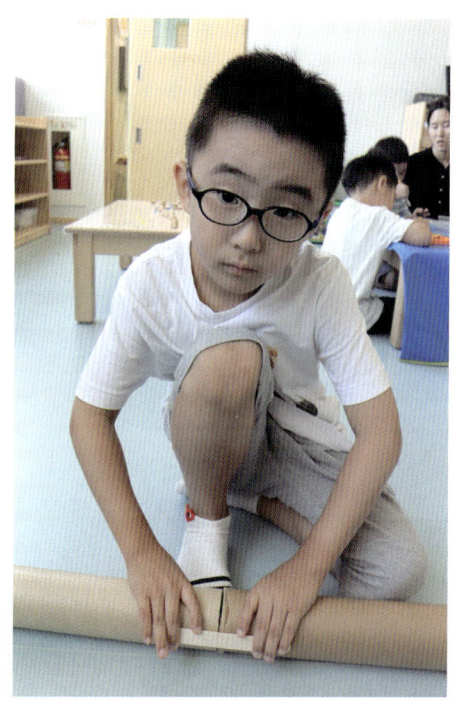

아뜰리에에 들어온 한율이가 종이 관을 모아놓은 곳을 향해 걸어가 기다란 종이관을 하나를 뽑아내었다. 긴 관을 꺼낸 한율이는 자연스럽게 한쪽을 책상 위에 올려놓고는 탐색하기 시작했다. 그러다 놀랍고도 재미있는 사실을 발견하였다. "오~ 여기에 구슬을 넣으면 굴러가겠는데?"하며 솜 공을 꺼내 관 안에 넣자 가벼운 솜 공이 정말 빠르게 종이 관을 통과하여 바닥으로 떨어졌다. "역시 그럴 줄 알았어."라고 중얼거린다.
한율이는 한율이만의 가설을 세우고 실험하며 자신의 생각을 놀이로 발전시켜 나가고 있었다. 신이 난 듯 솜 공을 여러 개 꺼내어 연이어 솜 공을 관 안에 넣었고, 솜 공들은 워터슬라이드처럼 신나게 관을 통과하여 바닥으로 떨어졌다. 솜 공을 굴리던 한율이가 교사를 한 번 바라본 후 똑같은 크기의 종이 관을 하나 더 꺼내온다.

한율: 여기 이 부분은 통을 두 개로 하는 거예요.
교사: 아 두 개를 연결하는 거구나.
한율: 네. 그래야 구슬이 더 오래 굴러가잖아요. 이거를 이렇게 해서...
   이렇게 하면 될 거 같아요.
교사: 오 그렇구나. 그런데 연결해서 어떻게 하고 싶은 건데?
한율: 그러니깐. 이렇게 (관을 세우듯 하며) 연결해서 이걸 이렇게요.
교사: 한율이의 생각을 선생님과 친구들이 모두 알 수 있도록
   그림을 그린 다음에 만들어 보면 어떨까?
한율: 네 좋아요. (무엇인가를 열심히 그린다.)
교사: 그럼 한율이가 그린 이 설계도의 이름을 뭐라고 하면 좋을까?
한율: '구슬이 굴러가는 공장' 이에요.

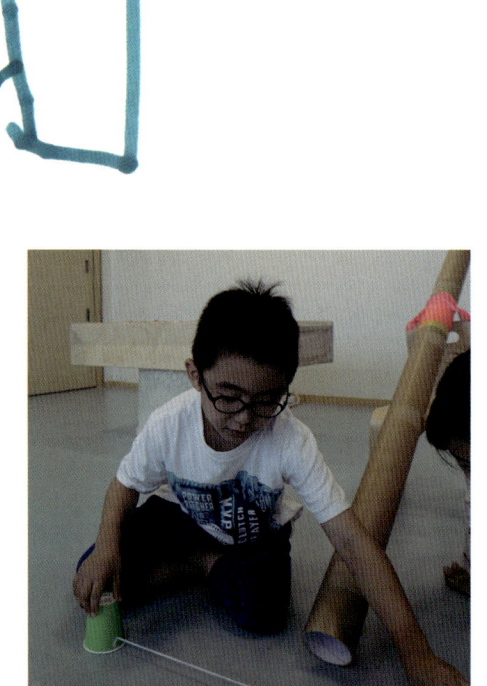

공을 굴리며 "우와 진짜 재밌다. 근데 공이 너무 금방 굴러가."라고 하는 시율이의 말에 한율이가 솜 공 바구니를 통째로 들고 오더니 "그럼 이렇게 한꺼번에 굴리면 돼!"라고 말하며 공을 연신 굴리기 시작한다. 아뜰리에 바닥에 솜 공들이 여기저기 굴러다니기 시작하였고, 시율이와 한율이는 공을 줍기에 바쁘다. 한율이와 시율이가 이 난관을 어떻게 극복할 것인지 교사는 궁금해졌다.

교사: 공이 자꾸 바닥으로 많이 떨어져 힘들겠다. 어떻게 하면 공을 쉽게 받을 수 있을까?
한율: 아! 그러면 좋은 생각이 있어요.

한율이가 종이컵과 실을 가져와 실을 테이프로 연결한 후 공이 떨어지는 바닥 앞에 놓는다.

한율: 내가 공을 굴릴테니까 너가 봐봐!
시율: (솜 공이 하얀 실을 넘어 굴러가자)이거 잘 안되네.
한율: 종이컵을 바닥에 고정해보자.
시율: (테이프로 고정시킨 후) 이제 되지 않을까?
한율: 그럼 내가 공을 굴려볼게. (또 공이 털실을 넘어 굴러가자) 여기에 실을 몇 개 더 연결해서 난간을 만들까?
시율: 그럼 아예 문을 만드는 건 어때?
한율: 아 그럼 테이프로 만들까? 여기 문이 있으면 아마 공이 여기서 멈출 거야.

면적이 넓은 테이프를 가져온 한율이는 시율이와 함께 종이컵과 종이컵 사이에 테이프를 붙인다. 테이프를 다 붙인 후 미술영역에서 조각 펠트지를 가져와 종이심 구멍 끝에 붙인다.
문과 난간이 추가된 공이 굴러가는 공장이 완성되었다! "준비, 출발~~!!"구령에 따라 긴 터널을 통과한 공들이 문에 부딪혀 속도가 줄어든 후 자연스럽게 난간의 테이프에 안착하였다. 한율이와 시율이가 "성공이다~~!!!"큰 소리를 외치며 공이 있는 곳으로 달려가기 시작했다. 한율이와 시율이가 계속하는 공을 통과시키는 놀이가 재미있어 보였는지 친구들도 조금씩 관심을 보이기 시작하였다. "우와, 재밌겠다!" "나도 해봐도 돼?" "어떻게 했어?" "같이 하자~!" 처음에 '구슬이 굴러가는 공장' 놀이는 한율이 혼자만의 도전이었다. 하지만 실험하고 만들어가는 과정에서 친구와 함께 하는 즐거움을 경험하였고, '구슬이 굴러가는 공장'은 친구들과 소통하는 즐거운 놀이가 되었다.

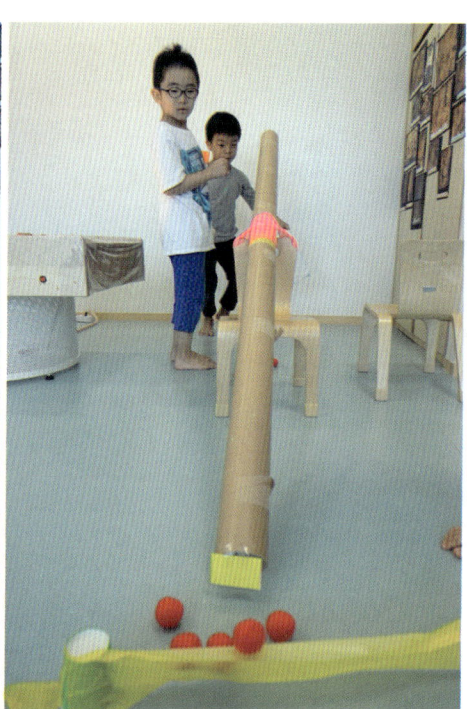

구슬이 굴러가는 공장을 만들어가는 모든 과정에서 교사는 고민하고 또 고민되는 순간들이 많았다. 이 시점에서 다른 제안을 해볼까? 무엇을 제공을 해주어야 하나? 아니면 한율이와 시율이가 스스로 알아가게끔 조금 더 기다려 주어야 하는 걸까? 유아가 진짜 원하는 게 무엇이지? 무엇을 하고 싶은 걸까? 조금 더 놀이가 확장되면 좋겠다는 마음이 든다.

생각이 복잡해질 때마다 어린이들의 시선에서 그 놀이를 바라보고 어린이들의 마음을 따라가고자 노력하였다. 교사보다 어린이의 시선을 따라가자 어린이들이 진짜 하고자 하는 것을 발견할 수 있었고, 그것을 돕는 안내자의 역할을 하며 성공의 기쁨을 함께 느끼는 조력자가 될 수 있었다. 그 과정에서 교사로서의 방향성을 잃지 않고 유아들의 놀이를 지원해주는 것이 얼마나 중요한지를 배우는 기회가 될 수 있었다.

자료를 가지고 놀이하는 어린이들을 마주칠 때 교사는 무슨 놀이를 하는지를 가장 먼저 묻게 된다. 어린이들이 그 놀이를 무엇이라고 명명하는지가 가장 먼저 교사의 눈과 귀에 들어오기 마련이다. 긴 종이 관과 솜 공을 가지고 놀이하는 한율이를 보면서 교사도 가장 먼저 "구슬이 굴러가는 길을 만들고자 하는구나"라고 생각했을 것이다. 만약 교사가 '무엇'을 만드는지에만 초점을 두고 바라보았다면 놀이가 길게 이어지지 않았을지도 모른다. 그런데 기록작업을 살펴보면 교사는 지속적으로 한율이에게 "어떻게 하고 싶은 건데?", "어떻게 하는 건데?"와 같은 질문을 하고 있다. 이와 같은 교사의 질문이 한율이와 시율이로 하여금 자신에게 부딪혀진 문제 상황에 대해 계속해서 고민하게 만들고 해결하고자 하는 마음을 불러일으켰던 것이 아닐까 싶다. 결국 놀이가 지속되어 친구들 사이에 퍼져나간 것은 한율이를 바라보는 교사의 관점이 '무엇'보다는 '어떻게'에 머물러 있었기 때문이다.

그렇다면 가장 적절한 자료를 찾기 위해 교사는 어떻게 해야 할까? "무엇을 만드는 게 가장 적절한가?"를 생각하는 것이 아니라 "어린이들이 과연 어떤 생각을 할까?"에 대해서 교사가 궁금해 하고 들여다보는 마음으로 시작하는 것도 지원의 한 방법이 될 것이다. 여기서 교사는 설계도 그리기를 제안하였는데, 이는 어린이들의 생각을 들여다볼 창구도 되지만 자신들의 생각을 정리하도록 도움을 주었을 것이다. 만약 이를 다른 또래와 소통하고 문제를 해결하는 과정에서 실제 활용하도록 지원하였다면 얼마나 놀이가 달라지고 깊어졌을지가 궁금해진다. 어린이가 자료를 사용하여 만들어 낸 결과만을 주목하는 것이 아니라, 문제를 풀어가는 과정을 궁금해 하고 물어보는 교사의 접근이 어린이들의 생각하는 힘을 길러내는 데 중요한 역할을 한다는 것을 확인할 수 있다.

점토의 가능성

아뜰리에를 설치하면서 가장 먼저 비치하게 되는 자료가 점토, 특히 도자기 점토일 것이다. 물론 작은 단위로 포장된 다양한 유아용 점토들이 어린이들에게 종종 제공되어 왔지만, 점토를 이용해서 무언가 근사한 결과물을 구성해내어야 한다는 생각이 지배적이었다. 어쩌면 이런 성인의 고정관념이 어린이들의 탐색 놀이를 방해하는 장애물이 아니었을까? 사실 점토는 탐색 자료로서 많은 장점을 지니고 있다. 딱딱하거나 단단하지 않고 말랑말랑하며 유연한 점토는 촉각과 조작능력을 훈련시킬만한 속성을 지니고 있다. 변형과 환원이 수월해지면서 물질의 가역성을 경험할 수 있고, 누르고 만지고 뜯고 주무르고 떼어내는 등의 다양한 감각적 과정들은 어린이들에게는 편안함과 행복감을 느끼게 해주는 것 같다. 많은 가능성에도 불구하고 점토가 그간 환영받지 않았던 것은 관리의 어려움 때문이기도 하지만 점토 자체의 특성을 탐구하는 것에 가치를 두지 않았기 때문이다.

한편, 점토가 감각적 경험과 물리적 속성을 위한 탐구 자료라는 고정관념을 벗어나면, 점토의 다른 가능성이 보인다. 어린이들 간의 교류와 모방 차원에서 강점이 발견된다. 점토는 특성 상 영아들에게 쉽게 반응하여 흔적을 남길 수 있기에 또래들의 흔적을 쉽게 모방할 수 있고, 다루기가 수월하여 쉽게 조각내어 나누어 갖도록 해주며, 쉽게 나눌 수 있는 부정형의 물질이라 필요에 따라 많은 어린이들과도 나눌 수 있다. 특별한 기술을 필요로 하지 않아 접근성이 좋기에 경험치가 다른 영아들의 참여를 수월하게 도와주고, 점토를 다루며 느끼는 감각적 혹은 놀이의 즐거움을 수월하게 공유할 수 있다. 요약하면 점토는 집단적 교류를 촉진시키고 협력적 작업을 지원할 잠재력이 큰 자료이다.

가치로운 순간들은 어린이들로부터 쓰여진다 만1세, 김민정 교사

탐색

지헌: 오 점또! 점또!

점토영역에서 새롭게 만난 점토를 주먹으로, 손끝으로, 손바닥으로 마음껏 주무르고 꾹꾹 누르고 떼어낸다. 숟가락으로 점토 일부분을 떼어내기를 시도한다. 여러 차례 반복하다가 숟가락에 얹은 점토를 교사에게 건넨다.

지헌: 아~

이후, 점토 영역에 놓인 거울 판, 막대기, 휴지심 등을 점토에 꽂아보고 눌러 보며 자유롭게 탐색을 하기 시작한다.

지헌: 아니야. 이건 아니야.

지헌이는 하얀색 천사점토가 아닌 유토를 만져보다가 내려놓는다. 이렇게, 저렇게 다양한 방법으로 재료를 하나씩 탐색을 하며 자신만의 놀이를 찾아가는 듯하다.

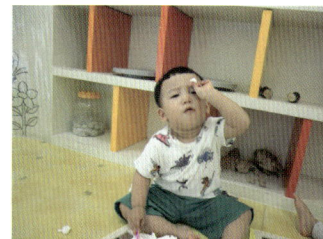
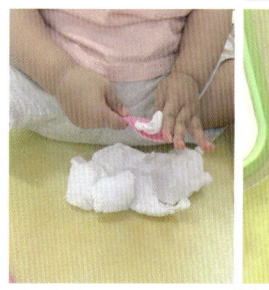

만1세 어린이들에게 가장 먼저 점토를 이용한 탐색활동이 활발히 이루어졌고 이러한 활동이 충분히 이루어졌을 때 어린이들은 다른 보조적인 도구들을 살펴보기 시작했다. 그 중에서도 가장 인기가 많은 도구는 한 손에 잘 잡히는 플라스틱 숟가락이었다. 점토의 일부분을 떼어내기 위한 도구로 쓰였다. 숟가락으로 점토를 누르고 덜어내고 떼어내고 다른 곳으로 옮기는 작업은 굉장히 단순한 듯 보이지만 세밀한 과정들이고, 이를 어린이들이 스스로 경험하고 있는 것이다. 어린이들의 탐색과정은 교사의 주목을 받지 못한 채 쉽게 스쳐 지나가기도 한다. 하지만 어쩌면 그 과정을 통해 어린이들의 놀이가 성장하고 발전한다고 봐도 과언이 아니다. 점토를 이용해 결과물을 만들어내는 것이 아닌, 탐색 행위 그 자체가 그들에게 중요한 배움인 것이다. 탐색과정이 충분히 이루어졌을 때 놀이방법을 이해해가고, 놀이를 좀 더 구체화 시키며 도전을 하게 하는 원동력이 생기는 것 같다. 이렇듯 점토놀이는 어린이들의 시도와 마주하며 계속적으로 이어져 나가고 있었다.

전염되는 실험

어느 날, 신기한 장면이 포착되었다. 매일 숟가락으로 점토를 떼어내었던 시도가 다른 친구에게서도 관찰된 것이다. 지헌이의 놀이장면이 그대로 다른 어린이에게서 발견된 순간, 또래 간 놀이는 굉장한 영향력이 있다는 것을 교사는 다시 한 번 느끼게 된다. 지윤이는 지헌이가 그랬던 것처럼 점토를 떼어내고 떨어진 점토를 숟가락 위에 담기 위해 짧은 순간 동안 굉장한 노력을 하고 있었다.

지윤: 어? 우리 똑같네!
지헌: 똑같네!

그렇게 어린이들의 또 다른 실험이 시작되었다. 물레 위에 점토를 올려놓고 휙 돌리자 점토가 떨어진다.

지헌: 오 떨어졌네.

숟가락이 자꾸만 떨어지는 것이 마음에 들지 않았던 걸까 아니면 들고 다니기에는 물레가 조금 무거워서였을까 지헌이는 물레를 내려놓고 가벼운 우드락 판을 꺼내 그 위에 점토를 덜어낸 후 숟가락과 점토를 함께 올려놓는다. 그렇게 지헌이의 본격적인 점토놀이가 시작되었다.

함께 놀이

우드락을 들고 점토영역 주변을 다니기 시작한다.

지헌: 먹어 봐. 엄청 쿠다. (크다)

좋아하는 숟가락에 점토를 정성스럽게 담고 친구에게 다가가 입에 넣어준다.

지윤: 아~ 아쭈쿠! 아~
지헌: 아쭈쿠야. 엄청 큰 아쭈쿠!
지윤: 코피~ 코피~

각자 점토에 자신만의 의미를 부여하며 놀이를 이어 나간다. 지헌이는 투명컵에 맛있는 아이스크림을 담아 누군가를 기다리듯 앉아서 바라본다.

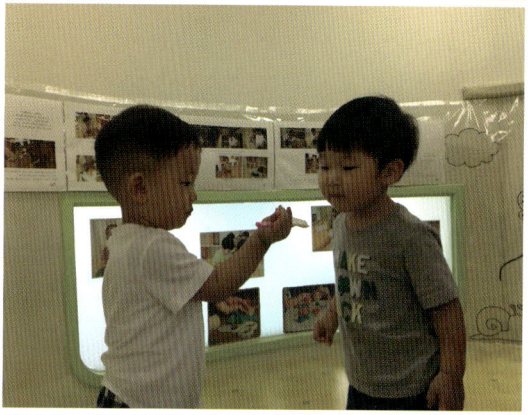

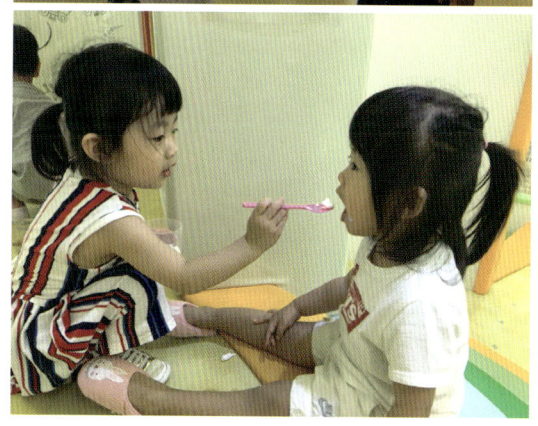

지헌: 시유니다! 아쯔크 먹어~

시운이는 점토영역으로 올라오는 듯 하다가 다시 내려간다.

지헌: 시운이가 갔네.. 내료갔네. (다시 한번) 티우나~ 티우나~ 안 먹었는데... 갔네.
지헌: (한번 더) 시운아 아이스크림 먹어~
지헌: 시운이 왔다!! 아~~

지헌이는 자신이 만든 아이스크림을 한 입 건넨다.
지윤이와 지헌이는 그렇게 누군가를 기다리는 듯 점토영역 아래를 바라보고 있다.

지헌, 지윤: 아~ 아쯔크~ 엄청 쿠다! 매오? 매오
지호, 경욱: 아~

우연히 점토영역을 찾아온 지호, 경욱이에게도 달콤한 아이스크림을 건넨다. 만 1세의 어린이들은 점토라는 매개체 하나를 이용해 또래와의 놀이를 시도한다. "우리 같이 놀까?"라는 말 대신 점토를 담은 숟가락을 내민다. 그리고 "나도 이게 재미있어!"라는 말 대신 "아~"하고 공감대의 표현으로 반응하고 있다. 점토영역은 어린이들로부터 시작되고 쓰여지고 있었다. 충분한 탐색은 어린이들의 흥미와 몰입을 지속시키면서 의미 있는 배움에 이르게 했고, 지헌이가 숟가락으로 점토를 떼어내는 탐색과정은 다른 친구들에게 자연스레 영향을 미쳐 전파 되어갔다. 현장의 교사들은 흔히 '점토'하면 가장 먼저 무얼 떠올릴까? 아마 정형화된 찍기 틀이나 점토를 변형시켜 멋스러운 결과물을 만들어 내는 것들을 생각할 것이다. 그러나 점토영역에서 어린이들의 모습을 들여다보면 풍요로운 놀이를 발견할 수 있다. 이 공간에서 어린이들은 점토가 갖는 자료로의 놀이 가능성을 발견하며 자발적이고 능동적으로 놀이하고 있었다. 서로의 놀이에 관심을 갖고 그 관심이 자연스럽게 공유되면서 공동의 놀이가 생겨나가는 듯하다. '점토'는 어린이들을 만났기에 무한한 가능성을 발견할 수 있는 물질이 되었고, '점토영역'은 그런 모든 것들을 실험하고 가설을 갖고 문제를 마주하는 특별한 공간이 되었다. 이 모든 것이 '기다림'이라는 교사의 강력한 행위를 통해 이루어졌다는 점에서 더욱이 놀랍다. 영아들의 탐구적 성향을 믿고 들여다보며 지속적인 지원을 놓치지 말아야겠다는 다짐을 해본다.

영아들의 점토 놀이는 만지고 주무르는 개인의 감각적 경험에서 그치는 것으로 생각된다. 그러나 위의 이야기에서 영아들은 이 선입견을 넘어선다. 위의 사례에서 점토는 더 이상 물질성을 가르치는 교구 혹은 표현과 탐색의 도구가 아니라 소통과 관계 맺음의 도구이다. 점토의 존재 자체가 어린이들의 감정과 기술 교류를 통한 공동 감정과 연대감 형성의 장을 마련해 주고 있는 사회적 물질이자 함께놀이의 맥락이 되는 것이다.

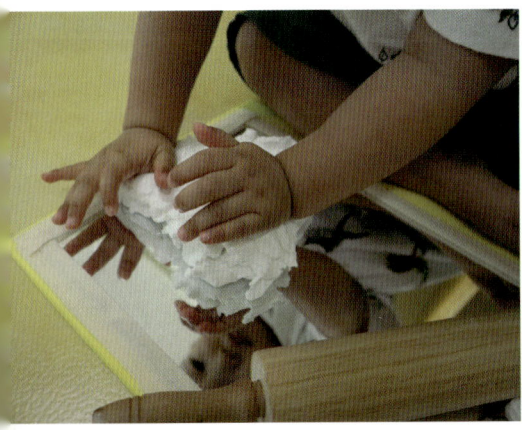 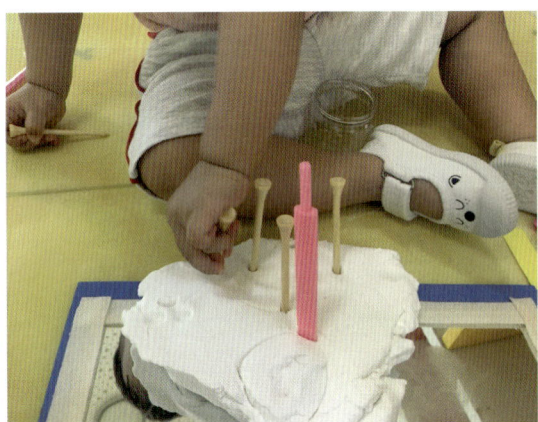 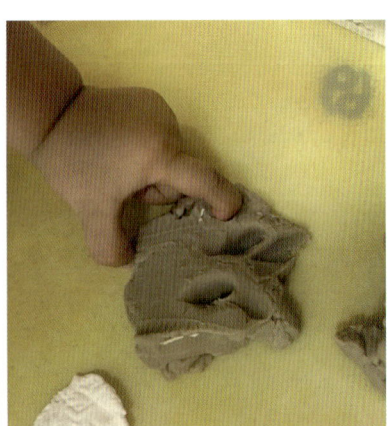

2-2. 환경적 변화에 반응하며 놀이를 만들어가는 어린이

2-3. 공간을 넘나들며 아뜰리에 경험을 스스로 만들어가는 어린이

\ 놓치고 싶지 않은 도전, 접착
\ "소리 나!" : 바람의 흔적을 만들어내다
\ 산책길에서 교실로 들여온 그림자
\ "우와~뭐야?" : 빛이 만들어낸 현상을 교실 안과 밖에서 찾아 낸 영아들
\ 쿠션과 길이
\ '센'줄과 '안 센'줄이 뭔 줄 알아?
\ "이거 내 거야!" : 표시의 위력
\ 주스 연구소
\ 먹+물+종이 : "대박! 세상 신기해."
\ 어린이들의 생각이 놀이가 된다면, 그곳이 바로 '아뜰리에'
\ 희주의 실-미로 : 역동적 관계망 속에서 일어나는 배움

특정 기자재가 설치된 공간이나 특별한 자료가 제공된 영역이 아니어도 어린이들은 이미 어린이집 곳곳에서 자신들이 발견하고 고안한 놀이에 몰입하며 아뜰리에 정신을 발휘하고 있었다. 여기에서 결정적으로 작용하는 요소는 특정 기자재도 특별한 자료도 아니고, 교사가 어린이들의 탐구 성향을 믿고 자발적 놀이를 인정하며 받아들이는 마음자세이다. 교사의 태도변화에 따라 어린이 본능 안에 숨겨져 꿈틀대던 아뜰리에 정신은 이미 그 모습을 드러내며 특정 공간이나 자료를 넘어 도처로 확산되고 있음을 볼 수 있다.

다음 이야기에 등장하는 공간과 자료는 우리에게 익숙한 것도 있고 낯선 것도 포함되어 있다. 그러나 어린이들은 스스로 만들어 낸 다양한 놀이에 몰입하는 모습을 보인다. 이런 몰입된 놀이 경험은 공기청정기, 벽면의 접착지, 혹은 이불의 얼룩처럼 전혀 예상치 않은 상황에서 발생하기도 하고, 탄력밴드나 먹처럼 교사가 제공한 생소한 자료를 탐색하며 일어나기도 한다. 또 빛과 그림자 탐구처럼 일상의 야외와 실내 활동을 연결 지으면서 일어나기도 하고, 주스 만들기와 자연물 담는 통처럼 놀이상황이 요구하는 바에 의해서 자연스럽게 탐구가 깊어지기도 한다. 심지어는 실처럼 교사가 제공한 자료를 어린이들이 뜻밖의 방식으로 놀이하면서 탐구가 시작되는 모습도 보인다. 여기서 공통적인 것은 어린이들은 항상 무엇인가를 실험하고 탐구하며 알아내고 친구들과 나눌 준비가 되어 있다는 점이다.

위 경험들은 우리가 통상적으로 기대하고 준비하여 제공하는 주간 혹은 월간계획안의 활동과는 다르다. 자료나 놀잇감 자체가 특별하거나 새로운 것이 아니라 그 자료와 놀잇감이 놀이에서 사용되는 방식이 새롭다. 이런 어린이들의 놀이가 지속되고 깊어지려면 익숙한 자료의 새로운 사용을 허용하고 가능성을 열어주는 교사의 존재가 필요하다. 아뜰리에 정신의 구현은 환경과 자료의 급격한 변화가 없어도 교사의 태도 변화가 있다면 언제 어디에서나 가능하다는 것을 확인할 수 있었다.

놓치고 싶지 않은 도전, 접착

만0세, 김지수 교사

접착롤러와의 만남: 이건 뭐지?

교사가 우연히 사용한 접착롤러를 향해 재영이가 손을 뻗는다. 오르기대 유리에 붙어 멈춰 버린 접착롤러에 힘을 가하자 '쩍'하고 떨어진다. 재영이의 눈썹이 세모 모양으로 변하며 교사를 바라본다. '이건 뭔가 다르다'라는 걸 느낀 재영이. 난생 처음 마주한 느낌이 생소한 듯 입술이 동그래지며 "어!" 라는 탄성이 흘러나온다. 재영이의 손으로 넘어간 접착롤러는 이어서 바닥, 오르기대, 놀잇감으로 굴러가다 안전문에 도달한다. 접착롤러를 놓았는데도 유리에 붙어있자 떼었다가 다시 대보지만 역시나 붙는다. 그 때 재영이가 망설임 없이 화장실 유리문으로 향한다. 유리문에 접착롤러를 붙이곤 만족한다는 듯 박수를 치며 웃는다.

재영이는 접착롤러가 어디에 붙는지 실험하고 있었던 것이 아닐까? 처음에는 단순히 교사처럼 접착롤러를 굴리겠다는 호기심에서 비롯된 시도였을 것이다. 그러나 멈춘 접착롤러의 손잡이를 잡았을 때 재영이는 '뭔가 다르다.' 라는 걸 느꼈고, 그 순간 '붙는 느낌'을 발견한다. 망설임 없이 유리를 찾아 붙이는 모습은 '여기에 붙지 않을까?' 라는 재영이의 가설을 짐작하게 한다. 그 이후에도 재영이는 계속해서 접착롤러를 찾았고 그 호기심을 지원하기 위해 접착면을 제공했다.

접착면과의 새로운 만남: 이것도 붙을까?

재영이가 접착면으로 다가가 기둥을 양 손으로 잡고 배를 내밀어 몸을 밀착한다. 몸을 천천히 뒤로 젖히자 소리가 나며 접착면에 붙은 옷이 늘어난다. 느낌이 재미있는지 다시 배 내밀기를 반복한다. 왜 재영이는 익숙한 손과 입 대신 어쩌면 더 힘들 수도 있는 몸을 붙였을까? '이것도 붙을까?' 하며 가장 큰 몸마저 붙을까 궁금했던 것은 아니었을까. 몸을 시작으로 재영이는 손, 발, 등 신체의 여러 부위를 붙여나갔다. 재영이의 온 몸 붙이기는 손이나 발 정도를 붙일 것이라는 교사의 예상을 깨고 '이렇게 놀이할 수 있구나.'라는 신선한 충격을 주었다. 누가 알려준 것도 아닌데 몸으로 탐색한다는 발달특성을 백분 활용하는 재영이의 시도는 '0세다운 탐색' 에 대한 교사의 생각을 바꾸었다.

테이프의 도전: 쉽지 않은데 ?

재영이가 접착롤러에서 우연히 떨어져 나온 접착지를 줍는다. 이내 손가락이 접착지에 모두 붙어버리자 불편했는지 교사에게 손을 내민다. 이 상황을 어떻게 해결해 나갈까? 떼어주고 싶었지만 재영이가 스스로 해결하기를 기다리며 가만히 손을 내밀자 여러 번의 시도 끝에 교사의 손에 접착지를 옮겨 붙인다. 그 후에도 재영이는 접착지에 손이 모두 붙어 마음처럼 되지 않는데도 계속해 접착지 얻기를 시도했다.
이에 교사는 접착지와 유사한 테이프를 놀잇감으로 제공하기로 했다. 테이프는 재영이의 열 손가락만으로는 쉽게 처리되지 않고, 떼려면 붙는 '난제'였다. 지금까지와는 반대 방향으로 힘을 써야 하는 '떼어 내기'. 재영이에게는 완전히 새로운 느낌이자 도전이 아니었을까. 울상이 될 만큼 마음처럼 되지 않는 순간들도 있었다. 그럼에도 재영이는 수없이 많은 테이프를 떼어냈고, 테이프를 주무르는 매 순간 호기심이 가득한 얼굴이 있었다.

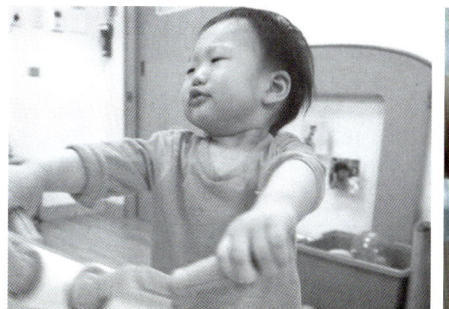 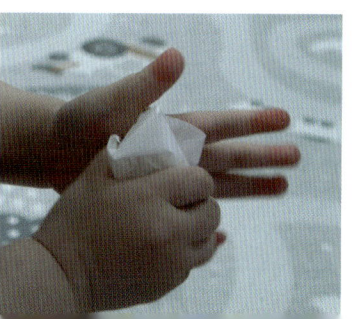

놓치고 싶지 않은 도전, 접착

나는 이게 뭔지 알지 !

벽에서 뜯어져 나온 테이프가 재영이의 옷에 붙었다. 바로 떼어내지 않을까 싶었는데 가만 바라보더니 벽에 붙어있는 테이프를 떼어서 구겨 떨어뜨리며 놀이한다. 몸에 붙은 테이프를 잊은 걸까? 그 때 재영이가 고개를 숙여 옷에 붙은 테이프를 톡톡 건드린다. 웃는 얼굴에 여유가 느껴진다.
몸에 테이프를 붙이고 놀이하는 것은 무엇을 의미하는 것일까. 시간이 지나 테이프를 구겨 쉽게 떨어뜨릴 수 있을 때 재영이는 더 이상 테이프를 떼어내지 않고 몸에 붙인 채 놀이한다. 떼었다 붙이기가 이어지는 순간 재영이는 '붙이기' 외에 '떼어 내기'도 접착의 한 모습임을 알아간다. 여유 있는 표정은 '나는 이게 뭔지 알아.'라고 말하는 듯 했다.

얘가 붙잡아 줄 수 있지 않을까 ?

만1세반의 도겸이가 예쁜꿈반 교실에 들어와 접착 벽면에 접착롤러를 붙이는 모습을 재영이가 바라본다. 다음날 재영이가 접착롤러 옆에 당근을 붙인다. 그리고 나서 바로 전화기를 가져와 붙이고는 버튼을 누르자 소리가 난다.
우연히 또래가 접착롤러를 붙이는 모습을 보며 재영이는 당연하다는 듯 접착 벽면에 전화기를 붙이는 시도를 한다. '맞아, 저렇게 쓸 수 있지.'라고 생각했던 것일까? 그런데 거기서 멈추지 않고 버튼을 눌러 조작한다. 마치 손이 하는 역할처럼 접착면이 붙잡아 줄 것이라고 생각했던 것일까? 접착의 성질을 파악하는데서 그치지 않고 활용하는 순간, 재영이는 교사의 기대를 뛰어넘는다. 당연한 듯 놀이하는 재영이를 바라보는 교사의 마음이 벅차다.

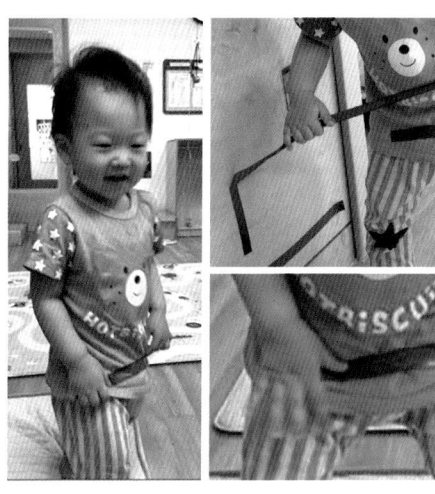

놀잇감으로 생각되지 않는 '접착롤러'. 새로운 교육적 경험의 배경으로 가장 기대하지 않은 일상적 환경에서 놀이는 시작되었다. 간단해 보이는 접착. 하지만 재영이는 접착롤러가 어디에는 붙고 어디에는 붙지 않는지, 테이프를 뗄 때는 어떤 방향으로 힘을 줘야 하는지, 접착지를 옮기려면 붙일 곳이 필요하다 등을 알아가는 실험해 나갔다. 하나하나 알아가는 재영이를 보며 그 안에 많은 과정이 있음을 알았고, 간단하다고 생각했던 접착이 결코 간단하지 않고 쉽지 않은 것임을 깨달았다. 호기심을 원동력으로 놀이한 5개월, 재영이는 알아가는 매 순간 즐거웠고 마음대로 되지 않는 순간에도 포기하지 않았다. 진지한 모습에 교사도 숨을 죽이고 놀이를 바라보았고, 배움의 순간이 때로는 경이로웠다.

삶의 모든 순간 우리는 재영이와 같은 과정을 거쳐오지 않았을까? 어쩌면 별 것 아닌 접착, 다른 사람들에게는 대단하지 않을 수 있다. 하지만 가만 들여다보았을 때 재영이에게 그것들은 어떤 의미가 있었을까? 사소해 보일지라도 접착을 느낀 순간은 재영이에게 충분히 대단한 것이었다. 그리고 이러한 순간들이 쌓여 비로소 의미로운 과정이 된다는 것을 다시금 깨닫게 된다.

교사가 이미 진술한 대로 심오한 탐구정신과 시행착오의 과정으로 가득한 접착 놀이는 성인에게는 간단해 보일 수 있지만 어린이에게는 결코 간단치 않은 실험이었다. 먼지 잡아내는 접착롤러, 벽에 설치된 접착면, 테이프. 이 세 가지 사물은 끈적임이라는 동일한 성질을 지니고 있지만 실제 사용방식에는 큰 차이가 있다. 접착롤러는 접착성을 활용하여 커다란 배경으로부터 무엇인가를 덜어내는 것에 사용되는 반면, 테이프는 커다란 배경에 무엇인가를 붙이는 데 주로 사용된다. 다른 관점에서 보면, 접착롤러와 테이프는 움직임의 주체가 되어 붙일 사물을 찾아다닐 수 있지만, 접착면은 붙는 사물이 다가 오기를 기다리고 수용한다. 접착롤러와 접착면은 각기 하나의 사물로서 다른 하나의 사물과 만나지만, 테이프는 때로는 두 개의 사물을 묶어주는 제 3의 매개체로 사용되기도 한다. 이런 차이점이 어린이들에게는 어떻게 작용하는가? 동일한 접착력을 가지고 있더라도, 접착물의 형태에 따라서 어린이가 다양한 물질들을 다루는 방법은 현격하게 달라질 수밖에 없다. 벽면에 설치된 접착면은 고정되어 있어서 어린이가 그 면으로부터 약간의 힘을 주며 물러서면 떨어진다. 그러나 테이프는 어디에도 고정되어 있지 않고 유연한 형태이기에 내가 한 쪽 손에서 떼어내려고 할 때 곧 다른 손가락에 가서 붙고, 심지어 자신들끼리 붙기도 한다.

우리는 어린이들에게 자료를 제공할 때, '끈적임'처럼 자료의 추상적 성질만 고려하기 쉽다. 종종 우리는 동일한 자료를 제공해 주었다고 생각하지만 어린이들은 탐구 과정에서 전혀 다른 도전을 경험하기도 한다. 따라서 자료가 어린이와 만났을 때 어떻게 기능하고 어떤 도전을 제공하는가의 측면도 미리 교사가 생각해 보는 것이 중요하다. 위의 사례에서 접착롤러가 지닌 끈적임의 위력을 경험한 재영이는 접착면이 제공되자 본격적으로 접착의 힘을 느끼고 다양한 실험을 한다. 온 몸을 이용한 실험이 마음껏 일어날 수 있었던 것은 넓은 접착면이 벽면에 고정되어 있어서 다른 변수가 작용하지 않는 상황을 마련해 준 교사의 배려 덕분이었다. 다음 단계에서 테이프를 만난 재영이는 이전에 접착면 실험에서 획득한 지식을 갖고 접근하였지만 그 방법이 통하지 않자 일시적으로 난감한 상황을 겪고 당황하는 모습을 잠시 보였다. 그러나 좌절하지 않고 실험을 거듭한 결과, 테이프를 포함한 다양한 형태의 접착물 다루기의 달인, 마스터가 되어가고 있다. 테이프를 몸에 붙이고 다니는 재영이의 여유로운 모습은 통달함에서 나온 것이다.

접착시킨 전화의 단추를 누르는 재영이의 모습은 또 다른 생각을 불러온다. 재영이는 찍찍이의 접착성에 대한 탐구를 넘어 접착력 있는 물질의 쓰임새까지 스스로 찾아낸 것이라 하겠다. 어쩌면 주변 사물의 성질을 파악하고 나면 점점 탐구의 범위를 넓혀서 그것을 어떻게 사용할 것인지를 스스로 찾아가는 어린이의 모습은 당연한 것이다. 그러나 우리는 종종 이 두 과정을 분리시켜 어린이들에게 독립적 경험으로 제공해 온 것 같다. 물리적 지식 습득을 위하여 테이프 자체의 끈적임을 탐구할 기회를 제공하기도 하지만, 정작 사물간의 접착이 필요한 상황이 오면 친절하게 사용하기 편리한 접착제를 소개하고 접착의 성공여부에만 주목한다. 재영이 사례를 통해 우리가 어린이들에게 사물을 탐구할 기회를 주면 이 두 과정은 자연스럽게 이어지면서 어린이의 온전한 지식으로 이어질 수 있다는 것을 볼 수 있었다.

"소리 나!" : 바람의 흔적을 만들어내다 만1세, 김서연 교사

공기청정기의 예상치 못한 매력을 만나다

"소리 나!"

6월 미세먼지가 심한 어느 날, 지윤이의 외침과 함께 공기청정기로 어린이들이 모여든다. 그리곤 공기청정기에 코를 박을 정도로 계속 바라본다. 생각해보면 공기청정기에 어린이들이 관심을 보인 건 이날만이 아니었다. 소리를 듣기 위해 귀를 댔던 연준이, 거센 바람을 느끼며 얼굴을 가까이 댔던 채빈이, 이마를 콕 박고 바람을 느꼈던 산이, 바람이 나오는 구멍에 무언가를 계속 집어넣었던 윤혜, 오래전부터 어린이들의 일상 속엔 공기청정기가 하나의 관심사로 들어와 있었다. 도대체 어린이들을 사로잡는 공기청정기의 매력은 무엇일까?

많은 매력 요소들이 있지만, 어린이들의 호기심 충만한 한 행동이 매력점이 무엇인지를 알려주었다. 공중으로 날아오른 휴지조각. 처음부터 구멍 속에 휴지를 넣으려고 했던, 휴지를 날려보려 했던, 어린이들의 관심사는 바로 '바람'이었음이 분명하다. 원래 구멍에 무언가 들어가면 사라져야 하는데, 오히려 튕겨 나오는 이 현상! '뭔가 재미있는 일이 일어나! 이곳에서!'라는 생각으로 윤혜와 지윤이는 바람이라는 매력 속에 빠져든다.

언어영역에 갔던 연후와 서준이가 공중에 날아다니는 휴지를 발견하고 윤혜와 지윤이 근처로 달려온다. 윤혜는 그 자리 그대로 서서 지윤이가 하는 행동을 보며 즐거워하고, 서준이와 연후가 공기청정기에 가까이 다가와 바람을 다시 느껴본다. 지윤이가 주웠던 휴지조각이 구겨져서인지 "또 줘."라고 말하고, 휴지를 뜯어서 지윤이에게 주자, 연후도 "여누여누"라고 말하며 자신도 달라고 한다. 연후와 지윤이는 본격적으로 공기청정기 위에서 휴지 날리기를 시도한다. 휴지가 날릴 때마다 아이들은 꺄르르 웃음을 보이며 신이 나 보였다.

공기청정기는 두 모습을 지닌다. 멈춰있다면 구멍이 있는 커다란 사물이지만 전원을 켜는 순간, 소리를 내며 그 구멍을 통해 바람을 뿜어낸다. 원래 영아들은 구멍에 꽤 관심이 많다. 그 작은 틈새에 뭐가 있는지 궁금해 하고, 구멍의 실체를 파악하기 위해 그 속으로 무언가를 집어넣어 확인하기도 한다. 소리와 바람을 방출하는 공기청정기는 어린이들의 관심을 끌어 당겼을 것이고, 가까이 다가가 구멍을 보는 순간 영아들은 습관적으로 그 구멍에 휴지를 밀어 넣으려 했을 것이다. 그러나 뿜어져 나오는 바람은 휴지를 뱉어내었고, '공중으로 날아오른 휴지조각'이 탄생한 것이다.

그렇다면 영아들의 사진 속 표정에서 유난히 발견되는 흥분감과 짜릿함은 어디에서 오는 것일까? 왜 공중으로 날아오른 휴지조각에 매료되는 것일까? 영아들이지만 이전 경험을 통해 나름 구멍에 종이를 밀어 넣을 때 무슨 일이 생길 것인지에 대한 기대가 있는데, 이에 어긋난 현상을 보며 놀랐을 것이다. 또 중력의 원리는 몰라도 그간의 일상적 경험에서 물체가 공중에 떠서 다니는 현상은 본 적이 없을 것이다. 결국 놀람과 신기함으로 인해 고도의 흥미를 느낀 것이다. 영아들이 보여준 격렬한 반응은 결국, 영아들이라도 주변 현상에 대하여 나름의 가설을 구성해가고 기대를 하며 주변을 탐구하고 생각하는 존재라는 점을 보여주는 증거이다.

바람과 놀고 실험하다

공기청정기 앞의 제한된 공간을 벗어나고 바람에 대한 어린이들의 관심을 지속적으로 이끌어 주기 위해 교사는 아뜰리에서 '손 선풍기'를 지원해주었다. 빛이 있는 이 공간에서 손 선풍기와 만난 윤혜와 지윤이는 서로에게 바람을 쐬어주며 마치 공기청정기에 얼굴을 맞대고 바람을 맞아보았던 것처럼 자신만의 방식으로 손 선풍기의 바람을 즐기고 있었다. 지윤이가 미니 선풍기의 전원 버튼을 누르고 바람이 나오자 윤혜에게 보여준다. 윤혜가 이를 보고 방긋 웃는다. 그리곤, 윤혜에게 선풍기로 바람을 쐬어주고 윤혜의 머리 위로도 바람을 쐬어준다.

그러던 중 어린이들은 일상 속 친숙한 자료 중 하나인 '비닐'을 골라 날리기를 시도한다. 지윤이와 윤혜는 서로 공동의 목표를 설정하고 그 목표를 이루기 위해 서로의 행동을 모방하여 하나둘씩 배워가며 놀이하곤 한다. 이 날도 지윤이가 교구장에서 비닐을 하나 꺼내와서 라이트 테이블 위에 펼쳐본다. 그리곤 윤혜의 손에 있는 손 선풍기를 가져와 "내가 할게."라고 말하며 비닐에 바람을 쐬어본다. 비닐을 다시 라이트 테이블 위에 펼친 뒤, 비닐 위로 선풍기 바람을 쐬어본다. 펄럭거리는 소리만 나지 비닐이 움직이지 않자, 교사를 쳐다보며 "안돼."라고 말한다. 몇 번을 더 위에서 선풍기로 바람을 쐬어보던 지윤이가 무릎을 꿇고 앉아 몸을 낮춰 바람을 쐬어본다. 그리곤 드디어 비닐이 날아올랐다! 두 아이는 환희에 찬 표정으로 날아오르는 비닐을 바라본다.

비닐을 날리고 나서 지윤이는 옆에 있는 우유병을 들어 올리고, 우유병 안으로 바람을 넣어본다. 공간 안에 바람이 들어가면서 '쏴-아아아' 바람 소리가 난다. 그러자 지윤이가 "소리 나!"라고 외친다. 이어 선풍기를 천장에도 대어보고 교구장에 있는 다른 도구들에도 대어본다.

교사는 영아들이 바람에 매력을 느낀다고 해석하고, 그 실험이 계속 이어질 수 있도록 고민한 끝에 부채, 큰 선풍기 등 더 센 바람의 힘을 제공해준다. 그런데 영아들이 매력을 느끼는 것은 바람 자체일까, 아니면 바람과 다른 사물이 만나서 나타나는 현상일까? 바람은 눈에 보이거나 손에 잡히지 않는다. 우리가 볼 수 있는 것은 바람이 아니라 바람이 남긴 흔적이다. 영아들이 흥미를 느낀 '공중에 날아다니는 휴지조각'도 바람이 만들어낸 현상 혹은 흔적인 것이다. 흥미를 느낀 현상을 재현하고 싶은 영아들은 바람만이 아니라 흔적으로 작용할 사물도 필요하다. 교사가 바람의 근원인 부채와 선풍기를 제공하자, 어린이들은 바람과 관계를 맺을 사물이 필요함을 알고 찾아다닌다. 그런 의미에서 교사가 제공해주지 않아도 스스로 비닐을 찾아온 영아들이 정말 대단하다. 날아다니는 휴지가 흔적이라면 '쏴-아아'와 같은 소리 역시도 흔적이다.

다음 날. 교사는 손 선풍기 두 대를 준비해 주었다. 잠시 살피던 윤혜와 지윤이가 각자 선풍기를 들고 좋아한다. 지윤이가 어제처럼 교구장에서 비닐을 꺼내 와서 라이트 테이블 위에 펼쳐본다. 시행착오를 겪었던 것처럼 비닐 위로 선풍기를 쐬어본다. 잊어버린 걸까? 역시나 비닐은 움직이지 않는다. 이 때 윤혜가 옆에 다가와 손 선풍기를 가까이 댔더니 비닐이 움직였다.

이를 지켜보던 지윤이도 몸을 낮춰 비닐을 움직일 수 있게 한다. 둘은 또 그렇게 날아오르는 비닐과 서로를 번갈아 바라보며 기뻐한다. 그러다 교구장에서 비닐 식탁보가 있는 바구니를 끌고 와서 그 중 하나를 꺼낸다. 그런데 비닐이 얇게 펼쳐지지 않고 몇 곳이 접힌 채 라이트 테이블 위에 올려놓는다. 그 위로 윤혜와 지윤이가 함께 손 선풍기로 바람을 쐬어본다. 그러나 비닐 식탁보는 움직이지 않는다. 시무룩한 표정으로 교사를 바라보다 반대편에 있는 얇은 비닐을 들어 올리며 "안돼!", "얘 되는데?"라고 외친다. 잘 날아가는 얇은 비닐과 안 날아가는 묵직한 식탁보 비닐! 묵직한 식탁보 비닐은 '왜 안 날아가지?', '왜 안 될까?'라는 궁금증과 호기심을 어린이들에게 안겨주었고 두 아이들은 놀이를 통한 실험 과정을 즐기게 해 주었다. 무거운 식탁보 비닐을 들어올리기 위한 아이들의 시도가 계속되자 교사는 부채, 큰 선풍기 등을 제시해 주었다.

현재는 공기청정기에서 손 선풍기, 부채, 그리고 큰 선풍기… 다양한 바람의 도구를 이용해 어린이들은 지금도 계속해서 무언가를 날리기 위해 바람과의 새로운 만남을 시도 중이다.

'소리 나!' : 바람의 흔적을 만들어내다

 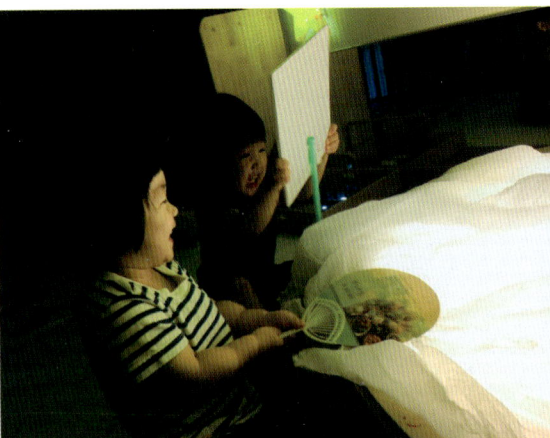 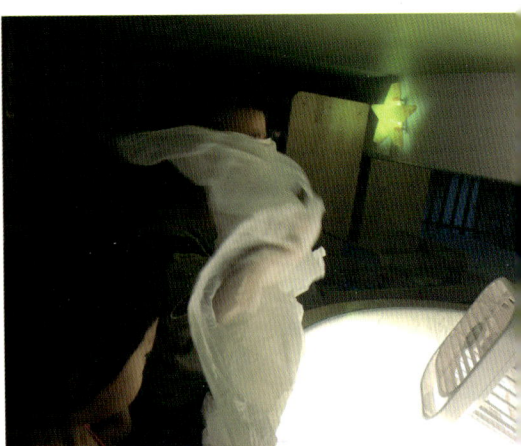

영아들이 비닐이나 종이를 가져온다고 해서 흥미로운 현상이 곧 재현되지는 않았다. 바람과 사물간의 관계를 연구하는 실험이 필요하다. 영아들은 바람의 방향을 비닐 위에서 혹은 아래에서 쐬어보며 시행착오를 거쳐 적정한 관계를 찾아내었다. 그러나 한 번 실험에 성공했다고 그 경험이 곧바로 이해되지는 않는다. 어제 했던 시행착오의 과정을 다시 밟는 모습은 어쩌면 당연한 일이다. 바람과 사물을 갖고 원하는 효과를 얻어내기 위해서는 바람의 방향이라는 문제 외에도 또 다른 문제를 풀어야한다. 바람의 힘에 비해 무겁지 않은 사물이 필요한 것이다. 이처럼 하나의 문제를 해결하면 자연스럽게 또 다른 문제를 직면하게 되는 것 역시 자유롭게 탐색하는 놀이에서는 흔히 일어난다. 어린이들이 그 지난한 과정을 지치지 않고 즐겁게 거치려면 또래의 응원, 관심, 색다른 접근이 큰 자원이 됨을 위의 사례에서도 볼 수 있다.

기록을 다시 돌아보니 공기청정기를 만나고 나서 만1세 새싹반 어린이들은 한 순간도 실험하지 않았던 적이 없었기에 이들의 놀이는 낯설어도 의미가 있다. 환상적인 교구나 설치물이 갖춰진 아뜰리에가 아니라 교실 한쪽에 무심히 서있던 공기청정기에서도 영아들은 탐구 거리를 찾아내고 실험 정신을 발동시키며 세상을 알아간다. 이는 어린이들의 본능이므로 우리가 그들의 탐구적 성향을 인정하고, 낯선 시도라도 선입견을 갖고 방해하지만 않으면 주변을 적극 탐구하고 있음을 이 사례에서 확인할 수 있다.

교사는 그 탐색과 실험의 순간을 기록으로 남겼고, 우리가 다시 들여다 볼 수 있으니 얼마나 다행한 일인가? 어린이들에게 단순히 지식을 전달하는 역할이 아닌, 함께 세상을 알아가는 기쁨을 느낄 수 있도록 지원하려면 교사는 어린이들의 끊임없이 탐색하고 실험하는 과정을 흔적으로 남기고 그 기록들을 들여다보며 생각해야 한다. 교사가 어린이의 놀이를 어떻게 바라보고 개입된 문제와 어린이의 생각을 어떻게 해석하는지에 따라 지원이 달라지고, 궁극적으로 놀이와 배움의 깊이가 달라지기 때문이다.

2-3. 공간을 넘나들며 아뜰리에 경험을 스스로 만들어가는 어린이

산책길에서 교실로 들여온 그림자

만1세, 이현숙 교사

영아들과 함께하는 빛과 그림자 탐색? 과연 적절한 주제인가? 흔히 이것이 영아의 발달수준에 맞는 활동주제인지를 고민하게 된다. 진지한 과학적 지식을 전달하거나 가르칠 수 없는 영아들에게 빛과 그림자를 만나도록 하는 것은 어떤 가치가 있을까? 우선 어린이들의 관점에서 그림자를 생각해보자. 그림자는 나왔다가 사라지기도 하고, 형태가 있지만 달라지며, 손으로 만질 수도 없다. 가만히 제자리에 있기도 하지만 때로는 움직여서 심지어 천장이나 벽에도 멀쩡히 붙어있다. 검은색도 있지만 온갖 색을 뽐내며, 때로는 빛처럼 보이는 그림자도 있다. 그림자는 구체적이고 조작이 가능한 사물이 아니며, 영아들이 주변에서 그간 경험해왔던 것과 다른 성격을 지닌 하나의 현상이다. 영아들에게 그림자라는 현상 자체가 신기하고 궁금증을 불러서 영아들을 몰입시킨다면 빛 혹은 그림자는 영아들의 세계를 새롭게 확장시켜주는 탐구 경험의 출발점이 될 것이다.

영아들이 빛과 그림자를 만나는 현장을 관찰해보면 영아들은 우리가 쉽게 떠올리는 과학적 원리와는 거리가 먼 그림자 탐구를 이어가고 있음이 드러난다. 종종 영아들은 그림자가 어떻게 생기는지의 과학적 원리의 이해보다 빛 자체 혹은 빛이 만들어내는 다양한 현상으로서 그림자에 관심이 있다. 더 나아가 빛과 그림자를 선명하게 구분 짓지 않는다. 빛을 막아서 생겨난 선명하고 검은 그림자뿐 아니라 빛이 이동하며 만들어 낸 흔적들, 즉 색 그림자 혹은 빛 그림자에 관심을 갖는 모습이다. 빛과 그림자 생성의 과학적 원리를 배우려면 조작이 용이한 실험 상황이 필요하다. 그러나 빛이나 그림자라는 현상 자체에 흥미를 보인다면, 실외의 경험을 실내로 가져오거나 반대로 실내의 발견을 실외에서 확인하는 일도 자연스러울 것이다.

산책길에서 만난 색 그림자

뜨거운 7월에 늘봄반 영아들은 교사가 정한 계획에 따라 색돋보기를 가지고 어린이집 주변 환경을 탐색하러 나섰다. 한 손에는 원하는 색깔의 돋보기를 들고, 다른 한 손은 친구의 손을 꼭 잡고 아장아장 걷는 어린이들. 색돋보기로 주변 사물을 탐색하는 과정에서 주변 환경에 관심을 가질 것이라는 교사의 예상과 다르게 어린이들의 시선이 머문 것은 바닥에 비추어진 색돋보기의 그림자였다!! 교사는 '어린이들이 왜 여기에 관심이 있을까?'라는 의문과 함께 그들이 원하는 대로 탐색할 수 있도록 충분히 기다리며 들여다 보았다. 그러자 색 그림자가 친구의 그림자에 숨겨질 때 자리를 조금 이동하여 그림자를 만들고, 앉았다 일어났다 하면서 색깔의 크기까지 조절하려는 어린이들을 교사는 발견하게 되었다. 산책길에 어린이들이 발견한 색 그림자에 대한 관심을 지속시킬 수 있을까? 좀 더 적극적인 색 그림자 탐색이 일어나길 기대하면서 여러 모양의 색 셀로판지의 색깔판을 내어 주었다.

먹구름이 가득 낀 날에 색 그림자를 만날 수 있을지 염려하던 교사와 달리, 색깔판을 들고 나간 어린이들은 그것으로 세상을 둘러보기에 적극적이다. 색깔판을 바닥에 놓고 손가락을 움직여 보기도 하고, 그 자체를 이리저리 움직인다. 그림자를 찾으려 하는 듯이 보였다. 어린이들이 그림자에 많은 관심을 갖는다면 꼭 산책길이 아니라 교실에서 빛과 그림자를 만나는 것은 어떨까? 교사 협의를 통해 교실 창가에 색깔판의 셀로판을 모빌로 만들어 달아주기로 하였다.

교실에서 다시 만난 그림자

우리는 창을 통해 들어오는 빛이 모빌 그림자를 만들어 내면, 어린이들은 그 그림자를 발견해 내리라 기대하였다. 그러나 한동안 장맛비가 내리는 상황이 계속되면서 어린이들은 실외에서도 실내에서도 그림자를 만날 수 없게 되었고, 교사도 점차 그림자에 관심을 잃게 되었다. 그러다 무언가 발견한 듯한 한 어린이의 시선이 포착되었다. 한 어린이가 가만히 앉아 바람에 따라 날리는 모빌을 바라보고 있었다. 9월이면 창가로 쭉 뻗어 오는 햇빛 안에서 움직이는 모빌 그림자에 어린이의 시선이 머무르고 있었다. 그리고 큰소리로 "이거 봐!"라고 소리쳤고, 그림자를 잡아보며 즐거워하는 모습을 보였다. 새삼 어린이들이 색 그림자에 관심을 보였던 지난 시간이 떠오르며 시간이 지나더라도 어린이들의 경험이 연결되면서 새로운 탐색이 가능해짐을 알게 되었다.

어린이들이 보여준 흥미에 대해 동료교사와 협의를 하였고, 창문의 블라인드를 조절하여 어린이들이 햇빛을 자연스럽게 만날 수 있도록 하였다. 놀이를 들여다보니 정확하게 보이지 않았음에도 그림자의 형태가 모빌과 똑같다는 것과 모빌과 그림자가 함께 움직인다는 것을 서툰 언어로 표현하는 어린이들도 있었고, 굴러갈 때 빛이 나는 공을 가지고 놀이를 하며 어두운 곳을 찾아가서 굴려 보며 빛의 움직임을 관찰하는 어린이도 발견하게 되었다. 다음 날에는 빛이 나는 공을 굴리며 우연히 빛줄기와 만나게 된 어린이가 반짝이는 색 그림자를 손가락으로 만지며 "별이야"라고 한다.

어쩌면 그동안 창을 통해 들어온 빛과 그로 인해 생긴 그림자는 늘 존재했을 것이고, 어린이들의 그림자놀이도 예전부터 계속되고 있었는데 교사만 모르고 있었던 것은 아닐까? 교사가 빛과 그림자에 주목하게 된 지금에서야 교사에게 새롭게 보이는 것은 아닐까? 교사에게 지나쳤을 순간도 어린이들에게는 의미 있는 순간일 수 있다는 생각이 들었다. 새삼 들여다보는 것과 함께 귀 기울임의 중요함을 느끼게 되었다.

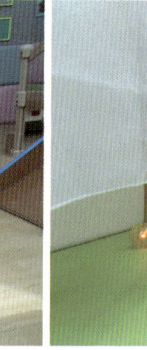

움직이는 그림자

그림자에 대한 탐색을 계속해 가는 어린이들에게 좀 더 적극적으로 그림자와 만날 기회를 주고 싶었다. 그래서 낮잠 시간에 누워 있는 어린이들에게 미러볼을 켜주었다. 어린이들은 손가락으로 움직이는 빛 그림자를 따라가기도 하였고, 움직이는 그림자를 잡으려고 두 팔을 뻗기도 했다. 움직이는 그림자의 등장으로 인해 낮잠 시간은 어린이들이 그림자에 몰입하는 시간이 되었고, 그로 인해 잠들기까지 힘겨워했던 어린이들이 그림자를 눈과 손으로 쫓다 잠이 드는 평화로운 시간이 되어 갔다.

산책길에서 교실로 들여온 그림자

어린이들이 만들어 가는 빛과 그림자

움직이는 그림자에 관심을 보이는 어린이들에게 좀 더 적극적으로 그림자를 만나도록 할 수는 없을까를 고민하다가 어린이들이 쉽게 이동하며 갖고 놀 수 있는 빛으로 손전등을 내어 주었다. 어린이들은 자유롭게 손전등을 움직여 교실의 다양한 곳에 그림자를 만들어 나갔고, 그림자의 모양, 크기 등을 탐색해 갔다.

산책길에서 우연히 만난 색 그림자에 대한 어린이들의 관심을 인정하며 지원해 주게 되면서 그림자놀이는 점점 깊어져 갈 수 있었다. 그림자를 발견하는 것만으로도 흥미로워했던 어린이들이 움직이는 그림자를 만나고, 스스로 빛을 조절하는 과정에서 능동적으로 실험하며 그림자놀이에 몰입해 갔다. 어린이들이 보이는 관심에 교사도 함께 귀 기울이는 것, 그리고 그들이 좀 더 능동적으로 탐색하고 실험해 갈 수 있도록 지원해 주는 것이 어린이들이 배움이 있는 놀이에 몰입하는 데 얼마나 큰 힘이 되는지 다시 생각해 보게 된다.

만1세 영아들과의 산책길에 돋보기를 쥐어 준 교사의 의도는 산책길에 마주치는 주변 환경을 탐색하도록 하는 것이었다. 그러나 교사의 의도와 달리 어린이들은 자신들의 손에 쥔 돋보기가 만들어 내는 그림자에 관심을 보였다. 왜 그랬을까? 어쩌면 이는 당연한 반응 같다. 땅은 만1세의 영아들이 가장 가까이 만날 수 있는 환경이므로, 땅위에 생겨난 그림자, 그리고 그 그림자의 색과 움직임 등은 영아들에게 흥미로운 탐색의 대상이지 않았을까? 산책길에 만난 그림자를 영아들이 계속 만날 수 있는 방법을 교사들은 고민하기 시작하였다. 교사는 햇빛이 들어오는 창가에 모빌을 달아주어 영아들이 교실 바닥에 비치는 '그림자'를 만날 상황을 마련하였고, 낮잠 시간마저도 또 다른 성격의 '그림자'를 만나 갈 수 있도록 하였다. 또 손전등을 제공하여 더 능동적으로 빛을 조절하는 경험도 제공하였다. 결국 그림자 탐구를 위해 다양한 그림자와 그림자를 만든 빛을 능동적으로 탐구하도록 지원한 것이다.

교사는 영아들에게 그림자에 대한 지식을 알려주기보다는 그림자를 만날 상황을 만들어 주기로 한다. 장소나 시간에 대한 고정관념을 벗어나 다양한 형태와 상황 속의 '그림자'를 영아들이 만나도록 하여 영아들의 탐색 욕구와 호기심을 지속시켰고 이는 그림자를 이해해 나가는 데 도움이 되었을 것이다. 그림자와 같이 신비롭고 잡히지 않는 현상에 대한 호기심과 아울러 친숙함을 확보하는 것은 향후 더 심오한 탐색의 토대를 만드는 데 기여한다. 이처럼 교사의 계획과 다르더라도 영아들이 보이는 관심에 교사도 함께 귀를 기울이고, 놀이 상황, 자료, 환경 등을 계속해서 고민하고 지원해 주어야 한다. 영아들이 스스로 발견한 내용과 흥미를 교사가 존중해 주는 것이 영아들이 능동적으로 놀이하고 즐겁게 학습해 갈 수 있는 출발점일 것이기 때문이다.

"우~와 뭐야?"
: 빛이 만들어낸 현상을 교실 안과 밖에서 찾아 낸 영아들 　　만1세, 정대현 교사

#"어~?": 우연히 발견한 빛에서 시작된 호기심

세면대에서 교사가 연후, 주연이와 함께 손을 씻고 닦던 중 연후가 몸을 돌려 "어~"라고 하였다. 그렇게 교사는 연후가 바라보는 곳을 주연이와 함께 바라보았다. 연후가 보고 있던 것은 바로 햇빛에 반사된 교사의 시계 모양 빛이었다. 주연이는 시계 모양 빛을 바라보다가 몸을 움직여 빛을 잡으려고 한 뒤, 손바닥으로 시계 모양 빛을 덮자 시계 모양 빛이 다시 주연이의 손등 위로 나타났다. ...(중략)... 연후와 주연이가 교실에 들어온 빛에 호기심을 보이는 순간이었다.

거울을 통해 찾아본 자연 빛 반사

동료 교사와 협의 한 후 어린이들에게 거울을 제공해 보기로 한다. 어린이들은 거울을 가지고 자신의 얼굴을 비춰보며 웃어보기도 하고 거울에 놀잇감을 올려 살펴보기도 한다. 교사는 어린이들이 빛을 찾아볼 것이라는 기대감을 가졌는데 거울만 들여다본다. 교사의 계획대로 거울을 움직여 볼까? 조바심이 생길 때 쯤 연후가 바닥에 있던 거울을 들고 움직여 본다.
자동차를 끌며 교실을 다니던 연후가 서랍장 가까이 다가와서 빛을 발견하고 바라보더니 만져 보려고 한다. 그 모습을 보고 거울을 들고 있던 성우가 "연후 봐."라고 하며 빛을 바라보며 연후 곁으로 다가가더니, "연후야."하고 부른다. 그런데 갑자기 반사된 빛이 사라져 버리자 빛을 따라 움직이던 연후나 성우는 '왜 없지.' 라는 표정을 지으며 교사를 바라보았다. 한동안 서랍장을 바라보더니 "없다."라고 말을 하며 각자 원하는 놀이로 이동한다.
며칠 뒤 다시 거울을 가지고 놀이를 하던 성우가 거울에 반사된 빛을 가만히 보더니 "저기 있다", "저기 봐"라고 한다. 그렇게 성우는 창문으로 들어 온 빛이 거울에 반사되어 빛이 생긴다는 것을 알게 되었다. ...(중략)...일상으로 지나쳤던 자연 빛으로 어린이들이 우연히 놀이하고 탐색하는 모습을 보며, 자연 빛이 아닌 다른 빛에는 어떤 반응을 보일지에 대해 여러 교사들과 협의하게 되었다. 그리고 빔을 설치해 보자는 의견이 나와 기대감을 가지고 교실 한 영역에 빔을 설치하게 되었다.

교사의 시계를 통해 우연히 발견한 반사 빛은 어린이들에게 찰나의 호기심을 끌었다. 그런데 여기서 교사가 빛을 잡아보려는 연후와 주연이의 흥미를 읽어내고 거울을 제공함으로써 더 이상 호기심으로만 끝나지 않게 되었다. 반사된 빛이 아닌 거울이라는 자료에 집중하여 반사 현상만 탐색하던 아이들의 모습을 보며 교사는 조바심이 났지만, 어린이들은 민감하게 빛에 반응하였다. 성우가 흔든 거울을 통해 나온 반사 빛을 반대편에서 놀이하던 연후가 발견한 것을 시작으로 말이다.

사실 반사 빛은 혼자서 만들어 내기 어려울지도 모르겠다. 자연광 아래에 반사될 물체를 적절히 틀어 반대편으로 빛이 생겨나게 해야 하므로 여러 조건을 동시에 고려해야 하기 때문이다. 하지만 오히려 이런 특징 때문에 거울을 조작하는 영아와 반사 빛을 쫓는 영아들 사이의 긴밀한 행위를 연결시키는 경험을 갖게 한다. 실험과 우연을 통해 빛의 민감함을 교사뿐 아니라 영아들 간에도 영향을 주고받으며 만들어 가고 있는 것이다.

빔에서 나오는 빛을 통해 발견한 그림자

'어린이들이 어떤 반응을 보일까? 반사된 모양뿐만 아니라 그림자놀이까지 확장되지 않을까?'라는 기대감을 가지고 성우의 행동을 지켜보기로 했다. 그런데 교사의 기대와 달리 성우는 벽에 비춰진 그림을 보는 것이 아니라 빛이 나오는 렌즈로 다가와 만져 보려고 손을 뻗었다. 반면 연후는 "우 어"라고 하며 다가와 손끝으로 벽면에 비춰진 그림을 잡으려고 하였다. 그러자 렌즈 빛에 관심이 있던 성우도 그 모습을 보고 "저거."라고 하며 벽으로 다가가 보았다. 다른 어린이들도 벽면으로 다가와 "와~ 이거 봐."라고 하며 손으로 비춰진 그림을 잡아보려고 하였다. 이렇게 어린이들은 한동안 빔 빛에서 놀이를 하다가 흩어지기를 반복하였다.

그러던 어느 날, 혼자 남게 된 유민이가 벽면을 가만히 보다가 한번 폴짝 뛰어 보았다. 그러더니 다시 뛰면서 앞으로 다가가 벽에 비친 자신의 그림자를 보며 "이거"라고 하며 교사를 바라보았다. 교사가 "누굴까?"라고 물어보자 유민이는 그림자를 가만히 보더니 빔 빛 밖으로 나가 보았다. 그리고는 가만히 지켜보다가 다시 빔 안으로 들어와 폴짝 뛰며 벽으로 다가가더니, 그림자를 보고 "유민이"라고 하며 웃었다. 유민이는 친구들에게도 "이거 봐"라고 하며 자신의 그림자를 보여주었다. 그러자 다른 어린이들도 그림자에 관심을 보이기 시작하였다. 빔을 통해 빛 속에서 자신의 그림자를 발견하고 흥미롭게 관찰하는 모습을 보며 교사들과 협의 한 후 OHP를 교실에 넣어 그림자 놀이로 확장시켜주고자 하였다.

OHP와 실외놀이에서 시작된 그림자놀이

OHP에 관심을 보이며 다가온 연후는 무심결에 옆에 있는 버튼을 눌렀다. 렌즈에서 밝은 빛이 나오자 연후는 "으~으"라고 하더니 눈을 가리고 숙였다. 교사가 빛을 끄고 "연후야 깜짝 놀랐지?"라고 했더니, "어 으"라고 하면서 OHP를 바라보았다. 그런데 연후는 다시 버튼을 누르고 렌즈 빛을 보며 "히히." 하고 웃었다...(중략)...
며칠 동안 연후는 스위치를 켜고 끄기를 반복 하면서 렌즈 빛에 흥미를 보이며 탐색하였다. 며칠 후 연후가 OHP위에 공과 다른 물건을 가져와 올려놓고 렌즈 빛을 켜 물체에 비친 빛만 바라보거나 올려진 물체로 소꿉놀이를 하였다. 교사는 '혹시 그림자를 찾지 않을까.'라는 기대를 하며 연후의 행동을 지켜보았지만 그림자에는 관심이 없어 보였다. 어떻게 하면 그림자에 관심을 보이게 할지, 이 시점에서 의도된 질문을 해야 할 지 고민이 생겼지만 동료교사와 협의 한 끝에, 어린이들이 우연히 그림자를 발견하기를 기다려 보기로 하였다.

산책하던 어느 날 이었다. 유민이가 "이거 뭐야."라고 하며 발을 움직여 보았다. 그림자가 유민이를 따라 움직이자, 갑자기 "유민이."라고 하며 소리를 쳤다. 교사는 너무 기뻐서 "유민이구나!"라고 하자 유민이는 자신의 그림자를 보며 몸을 움직여 보았다. 산책을 마치고 원으로 돌아오는 길에 유민이가 고개를 숙여 발을 보더니 "없어?"라고 하였다. 교사는 "어디 갔을까?"라고 하며 유민이랑 함께 뒤를 돌아보았더니, 유민이는 친구의 그림자를 보고 "있네."라고 하며 좋아하였다.
산책길에서 우연히 자신의 그림자를 찾아보았던 어린이의 모습을 보며, 교사는 'OHP 빛을 보며 그림자를 찾지 않을까?'라는 생각이 들었다. 다음날 OHP를 탐색하는 모습을 유심히 지켜보던 중, 성우가 OHP에 컵을 올려놓고 교사를 보며 "저기."라고 하였다. "성우야 뭐야?"라고 물어보자 손으로 그림자를 가리키며 "컵."이라고 하였다...(중략)...

반사 빛에서 이어진 놀이는 교사들의 협의를 통해 그림자의 발견까지 갈 수 있도록 지원이 이루어졌다. 어린이들과 빔, OHP와의 만남은 기기 자체의 조작을 통해 빛에 대한 흥미를 지속적으로 유지시키게 한다. 하지만 빔과 OHP를 통해 드러난 그림자의 정체가 무엇인지, 어떻게 생겨난 것인지 빛과의 관계 속에서 알아내기란 쉽지 않다.

과연 어린이들의 빛에 대한 관심이 즉각적으로 물체의 그림자 발견으로 이어지는가? 초기 어린이들의 관심은 빛 그림자를 포함하여 빛이 만들어내는 모든 현상들에 머물러 있었다. 여기서 교사는 주도적으로 이 둘의 관계를 알려주기보다는 보다 시간을 들여 어린이들이 다양한 빛과 그림자의 관계를 경험해 볼 수 있도록 기다려 준다. 그래서일까? 빔을 통해 유민이가 혼자서 몸을 움직여 보며 발견한 그림자가 자기 자신이라는 것을 알게 된 순간은 의미롭다. 그뿐만이 아니다. 유민이는 자신이 발견한 그림자의 정체를 친구들에게 알려주기도 하고, 나아가 실외놀이에서 산책하던 중 발견한 그림자를 낯설지 않은 모습으로 발견한다. 사라지기도 하고 생기기도 하는 그림자는 유민이에게 친구의 그림자까지 발견하게 하는 보다 넓은 시야를 갖게 한다. 교실 안뿐만 아니라 실외에서 그림자 경험을 연결시키는 유민이의 모습은 만1세라는 것을 생각해 볼 때 매우 놀랍다. 이후 다른 아이들도 여기저기서 그림자를 발견하는 모습들이 보이기 시작하였다.

점차 그림자놀이가 진행되는 모습을 보며, 교사는 협의 과정과 진정한 교사의 역할에 대한 의미를 다시금 정리해본다. 10년의 현장 경험을 되돌아보게 되었다는 교사의 말은 우리에게 울림을 준다. 왜일까? 어쩌면 만1세의 연령에서 다루기 어려울 것이라고 생각하는 주제인 빛과 그림자라는 내용과 더불어 영아반에서 쉽게 내어주지 않을 것 같은 자료인 빔과 OHP를 가지고 어린이들이 자율적으로 실험할 수 있는 가능성을 교사가 보았기 때문은 아니었을까? 또한, 빛에만 집중하던 어린이들의 관심이 그림자로 옮겨갈 수 있었던 것 역시 교사가 빛과 그림자가 전혀 무관하지 않음을 인식하고 안과 밖을 옮겨가며 어린이들의 탐구를 지켜보고 인정해 주었기 때문일 것이다.

우연히 빛에서 시작되어 그림자놀이까지 이어지는 동안 기존의 교사의 역할과 아이들의 흥미를 따라가는 교사의 역할 사이에서 순간순간의 갈등과 고민, 아이들에 대한 믿음 그리고 기다림을 반복하였다. 이 과정을 통해 10년이 넘는 교사경력이 부끄러울 만큼 아이들은 스스로 발견하고 몰입하면서 자신만의 교육적 가치를 찾아가는 모습을 보며 교사의 역할에 대한 해석을 다시 하게 되었다. 또 혼자만의 생각보다는 교사 협의가 더 필요하고 중요함을 절실히 느꼈고, 협의야말로 새로운 교수실천의 첫걸음이라는 생각을 하게 되었다.

쿠션과 길이 만2세, 김미선 교사

어린이들에게 놀이와 장난의 경계가 있을까? 교사는 일상 속에서 어린이들의 장난이 반복되어가는 모습을 보며 관점을 바꿔 놀이를 진지하게 들여다보기로 한다.

쿠션 갖고 장난치지 않아요: 장난을 놀이로 지켜보다

언어영역의 쿠션과 매트에서 어린이들은 편안하고 자유롭게 책을 본다. 어린이들은 얌전히 쿠션에 기대어 책을 보기도 하지만 이따금 쿠션을 말처럼 타기도 하고 자동차처럼 끌고 다니며 놀잇감으로 사용한다. 그 모습을 볼 때마다 교사는 놀이가 아니라 장난치는 것이라고 생각했기 때문에 "쿠션 갖고 장난치지 않아요. 제자리에 갖다 두자" 등 아이들에게 주의를 주기에 바쁘기만 하였다. 교사가 주의를 준다고 해서 어린이들이 흥미롭고 재미있는 일을 포기하지는 않았다. 쿠션을 이리 저리 끌고 다니고 급기야 위험해 보이는 순간과 마주치면 어느 새 쿠션을 어린이들의 손이 닿지 않는 곳으로 치워 두곤 했다.

이날도 쿠션을 가지고 어린이들의 놀이가 시작되었다. 쿠션을 가지고 놀지 못하게 할까 하다가 얼마 전 원내교육을 통해 '어린이들의 놀이를 지켜봐 주어야 한다'는 이야기를 들었던 것이 생각이 나서 지켜보기로 했다. 사실 쿠션은 쿠션용도에 맞게 써야 한다는 생각을 했었는데 어떤 것도 놀잇감이 될 수 있다는 교육을 듣고 나니 '쿠션으로 놀 수도 있지~'하는 생각이 들었다. 나의 생각을 바꾸고 나서는 쿠션을 가지고 노는 어린이들의 모습을 지켜보는 것이 힘들지 않았다. 생각해 보니 쿠션을 가지고 놀지 않도록 제지하기에 바빠 어린이들이 쿠션을 가지고 무엇을 하고 싶어 하는지 제대로 들여다본 기억이 없다.

 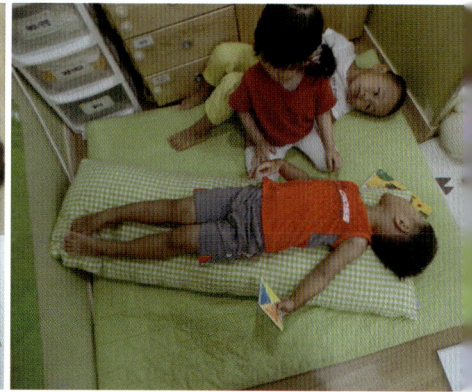

서윤이가 "이거 배야"하고 말하며 쿠션에 엎드리자 옆에 있던 다른 어린이들이 "나도" "나도"하며 쿠션에 매달리기도 하고 눕기도 하며 함께 배를 타는 놀이를 했다. 놀이를 하다가 쿠션이 매트 밖으로 밀려나자 어린이들은 "여기로 옮기자!"하며 매트 위로 쿠션을 옮겼다.

"나랑 키가 똑같아.": 쿠션으로 길이를 측정하다

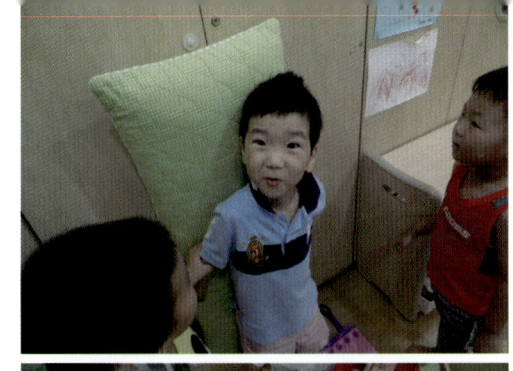

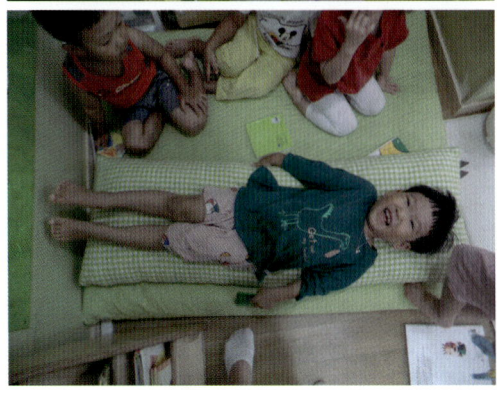

한참을 배 타는 놀이를 하다가 몇 명의 어린이가 다른 영역으로 가자 하준이는 쿠션 위에 바로 누워 "이거 봐 나랑 키가 똑같애" 라고 말을 했다. 하준이의 모습을 본 서윤이가 "진짜네~ 나도 봐봐" 하며 베개 위에 누워 키재기를 하였다. 어린이들의 모습을 지켜보고 있다가 교사가 "그럼 베개를 세워 보는 건 어때?" 라고 제안을 해 보았다. 어린이들이 "이렇게요?" 하며 베개를 세워 베개와 키재기를 하였다. 민우가 서윤이를 보며 "아니야. 쿠션이 더 커." 라고 말한 후 "선생님 나는요?" 하며 자신의 키를 쿠션과 재어 보고 "선생님 내가 더 길~죠?" 라고 웃으며 물었다. 쿠션을 가지고 장난만 치는 줄 알았는데 순서대로 자신과 친구의 키재기를 하는 모습을 보니 참 놀랍고 신기했다.

지켜보던 서윤이는 "내가 더 길게 만들 거야" 하며 블록을 가져와 길게 연결하였다. 다른 어린이들도 관심을 보이며 "나도 길게 만들 거야, 선생님 내 꺼 길죠?" 라고 말하며 블록을 길게 연결하였다. 어린이들이 블록을 연결하는 모습을 지켜보다가 "쿠션보다 더 긴 것 같은데?" 라고 말하자 쿠션 옆에 자신이 만든 블록을 갖다 놓으며 더 길게 만들었다. 어린이들은 쿠션으로 키재기 놀이를 하며 사물들의 길이에 관심을 보였다.

쿠션으로 장난을 하는 줄 알았던 어린이들의 반복된 움직임을 교사가 들여다봄으로 인해 놀이로 보이게 된다. 그리고 그 과정에서 교사는 하준이가 쿠션 위에 누워 자신의 키와 똑같다는 이야기를 듣고 좀 더 귀 기울이게 되는 상황을 맞이하게 된다. 심상치 않다고 느낀 교사는 넌지시 '베개를 세워 보는 것'을 제안한다. 순서대로 키 재기가 시작된 어린이들을 지켜보던 서윤이가 문득 생각이 난 듯 블록으로 길게 만드는 놀이를 시작하고 어린이들 사이에 놀이가 번지기 시작한다. '쿠션보다 더 긴 거 같은데?'라는 교사의 말에 어린이들은 더 신이 난 듯 보인다. 쿠션으로 단순히 장난을 하는 것이라고 치부했던 어린이들의 놀이를 들여다보면서 교사도 어느 새 어린이들의 시도를 의미 있게 바라보기 시작했고 놀이가 보다 더 깊어 질 수 있는 질문을 건넨 것이다.

하준이의 쿠션 위 눕기, 어린이들의 키재기, 교사의 "쿠션보다 더 긴..."이란 표현은 모두 '길이'라는 개념이 상대적 의미를 지닌다는 것을 시사한다. 어린이들은 자신의 키를 비교하는 것에 민감하다는 점을 고려한다면, 베개를 세워 보라는 교사의 제안은 상대적 개념인 길이를 자신에게 익숙한 키와 연결 지어 생각하도록 만든 교사의 민감한 지원 책략으로 보인다. 사실 이 놀이를 통해 어린이들은 '길다'의 의미가 무엇인지를 달리 생각해보는 기회를 가지게 된 것 같고 이런 의미에서 놀이가 더 깊어진 것이다.

큰 종이와 테이프: 교사의 관심과 어린이들의 시도가 연결되다

어린이들이 쿠션을 가지고 놀이하며 길이에 대한 관심이 생겼다는 에피소드를 교사들과 협의하는 과정에서 어린이들이 관심 보였던 '길다'라는 개념을 좀 더 지속시킬 수 있으면 좋겠다는 생각이 들었다. 길게~길게~ 하는 것을 어린이들이 좋아했기 때문에 길이감을 쉽게 느낄 수 있고, '길다'라는 개념을 시각적으로 확실하게 느낄 수 있도록 평소에 사용하던 종이보다 큰 종이를 제공해 주기로 하였다.

미술영역에 있는 큰 종이를 보자 서윤이가 다가와 "종이는 테이프로 붙일 수 있어요. 이거 봐요. 더 길어져요" 하고 말하며 자연스럽게 종이를 테이프로 붙여 연결하였다. 평소에도 서윤이는 종이를 테이프로 붙이는 것을 좋아했기 때문에 큰 종이를 붙이는 것을 매우 즐거워했다. 종이가 길어지자 아예 바닥으로 내려서 길게 연결하였다.
하준이는 잘게 잘라진 흰 종이를 테이프로 연결하여 길게 만들더니 한쪽 벽면에 붙였다. 그 모습을 보던 서윤이가 "나도 나도" 하며 자신이 길게 만든 종이를 벽면에 붙였다. 교사가 "위로 붙이면 더 길어진다." 하며 위에 붙여주자 어린이들이 "엄청 길어!!" 하며 이번에는 종이에 서로 키를 재보았다. 쿠션을 가지고 놀았던 어린이들의 흥미는 큰 종이를 제시해 줌에 따라 종이를 연결하는 것으로 옮겨 왔다.

'제일 긴 뱀': 교육과정과 놀이의 관계를 다시 생각해보다

종이를 길게 붙이는 놀이를 하며 어린이들은 '길다'라는 개념에 계속 흥미를 느끼고 즐거워했다. 원래 계획된 활동은 아니었지만 이런 어린이들의 흥미를 현재 진행하고 있는 주제 '동물'과 연관지어 경험해 볼 수 있도록 동료교사와 협의하여 '긴 뱀 만들기' 놀이를 계획하였다. 뱀 중에서 긴 뱀을 만들어 보자고 제안하자 어린이들은 알록달록 종이를 연결하여 긴 색깔 뱀을 만들었다. 서윤이가 "난 핑크색깔 뱀을 만들 거야"라고 말하자 하준이는 "나는 제일 긴 뱀! 어때?" 하고 말하며 즐겁게 종이를 연결하여 긴 뱀을 만들었고 민우는 "선생님 이것보세요 길어지고 있죠?" 하며 뱀의 몸길이를 길게 연결했다. 우신이는 "내 꺼는 선생님만 해!" 하며 선생님에게 다가와 길이를 재보았다. 어린이들은 며칠 동안 자기가 만든 뱀에 종이를 연결하여 계속 긴 뱀 만들기를 즐겁게 했다. 어린이들의 흥미와 관심에 따라 자연스럽게 놀이를 하다 보니 어느 새 어린이들은 그것을 토대로 하여 다양한 놀이와 학습을 확장해 나가고 있었다.

국가 수준의 표준보육과정에 따라 교사는 연간교육계획, 월간교육계획, 주간교육계획을 어린이들의 흥미와 관심을 고려하여 다양한 놀이를 계획하고 있다. 그리고 교사로서 계획했던 놀이가 잘 이루어질 때 만족감과 보람을 느껴 왔다. 그런데 이번에 어린이들이 흥미로워 하는 놀이를 지켜보면서 그 동안 정말 어린이들의 흥미와 관심에 기울였는지 다시금 생각해 보았다. 안전하지 않다거나, 주제와 놀이가 맞지 않다거나 하는 교사 위주의 생각과 태도를 갖고 있지 않은가? 그 때문에 우리 어린이들 사이에서 발현되고 있는 놀이들을 무시하고 지나 온 것은 아닐까? 하며 돌아보게 되었다. 어린이들의 놀이를 놀이인지, 장난인지 교사가 먼저 판단하기에 앞서 어린이들의 즐거운 놀이를 그대로 인정하고 지원해 준다면 우리가 계획한 놀이보다 더 의미 있고 교육적인 경험들을 해 나갈 수 있을 것이라는 확신이 들었다.

영아들과 길이를 다루려면 매우 망설여질 것이다. '길이' 혹은 '길다'는 개념은 매우 추상적이며 상대적 개념이기 때문이다. 그런데 교사들은 '길다'의 개념을 하나의 독립적 상태를 나타내는 형용사로서 접근하여, 사물이나 끈이 선 형태로 놓인 모습을 어린이들에게 보여주며 '길다'고 지칭한다. 교사들이 '길이'를 소개할 때 머뭇거리며 단순화시켜 접근하는 반면 영아들은 이미 '길다'는 표현을 자주 사용하고 있으며 새것을 배우는 데 주저함이 없다. 이런 상황에서 바람직하지 않은 놀이로 간주되던 쿠션놀이가 난해해 보이는 '길이'의 개념을 확장시키는 데 도움이 되었다. 어떤 놀이도 어떻게 발전되어 갈지는 열려있다. 교사의 관점에 따라 지원이 달라지고, 달라진 지원은 놀이의 가치를 결정짓는다.

길이에 대한 고민이 있었기 때문에 교사는 동료교사와의 협의를 통해 적당한 크기의 종이가 아닌 더 큰 종이를 과감하게 지원해 준다. 일반적인 크기의 종이가 아니었기 때문인 것일까? 영아들은 길이를 길게 만들기 위한 자신들의 가설에만 집중할 수 있는 출발점을 가진다. 만약 교사가 고민 없이 일반적인 크기의 종이나 손바닥만한 색종이를 제공해 주었더라면 영아들은 길게 만들어 보기도 전에 지쳤을지도 모르겠다.

교사는 어느 새 어린이들의 놀이에 동참한 듯 조금 더 앞서서 도움을 준다. "위로 붙이면 더 길어진다." 라고 말이다. 길게 붙인 종이를 바닥에만 놓지 않고 벽면에 붙여 줌으로써 어린이들에게 긴 길이를 보다 확실하고 가늠해볼 수 있게 한다. 교사의 개입은 언어적으로도 어린이들에게 자극을 준 듯하다. 어린이들은 이후 "선생님, 길어지고 있죠?", "제일 긴 뱀", "내꺼는 선생님만 해"와 같이 길이의 상대적 의미를 반영하는 표현을 사용하기 시작한다. 이제 '길이'는 분명 어린이들에게 이전보다 확장된 의미로 다가갔을 것이다.

테이프로 붙여서 길어진 종이는 계획된 활동이 아니었지만 교사는 어린이들의 놀이를 보며 나름의 확신을 가진 것 같다. 동물이라는 전체 주제를 바꾸지 않으면서 긴 뱀 만들기를 제안 한 것은 그 시작이다. 그래서일까? 어린이들은 교사의 제안이 억지스럽지 않다고 느끼지 않고 오히려 뱀이라는 동물을 통해 '긴' 것에 보다 골몰할 수 있는 나름의 소재들을 가지게 된다. 핑크색깔 뱀, 제일 긴 뱀, 선생님 키만한 뱀... 장난이라고만 여겼던 반복된 놀이 속에서 교사는 어린이들 놀이의 잠재력을 읽어주었고, 어린이들은 보다 자발적으로 실험할 수 있는 기회를 가졌다. 하지만 큰 종이와 테이프라는 가시적이고 물리적인 자료, 그리고 뱀이라는 구체성을 지닌 소재와 만났기에 어린이들의 실험은 보다 교실에서 드러날 수 있는 힘을 가질 수 있었다.

'센'줄과 '안 센'줄이 뭔 줄 알아?

만2세, 이은주·김하늘 교사

교육적으로 가치 있는 자료는 무엇일까? 어떻게 내어주면 매력적으로 어린이들에게 다가갈까? 어떤 말들로 자료를 소개할까? 교사는 항상 어떤 자료를 어떻게 어린이들에게 제공해줄지 고민을 하게 된다. 특히 어린이들의 흥미를 끌면서도 교육적 경험으로 이어질 수 있는 자료를 생각해 내기란 생각만큼 쉽지 않다. 교사는 유희실에 새로운 신체놀이 자료로 탄력밴드를 제공해주기까지 매우 고심했을 듯하다. 그러나 방식은 아주 간단하게! 교사의 지시 없이 그저 유희실 바닥에 흩어서 무심히 제공해주기! 교사의 고민에 보답이라도 하듯 어린이들은 탄력밴드에 관심을 보이며 탐색하기 시작한다.

탄력밴드와의 만남

세리는 유희실 바닥에 흩어져 있는 여러 개의 탄력밴드를 가만히 서서 바라보며 이야기한다.

세리: 어? 이게 뭐지?
선생님, 이거 어떻게 가지고 노는 거예요?

그리고 교사의 답을 듣기도 전에 세리는 탄력밴드에 다가가 만져본다.

어린이들은 이내 새로운 자료를 움켜쥐어보고, 손에 감아보며, 발로 밟아보는 등 신체를 이용해 자기만의 방법으로 탐색을 시작하였다. 새로운 놀잇감이나 도구를 발견하면 대부분은 세리처럼 "선생님 이거 뭐예요?", "어떻게 놀이하는 거예요?"라고 질문한다. 이때 '자료의 이름을 알려주어야 할까?', '놀이 방법을 알려주는 게 맞을까?', '생김새로 놀잇감 이름을 유추하게 해줄까?' 고민하며, 어떻게든 적합한 상호작용을 찾기 위해 교사의 머릿속은 회로처럼 바쁘게 움직인다.

하루, 이틀, 사흘... 새로운 자료를 탐색하는 어린이들의 모습을 알아보기 위해 매일 사진을 동료 교사들과 함께 들여다보았다. 그 과정에서 우리는 세리뿐 아니라 모두 저마다 다양한 모습으로 주저없이 자료에 다가가는 모습을 확인할 수 있었다. 어린이들의 모습은 '선생님, 이게 궁금해요. 만져볼래요. 저 놀이하는 거 한 번 보세요!'라고 말하듯이, 새로운 대상에 궁금증을 가지고 탐색하고자 하는 욕구를 드러내고 있었다. 사진 기록을 통해 아이들의 관심은 이미 '말'이 아닌 '행동'을 통해 표현되고 있다는 것을 알 수 있었다.

혜원이는 90cm 정도 되는 길이의 탄력밴드의 양 끝을 잡고 머리 위로 올려 반복해서 늘리며 "이거 왜 안돼요?" 라고 묻는다. "글쎄! 왜 더 안 늘어나지?" 교사의 답변에 주위를 두리번거리다 길이가 짧은 밴드를 집어 양팔을 벌리며 교사를 향해 웃는다. "이제 됐다! 왜 아까 그건 안 됐지?" 탄력밴드를 탐색하는 방식은 매우 다양했다. 전날 자신이 재미있게 경험했던 행동을 그대로 반복하기도 하고, 어제와는 또 다른 새로운 모습으로 탄력밴드를 탐색하기도 했다.

어린이들이 저마다의 방식으로 탄력밴드의 길이와 탄성을 느껴보기도 하고, 힘의 세기와 방향을 조절해보는 동안, 교사는 탄력밴드의 성질에 대해 직접 안내하지 않았고, 새로운 자극을 주는 추가 자료를 제시하지도 않았다. 혜원이가 "이거 왜 안돼요?"라고 물었을 때, 길이가 짧은 탄력밴드를 양손으로 잡고 당기면 혜원이가 원하는 탄성을 느껴볼 수 있을 것이란 생각에 "혜원아, 좀 더 짧은 밴드로 당겨봐!"하고 말하고 싶었다. 교사의 그 한 마디로 혜원이는 즉시 원하는 결과를 얻을 수 있었을 것이다. 그러나 교사는 혜원이가 겪을 시행착오에 가치를 두기로 했고, 결국 혜원이는 교사의 안내 없이도 원하는 결과를 스스로 성취해내었다. 교사가 귀를 기울이고 기다릴수록 어린이들의 성취감은 두 배가 되고, 놀이에 좀 더 능동적으로 참여하는 모습을 확인할 수 있는 시간이었다.

잡고, 당기고, 지나가고: 탄력밴드와 함께 놀기

교사와 밴드를 잡아당기다가 윤진이가 다가오자, 민주가 교사의 탄력밴드를 빼내며 말한다.

민주: 친구랑 할래. 선생님 놔.
윤진: 윤진이도 할래.

민주는 윤진이를 바라보며 웃으면서 뒤로 걸어가서 밴드를 길게 늘인 후 위, 아래로 흔든다.

윤진: 와하하. 움직여. 줄이 움직여.

현주가 민주와 윤진이가 잡은 밴드 아래로 지나가려고 상체를 숙인다. 그러자 민주는 밴드를 잡은 손을 머리 위로 올려 밴드 아래에 공간을 만들어 준다.

현주: 민주랑 윤진이랑 잡았는데 내가 지나갔어. 이렇게.
    (교사를 바라보며 상체를 숙임) 재밌다. 또 해볼래.

충분한 탐색이 이루어지면서, 어린이들은 혼자 힘을 가할 때보다 또래와 함께 당길 때 탄성이 더 많이 느껴진다는 것을 경험한 듯하다. 그 결과 어린이들은 자연스럽게 친구를 찾아서 함께 놀기 시작한 것이다. 탐색 초반 자신이 붙들고 있는 줄을 또래가 잡으면 방해를 받거나 불편하다고 느끼던 모습에서, 이제는 "친구야, 이거 잡아!" 하며 자발적으로 건네는 모습으로 변화했다. 또 또래들이 탄력밴드를 가지고 놀이하는 것을 멀리서 관찰하던 어린이가 이제는 "나도 해볼래. 어떻게 하는 거야?"하며 가까이 다가가기도 했다. 간단한 놀이 규칙과 순서가 있는 '동대문 놀이'도 여러 명의 또래와 함께할 때 더 크게 웃고 더 오래 놀이하는 모습들을 보았다. 어린이들은 스스로 놀이 집단을 이루고 함께 놀이 자체를 만들어 가며 즐기고 있었다. 그 동안 영아는 교사의 개입이 있어야 또래 놀이가 이루어질 수 있다고 생각했던 나를 돌아보게 되었다. 어린이들이 충분한 시간을 갖고 몰입하여 탐색해본다면 어떤 자료를 갖고도 또래와 함께 즐길 수 있는 놀이가 이루어지는 것 같다. 또래와 공간과 시간을 공유한 '함께놀이' 경험은 어린이들에게나 그것을 눈앞에서 관찰한 교사에게도 의미가 있었다.

유희실에 A 트레이에는 탄성이 없는 줄, B 트레이에는 기존과 동일한 탄력밴드가 놓여있다. 수현이는 무릎을 굽혀 상체를 숙인 후 두 손으로 민경이가 앉아있는 B 트레이의 한 쪽 면 가장자리를 잡고 민다.

수현: 민경아, 내가 밀어줄게!

하지만 트레이가 밀리지 않는다.

수현: 민경이 내려.

민경이가 고개를 가로젓는다.

수현: 나랑 바꿔.

민경이가 고개를 젓는다. 그러자 수현이는 트레이 안에 담긴 탄력밴드를 하나 꺼내 민경이에게 건넨다.

수현: 이거 잡아.

민경이는 수현이가 내민 탄력밴드를 잡는다.
그러자 수현이는 탄력밴드의 반대편을 잡은 후 뒷걸음질하며 당긴다.
하지만 민경이가 앉아있는 트레이가 당겨지지는 않는다.

탄력밴드의 가장 두드러지는 성질은 탄성이다. 어린이들이 탄력밴드의 탄성을 느끼고 탐색하는 방법은 매우 다양했다. 이 탐색과정에 흥미를 더해주기 위해 동료 교사들과 협의를 거쳐 새로운 자료를 도입하기로 하였다. 탄성이 있는 줄과 없는 줄을 같이 제공하기로 하고, 트레이에 두 종류의 줄을 담아 내주었다. 사전경험을 통해 탄력밴드는 길고 잡아당길 수 있는 끈이라고 인식한 어린이들은, 탄력밴드를 이용해 친구가 앉아있는 트레이를 끌어보려고 하였다. 그러나 무거운 무게로 인해 밴드가 늘어나기만 할 뿐, 트레이는 끌려오지 않았다. 어린이들은 주변에 있는 다른 줄을 이용해보며 '끌기 위한' 시행착오를 겪었다. 탄력밴드를 사용해보던 수현이는 마침내 탄성이 없는 줄을 선택해서 트레이 가장자리에 있던 구멍에 끼워 넣은 후 교사의 도움을 받아 묶고 끌어보았다. 그리고 비로소 '끌어당길 수 있음'을 경험했다.

어린이들의 표현에 의하면, 그때부터 탄성이 없는 줄은 '센' 줄이 되었고, 탄력밴드는 '안 센' 줄이 되었다. 같은 길이의 줄이더라도 탄성이 있고, 없음에 따라 끌어당길 수 있는 힘의 세기가 달라진다는 것을 경험해 볼 수 있었다. 새로운 사실의 '발견' 이후, 어린이들은 '센' 줄을 이용하여 썰매 끌어주기에 빠져 힘든 줄도 모르고 친구를 트레이에 태워 계속 달리고 달렸다. 어린이들에게는 이 모든 과정 자체가 무엇보다 의미있는 탐구 경험이 아니었을까 싶다. '줄'의 사전적 의미는 '무엇을 묶거나 동이는 데에 쓸 수 있는 가늘고 긴 물건'을 통틀어 이르는 말이다. '줄'을 통해 어린이들은 자신들의 놀이에 몰입하는 순간을 경험하고, 더불어 또래, 교사와도 보이지 않는 하나의 줄로 이어질 수 있었다.

어린이들은 주어진 놀이 방식 없이 자유롭게 끈을 만났다. 마음껏 밟고, 잡아당기고, 끌어당기면서 탄력밴드의 성질을 파악해 가고 있었다. 밟거나, 떨어뜨리거나, 부시거나 하면 안 되고, 종종 정해진 방식대로 사용해야 하는 교구보다 자신이 힘을 주는 만큼 늘어나고 자신의 의도에 따라 용도를 달리할 수 있는 탄력밴드가 어린이들에게는 더 자유롭게 탐색하고 실험하며 상상할 기회를 제공했을 것이다. 여기서 교사는 탄력밴드를 제공하면서 무엇을 예상하고 기대하였는가? 단순히 흥미로운 놀이감이라 생각하고 막연하게 자료를 내어주진 않았을 것이다. 만약 '탄성'을 인지하고 알아가기를 기대하였다면 교사가 그 개념을 가르치고자 놀이에 개입할 수도 있었으나 어린이들의 말에 귀를 기울이며 기다려보기로 하였다. 그러자 세리에서 시작해서 혜원이로, 윤진이, 민주, 현주, 수현이, 민경이까지 이어지는 잡고, 당기고, 지나가고, 트레이를 끌고 하는 행동들이 일어났다. 교사의 기다림은 한 명의 탐색에서 친구들과의 함께놀이로 퍼져나가며 빛을 보게 된다. 자율적 놀이 안에서 포착된 어린이들의 사회적 유능성이 교사에게 매우 감동스럽고 소중하게 다가온 것은 당연하다.

그렇다면 어린이들이 이 경험을 통해 탄력밴드라는 자료에 대해 배운 것은 무엇일까? 어린이들이 그 특성을 알아가고 쓰임새를 발견하는 과정은 단순히 정보가 증가하는 것과는 달랐다. 기록을 살펴보면 다양한 탐색과정을 거쳤음에도 불구하고, 처음 탄력밴드는 어린이들에게 탄성보다는 경계를 짓거나 이어주는 기다란 선, 즉 끈의 의미가 더 부각이 되었던 것으로 보인다. 그래서 당연히 친구를 탄력밴드로 끌고자 하였고, 우연히 발견하게 된 '안 센' 줄 끌기 놀이가 어린이들에게 재미있으면서도 한편 당황스러움을 가져다주었을 것이다. 이 시점에서 역시 교사는 무엇을 기대하며 탄성이 없는 밴드를 탄력밴드와 함께 내어주기를 결정했는지 확실치 않다. 그러나 확실한 것은 트레이 안에 어린이가 앉아 무게를 실었고 이것을 끌어주고자 하는 친구가 나타나면서 탄성과 비탄성의 대비가 더욱 두드러지게 되었다는 점이다. 개개인이 탄력밴드를 단순히 잡아당기고 늘여보는 소극적 탐색을 넘어, 자신들의 놀이 안에서 구체적인 목적을 위해 활용해보는 경험들이 어린이들에게 유용한 지식과 생동감 있는 이해를 가져다준다. 어린이들이 채택한 '센 줄/안 센 줄'이란 표현 역시, '끌어당길 수 있음/없음'과 마찬가지로, 놀이의 목적과 연관된 용어로 교사가 이를 수정해주기보다 받아들여 준 것은 매우 현명하다. 탄성의 다른 측면인 신장력 혹은 복원력이 가장 필요한 놀이에서 탄성이 적은 줄이 과연 '센 줄'로 표현될 수 있을지 의문이다. 이처럼 어린이들의 놀이는 자신들 나름의 많은 배움과 발견의 가능성을 잉태하고 있다.

교사의 친절한 설명 없이 자신들이 탐색하고 실험하며 놀이 속에서 발견한 탄성! 어린이들은 언제나 이렇게 자료를 스스로 탐구하고 새로운 가능성을 발견할 준비가 되어 있음을 새삼 깨닫게 된다.

"이거 내 거야!": 표시의 위력   만2세, 문사라 교사

만2세 어린이들은 날마다 무엇인가 줍고 모으는 것에 몰입되어 있다. 그렇게 하나씩 줍고 모은 작은 것들에 커다란 의미를 담아 소중히 여기는 어린이들! 보물이 된 소소한 사물들을 어린이들은 어떻게 지키고 보존할까?

포착된 어린이들의 관심: 자연물을 수집 보관하다

실외활동시간이 되면 무언가를 열심히 줍는 어린이들. '어린이들은 왜 이렇게 자연물을 모으려고 할까? 각기 다른 자연물을 보며 호기심에 모으려는 걸까?' 하는 생각에 빈 병을 내어주며 어린이들을 들여다보기 시작했다. 그 날 이후, 어린이들은 자연스럽게 빈 병을 들고 공원을 산책하며, 다양한 자연물을 만났다.
각기 다른 모양, 크기, 색을 지닌 자연물에 가까이 다가가 만지고 비교하며 어린이들은 자연과 관계를 맺었고, 나름의 의미를 담아 선택한 자연물 하나하나를 소중하게 여기기 시작했다.

자연물 통을 둘러싼 갈등: 표시의 위력을 경험하다

교실로 끌어들인 자연물을 이용한 놀이가 활발하게 이루어지던 어느 날, 자연물 통을 쌓고 무너뜨리며 놀이하던 정연이는 높게 쌓인 통을 들여다보며 뿌듯해하고 있었다. 평화로운 시간도 잠시, 교실에서는 울음소리가 들리기 시작했다. 정연이가 놀이하는 모습을 보고 짜증이 가득한 얼굴로 달려온 지윤이는 외친다.

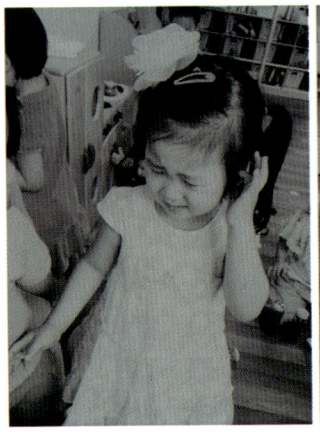

"이거 내 거야"

"아니야! 내가 먼저 가지고 놀았잖아"

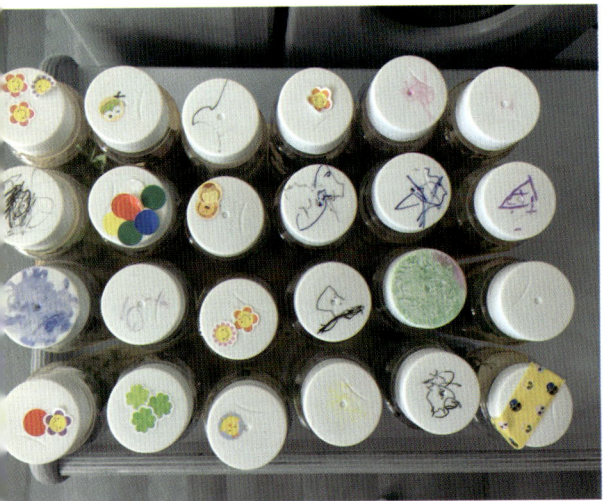

'자연물 통이 저렇게나 많은데 또 내 거라며 갈등이 일어나다니……'
그런데 지윤이는 일방적으로 정연이의 자연물 통을 뺏는 것이 아니라 계속해서 무언가를 말하고 있는 모습을 보인다. 교사는 이 시점에 개입하기보다는 스스로 해결할 수 있도록 기다려 주는 것이 필요하다는 생각을 하게 되었다.

"여기 내 거라고 표시했잖아."

그렇다. 지윤이는 자연물이 담긴 통 뚜껑에 색깔 스티커를 붙이며, 내 것임을 표시했던 것이다. 자연물 통을 절대 빼앗길 것 같지 않았던 정연이도 이를 수긍한 듯 통을 내어주는 모습을 보였다. 교사의 정신을 번쩍 들게 했던 순간이었다. 어린이들은 각자 자기만의 방법으로 자연물 통에 내 것임을 표시하고 있었다. '나도 표시를 해야겠구나! 내 소유물에 표시를 하면 내 것이 되네.' 라는 깨달음이 어린이들 사이에서 퍼지고 있었다. 정연이와 어린이들이 여러 가지 방법으로 나름의 표시를 하기 시작하는 것을 보며, 교사는 어떤 지원을 해줄 수 있을지 고민하였다. 교사협의 중 우리는 다양한 필기구를 내어 주고 어린이들이 어떤 표시들을 만들어 가는지 들여다보기로 했다.

자기 소유물 표시 : 표시를 고안하며 자료의 특성을 알아가다

그 동안 교사는 영아반이라는 이유로 손에 잘 묻지 않는 크레용이나 색연필을 끼적이기 도구로 주로 제공하였다. 어린이들은 새로 접한 연필, 사인펜, 유성매직에 궁금증을 나타내는 모습이었고, 필기구를 이용한 나만의 표시 남기기가 본격적으로 시작되었다. 플라스틱 병과 필기구가 어떻게 만나느냐에 따라 표시가 생기기도 하고 생기지 않기도 한다.

평소 분홍색을 좋아하는 지우는 익숙한 분홍색 색연필을 꺼내 끼적인다.

지우: 지우라고 쓸 거야, 이건 잘 안 나오네.
예원: 나도 잘 안 나와.
민찬: 왜 안 나오지?
연후: 그럼, 나는 사인펜으로 해볼래 어, 이건 나온다.
예원: 나도 잘 나와!
세인: 뭐야, 지워지잖아. 아무도 못 만지게 말려야겠다.

어린이들은 또래와 함께 자료를 탐색하고, 여러 번의 실험 끝에 다양한 필기구의 성질을 발견해갔다.

 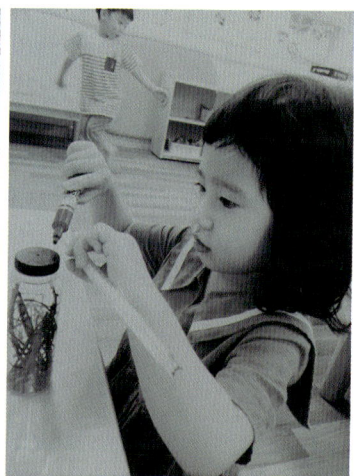

"뭐야, 계속 지워지잖아."   "매직이랑 색연필을 섞어볼까?"

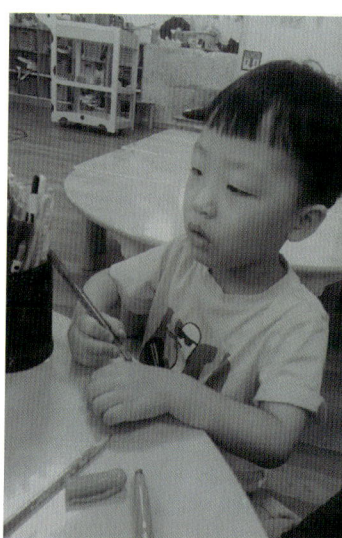

자기 생각을 거침없이 담기도 하지만 친구를 생각하며 따라해보기도 했다. 이렇게 어린이들은 자연물 통에 국한하지 않고 자신의 물건, 작품에 자신만의 표시를 하고 다닌다. 자연물 통이 아닌 다른 곳에도 표시를 남기는 것은 이전 경험들이 어린이들에게 소중했던 것이 아닐까? 어떤 것에 자기 표시를 남기는 것이 중요하다고 생각하고 있는 것 같다. 자기 표시를 만들어가는 과정에서 어린이들은 어떻게 표현할지 많은 고민을 하는 것 같았고, 저마다 소유물의 표시를 만들어가는 방법 또한 달랐다.

자신이 좋아하는 색과 모양의 스티커를 붙여 꾸미거나, 자신의 이름을 의도적으로 끼적이거나, 하고 싶은 말을 그림으로 표현하는 등 자신만의 표시를 고안하고 있었다. 내 것과 남의 것을 구분하는 경계로서의 표시는 내 것에 대한 존중을 요구하는 표시가 되어 갔다. 나 대신 친구에게 말해주는 표시의 편리성을 알아가고 있는 것 같았다.

〉좋아하는 색깔과 모양을 채워 넣은 표시   〉이름을 나타내고 싶은 표시

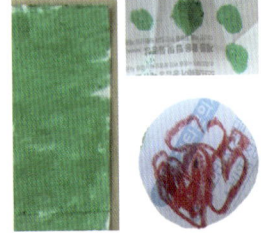   

"이건 정원이 표시야"

〉알려주기 위한 표시

(동그라미 가득 그리고) "만지지 마세요" "만져도 돼요"

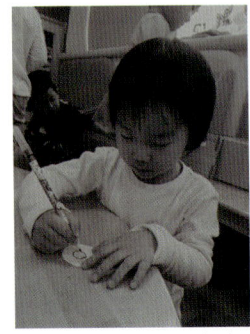

"이건 괴물이 자고 있는 모습이야.
이 통을 만지면 괴물이 잡아 갈 수도 있어."

표시에 담긴 마음: 표시의 의미를 알아가다

오후 통합보육시간, 새싹반(만1세) 동생이 민찬이가 만든 로봇을 망가뜨렸다. 이를 본 해은이와 예원이가 달려와서 동생에게 화를 낸 후 민찬이에게 다가가 위로를 한다. 민찬이보다 더 속상해하던 해은이와 예원이는 민찬이 마음을 알아주고 존중해주고 있었다. 내 것을 알리는 표시는 친구의 소유물뿐만 아니라 '내 마음을 알아줘'라는 신호가 되었다.

(1) (2) (3)

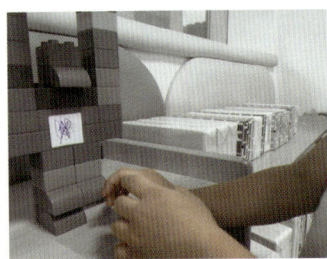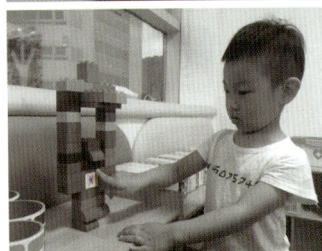

(1) (표시한 놀잇감을 교구장에 올려놓으며) "이건 민찬이거야."
(2) "이거 민찬이거잖아."
(3) "민찬아, 괜찮아?"

아직도 놀이를 시작할 때 놀잇감을 처음 가지기 위한 소유권 사이에서 빈번한 갈등이 일어나고 있다. 그러나 나름의 이유를 가지고 자신의 소유물에 흔적을 남김으로써 점차 서로 타협하며 문제를 해결하려 한다. 어린 영아들이라고 생각했지만 어린이들 사이에서는 성인이 생각하는 것 보다 의사소통이 세밀하게 일어나고 있었다. 내 것이라는 표시를 넘어 자신의 생각을 섬세하게 표현하고 그것을 다른 사람에게 이해시키려고 노력하는 모습에서 어린이들은 그들만의 언어로 의사소통을 해나가며 서로 관계를 맺고 사회적 존재로 거듭나고 있다는 것을 진심으로 느끼게 된다.

어린이들의 관심사인 자연물을 모으도록 제공한 병들. 어린이들의 수집 본능을 지원해주려는 교사의 지원에서 시작되었지만, 자연물 통은 수집물의 정리수단이기를 넘어 어린이 자신들의 행적을 보여주는 기록의 한 형태이다. 어린이들은 자신의 자연물병을 들여다 보며 방문했던 장소의 냄새, 빛 등의 상황을 돌아보고 그 당시 자신의 느낌과 생각을 불러와서 새로운 깨달음을 얻거나 새로운 연결을 지을 수도 있다. 사물 자체의 가치보다 자기 경험의 흔적이 담겨있기에 어린이들은 이 병을 소중하게 다루고 여기는 것이다. 한 걸음 더 나아가서 기록 혹은 흔적이 동일한 규격의 그릇에 담겨 나란히 배치되는 순간 그 모둠의 의미는 또 달라진다. 이는 더 이상 개인의 흔적을 넘어 자신의 경험과 분리되어 존재하는 하나의 검토물이 된다. 여기서 개인의 병이 모인 모둠은 단순히 '아름다운 전시물'에서 그치는 것이 아니라 집단 검토물이 되어 적극적 비교 및 탐구의 대상으로 변화하고 많은 교류가 일어나도록 한다. 동일한 사물이나 흔적도 교사들이 어떻게 바라보고 어린이들에게 어떤 방식으로 제시하는가에 따라 다른 기능과 교육적 가치를 지닐 수 있다.

처음 접해보는 낯선 필기도구들은 어린이들을 더욱 몰입시키고 있다. 익숙하지 않은 자료를 만나면 어린이들은 실험과 탐구해보고 싶은 욕구가 일어나기 쉽다. 단순히 새로운 도구에 익숙해지고 잘 사용하게 되는 것이 중요한 것이 아니다. 필기도구를 실험하려면 표면이 필요하고 어린이들은 플라스틱 병뚜껑을 표면으로 선택한다. 어린이들의 "왜 안 나오지?"라는 말은 아직 필기도구의 성능에만 집중하는 그들의 사고를 반영한다. 이것은 '안 나오는 것'이 아니라 흔적이 '안 남는 것'이다. 또 잘 지워지는 흔적을 말려야 한다는 것도 알아간다. 이 과정에서 어린이들이 또 배울 수 있는 것은 필기도구는 모두 동일하게 작용하는 것이 아니라 흔적이 남아야 하는 표면들과 필기도구의 속성 간 조합, 즉 상호작용에 따라 다른 결과를 가져온다는 점이다.

필기도구의 속성 탐구 자체로도 어린이들의 자연물병 표시하기는 가치가 있지만, 어린이들은 더 나아가 글이나 표식이 사회적으로 어떤 기능을 하며 의미가 있는지를 배워간다. 표시 남기기는 그 목적이 분명하고 그 행위의 사회적 기능에 대한 이해가 수반될 때 제대로 기능한다. 물론 어린이들이 고안해 낸 자신만의 표시는 일반인들은 읽어낼 수 없지만 개인의 소유를 나타내는 표시가 다양한 사물에게 일관되게 사용되면서, 조금씩 이 또래 사회에서 인정받는 사회적 상징의 위상을 찾아가게 될 것이다. 몇 명 어린이들은 그 표식 안에 의미와 스토리를 담기도 한다. 괴물을 그려 넣으면서 괴물의 위력이 그 표시에 힘을 보태주는 것처럼 집단 내 소통력과 개인의 상상력이 교차하게 되면 어린이들이 고안한 표시는 매우 큰 위력을 발휘하게 될 것이다. 물론 서둘러서 한글 체계를 통해 자신의 이름을 쓰도록 가르치면 이런 문제는 간단히 해결될 수 있다. 그러나 다소 어설프고 시간이 걸리더라도 어린이가 자신과 타인의 영역에 대한 존중이라는 목적을 갖고 식별 수단을 스스로 고안해 낸다면, 맹목적인 글자 습득보다 문해에 대한 근본적 이해에 더 다가가는 경험이 될 것이다. 이와 같은 방식으로 어린이들이 모든 상징체계를 접근한다면 앞으로 글, 수식과 같은 상징체계의 습득은 그들에게 의미 있는 행위로 다가갈 것이다.

위 이야기에서 교사는 어린이들이 스스로 문제를 해결할 수 있을 것이라는 믿음을 갖고 기다려 주었다. 어린이들은 나름의 목표가 확실했다. 교사가 어린이들의 놀이의 흐름을 잘 파악하고 그들의 의도를 읽어내었기에 자료를 적시에 제공할 수 있었으며, 이와 같은 과정을 통해 어린이들은 마음껏 놀이하면서 그 산물로 깊이 있는 배움도 얻어갈 수 있었다.

"이거 내 거야!": 표시의 위력

주스 연구소 만3·4세, 김경원·안드레 교사

피자가게를 만들어 가상놀이를 즐기던 어린이들은 피자와 함께 세트로 나가는 음료수에 많은 관심을 보였다. 교사는 플라스틱 컵, 빨대, 셀로판지, 색깔 돌 등의 다양한 자료를 제공하여 어린이들이 음료수를 만들어 볼 수 있도록 하였다. 그러던 중 교사는 한 어린이가 초록색 음료수병의 물을 유심히 관찰하고 이것을 '초록색 주스에요'라고 이야기하는 것을 보게 된다. 어린이들도 실제와 같은 액체상태의 주스를 만들어 보고 싶지 않았을까? 주스 만드는 과정을 통해 색깔과 빛, 어린이들의 경험까지 나타낼 수 있지 않을까? 궁금증을 가지고 교사는 어린이들에게 물과 색소 가루를 지원하였다.

변화하는 다양한 색을 발견하다

재이: 우리 연구소에서 놀이하자. 혜성아, 이리 와봐.

재이는 라이트 테이블 위의 공간을 '연구소'라고 말하며 혜성이에게 놀이를 제안한다. 전날 놀이했던 진한 색의 물을 보여준 뒤 컵에 쪼르르 담고, 혜성이도 전날 놀이했던 물을 병 안에 다시 넣으며 놀이를 이어간다. 옅은 색의 물에 진한 색을 넣어 색을 조금 더 선명하게 만들어 보기도 하고, 분홍색에 초록색을 넣어 풀색 같은 오묘한 색을 만들어 보기도 한다. 전날 결석했던 수진이가 놀이에 관심을 보인다.

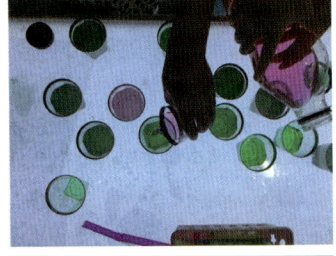

수진: 뭐하는 거야?
루이: 이거 색깔 주스 물 만드는 거야.
재이: 여긴 연구소야. 물을 섞고 변하게 하는 거야.

어린이들은 자신들이 만들고 있는 것을 수진이에게 보여주며 놀이를 소개하는 듯한 모습을 보인다. 주스 가게를 만들던 어린이들에게 제시해준 단순한 초록색, 분홍색의 물은 색의 변화를 볼 수 있는 새로운 놀이가 되어가는 듯 보인다. 주스 가게에서 흔히 볼 수 있고 어찌 보면 '단순한' 색깔물이라고 보였던 것들은 어린이들의 눈에 새롭게 발견되었다. '연구소'라는 공간에서 어린이들은 색깔물을 진하기에 따라 재배열하고 색을 섞으며 일어나는 변화를 관찰하며, 이 과정을 새로운 놀이로 표현하고 있는 듯 보인다.

피자가게에서 주스를 만들고자 하는 구체적 목적으로 시작되었던 놀이는 어느덧 어린이들 안에서 색을 혼합하는 탐색적 경험으로 이어졌다. 물의 양과 색소의 양을 조절하며 색물을 만드는 과정에서 어린이들은 매우 진지하고 열정적인 모습을 보인다. 어린이들이 놀이 공간을 '연구소'라고 이름 지은 것은 라이트 테이블이라는 신선한 설치 환경이 주는 메시지와 놀이에 임하는 서로의 모습 때문이 아니었을까? '연구소'라는 이름처럼 어린이들은 색을 만드는 일에 더욱 몰입해간다.

'색깔물 실험실'에서 오늘의 화두는 '핑크색'인 듯하다. 수진이는 물이 들어있는 통에 붉은 색소를 넣어 핑크색 물을 만든다. "내가 좋아하는 색이에요. 핑크!" 라고 말하며 또 다른 통에 붉은색 물을 조금 넣어 더 연한 핑크색을 만든다. "이거는 핑크가 아니라 연한 핑크!" 라며 수진이는 한 통에서 다른 통으로 물을 옮기며 또 다른 색을 만들어간다. 교사가 투명한 컵을 나열한 뒤, 컵 안에 각기 다른 핑크색을 만들어 보자고 제안하자 수진이는 핑크색 물을 먼저 컵에 채우고 투명한 물을 컵에 넣는다. 하지만 농도 차이가 크게 나지 않자 물을 다른 곳에 버리고 다시 시도한다. 수진이가 만든 핑크색 물들을 진한 순서대로 교사가 나열해주자 "어 점점 진해졌네~" 라고 말하며 즐거워한다.

하경: (방방 뛰며) 핑크다 핑크!
수진: 아니야. 연한 핑크야.
하경: 아니야. 신기한 핑크색이야.
목현: 신기한 핑크색? 나도 해봐도 돼?
하경: 응!
목현: 이건 신기한 핑크색이야.

어린이들은 색깔을 만나고 그 색깔에 대해 자신만의 표현으로 색의 이름을 지어 부른다. 오늘은 '신기한 핑크색'이라는 새로운 색을 만났고, 물을 섞을수록 색이 연해진다는 것을 경험하였다. 초록색과 분홍색이라는 한정된 색 범주 안에서도 어린이들은 물의 양, 색의 농도를 달리하며 수많은 색을 경험하고 있다.

연준: 바다색이야, 바다색은 한꺼번에 삼킬 수 있는 색이야.
재이: 먹물 색 같다.
연준: 어둠도 다 먹을 수 있어.

어린이들은 색을 섞으면 섞을수록 어두운 색이 나오며 다시는 본래의 색으로 되돌릴 수도 없다는 것을 어렴풋이 알아가는 중이다. 아직은 잘 모르는 듯 물을 계속해서 넣으며 색이 연해지기를 바라는 어린이들. 내일은 농도의 차이를 조금 더 세심하게 다루어 볼 수 있도록 스포이드를 지원하려 한다. 어린이들이 표현해 나갈 생각과 색 표현에 지속적으로 관심을 가져가길 기대해본다.

내가 만든 주스에 이름을 붙이다

어린이들이 서로가 만든 주스에 대해 물어보던 중, 병에 이름이 없으면 반복해서 물어봐야 한다는 것을 알게 되었다. 이름이 적혀있지 않은 병에 재이, 혜성이, 윤우가 써주겠다고 한다. 수진이는 주스를 그려준다고 하며 종이 위에 끼적이기 시작한다. 재이와 혜성이는 교사가 써준 글씨를 따라 써보는데, 재이는 글씨 외에 그림을 그리기도 한다. 재이는 자신이 만든 사이다병을 가지고 와서 '사이다'라고 이름을 쓴 후, 종이를 오려 긴 그림을 그린다. 그림을 모두 그렸는지 매직의 뚜껑을 닫고 사이다 병에 붙인 후 교사에게 보여주며 이야기한다.

(1)

재이: 선생님 이건 사이다를 어디서 구했는지 알려주는 그림이에요.
교사: 어디서 구했는지 알려준다고?
재이: 네, 이거 봐요.

사이다를 알려주는 그림? 재이가 보여주는 그림은 뭔가를 표시하는 듯했다. 재이는 그림을 가리키며 설명하기 시작한다.

(2)

재이: (1) 여기는 키위 농장이에요. 농장에서 키위를 가지고 와서 산에 흐르는 물을 넣는거에요.
    (2) 물이 흐르는 데에요. 여기가. 그런 다음에 여기 와서, (3) 위잉~ 갈아서 만드는 거에요

어린이들과의 활동은 이제까지는 다양한 주스를 만드는 것(색을 탐색하고 만들어가는)에만 집중되고 있었다. 그런데 각자 생각하는 제조과정이 있고 그 과정을 이야기로 혹은 끼적이기로 표현할 수 있을 거라는 생각이 들기도 한다. 앞으로 재이가 표현했던 것처럼 구체적인 이야기가 아니라도 어린이들이 생각하는 '과정'을 표상해볼 수 있지 않을까 기대해본다.

(3)

재이: 분수대에서 물을 가지고 온 다음에
여기 오렌지 농장에서 오렌지를 따오는 거에요.
식당에서 사탕 20개를 가지고 오고 마트에서는
당근 주스랑 우유를 사오는 거에요. 그렇게 해야
몸에 좋고 맛도 새콤달콤해져요. 여기에선
오이를 따고 믹서기로 갈아서 만들 수 있어요.

〈오렌지 사탕 우유 제조과정〉

어린이들이 만든 색이 점차 많아지자 그들 안에서도 구분이 필요했다. 누가 만든 색인지, 어떤 색을 만든 것인지, 무슨 쥬스라고 불렸던 것인지 등을 알 수가 없어 반복되어 나타나는 문제점을 해결하고자 하였다. 이름을 만들자! 그런데 어린이들은 단순히 '00쥬스'라 쓰고 끝난 것이 아니었다. 이름을 붙이는 과정에서 어린이들은 새로운 접근을 생각해 내기 시작했다. 참 놀랍다. 왜 제조과정을 그리고자 했을까? 물과 여러 색과의 혼합으로 만들어진 쥬스지만, 제조과정이라는 재미난 상상을 해보고 이야기를 구성하여 자신만의 유일한 쥬스로 다른 것과 구분 짓고 싶었던 것은 아니었을까?

원하는 색을 만들기 위해 시도하다

윤우는 색깔을 선택한 뒤 색깔 물을 만들어 본다. 먼저 빨간 액체 색소 안에 담겼던 막대를 물에 넣은 후 색이 변하도록 해보고, 스포이드로 색소로 떨어뜨리며 좀 더 연한 색의 물을 만들어 본다. 두 색의 차이가 보이자 하나는 "커피 같다!"라고 표현하며 컵에 빨대를 꽂고, 하나는 "이건 체리 바나나 우유야"라고 하며 뚜껑을 닫아 쥬스 가게로 옮기기도 한다. 라이트 테이블에서는 색깔 물에 주목하며 색이 섞이는 과정이나 색의 미묘한 차이를 구분해나가는 모습이 발견된다. 색에 대한 어린이들의 탐색이 깊어지며 자신이 원하는 색을 스스로 만들어 낼 수 있을지도 모른다는 기대감이 생긴다.

규찬이가 만들고 싶은 색을 만들어 보라고 하자 옆에 있던 수진이가 '공주색'을 만드는 것을 보고 규찬이가 좋아하는 신비 아파트의 '유령색'을 만들겠다고 한다.

규찬: 나는 유령색!
수진: 유령? 무서운 색이다.
규찬: 유령색은.... 신비색. (초록색을 선택하여 두 방울 넣는다.)
수진: 나는 공주색인데...
규찬: 유령은 피 있어요. 피! (빨간색을 섞음)
　　　약도 넣어야 돼 약! (보라색)
　　　용기도 용기는...(초록색)

규찬이는 유령을 연상하면서 떠오르는 것들을 나타내는 색을 섞는다. 피는 빨간색, 약은 보라색, 용기는 초록색. 용기는 신비 아파트의 '신비'를 말한 것 같다. 어렵다고 시도해 보지도 않았던 규찬이는 즐겁게 또 집중해서 유령색을 만들어나간다.

색의 자유로움을 느끼다

색깔 물 연구소에서는 조금 더 진한 색을 만들 수 있도록 검은색 색소를 지원하기로 하였다. 어린이들에게 검정색 물을 지원하자 어린이들은 어두운 밤 색, 먹구름 색, 깜깜한 색을 만드는 모습을 보였다. 주목할 점은 몇 번의 시도 끝에 검정색이 모든 색을 다 잡아먹는다는 사실을 어린이들이 명확하게 알아차렸다는 것이다. 검정색이 되지 않기 위해 검정색의 농도를 세밀하게 조절하는 모습을 보인다. 손끝에 힘을 주어 스포이드 끝을 바라보며 한 방울 두 방울, 검정색이 떨어지며 색이 모두 섞인 다음 다른 색을 섞는다.

민찬: 오늘 하늘은 엄청 어두워요.

어제 만든 '오늘 하늘색'을 떠올리고 말하며 또 '다른 오늘 하늘색'을 만들어 보려고 시도하는 모습이다. 민찬이는 색깔물의 이름을 똑같이 '오늘 하늘색'이라고 명명하지 않고 날짜를 써 라벨링 하기로 한다. 어제와 오늘의 하늘색이 다른 색깔물로 표현된다.
규찬이와 하경이는 오늘도 파란색, 검정색을 만들어 보고 싶다고 하여 어떤 색을 만들지 다시 한번 고민해볼 수 있도록 격려하였다. 만들고 싶은 색은 '수박색'. 같은 수박색을 만들어 보기로 한 두 친구의 색깔 물이 서로 달랐음을 볼 수 있었다. 하경이가 생각하는 수박색은 빨간색이고 규찬이가 생각하는 수박색은 초록색이었다. 수박의 다른 측면에 주목한 어린이들은 자신이 생각하는 '수박색'을 다르게 표상하는 모습을 보인다. 어린이들이 색을 탐색하는 과정 중의 표상은 보는 관점, 생각, 경험의 차이에서부터 모두 다를 수 있음을 알아가게 된다. 색에 대해 조금 더 생각이 자유로워질 수 있기 위해서 어떻게 지원해야 하는지 고민하게 된다.
연한 색부터 진한 색까지 색깔물이 전시된 것을 보며 뿌듯해하는 어린이들을 보며 여러 가지 생각이 든다. 어리게만 보였던 어린이들이 성인들처럼 무엇인가에 몰입해서 계속적으로 만들어 내었던 시간, 과정에서 알게 된 사실을 서로 나누고 학습하던 모습, 더 아름답게 전시할 수 있는 방향에 대해 고민하던 순간. 어린이들은 자신들이 만들어 가는 놀이를 통해 비로소 교실의 능동적인 주체로 성장한 듯하다.

어린이들은 핑크색, 신기한 핑크색처럼 한가지 색의 다채로운 계열을 발견하는 재미를 느꼈고, '오늘 하늘색'이라는 표현처럼 같은 대상도 유심히 들여다보면 다르게 보인다는 것을 발견하였다. 색이 가진 다양성을 느끼며 자유롭게 표현해내는 경험을 할 수 있었다. 물론 수진이가 만든 다양한 핑크색을 진한 순서대로 눈앞에 나열해 준 것과 같은 교사의 개입도 적절하고 훌륭했지만, 우리가 주목할 점은 이 모든 과정에서 어린이들이 스스로 색 혼합에 대한 가설 세우기, 실행해보기, 수정하기의 절차를 여러 차례 반복했다는 것이다.

또 원하는 주스 색을 만들기 위해 어떤 색을 선택할지, 양을 어떻게 조절할지 고민하고 주의를 기울이는 모습도 보였다. "몇 번의 시도 끝에 검정색이 모든 색을 다 잡아먹는다는 사실을 어린이들이 명확하게 알아차렸다."와 같은 교사의 표현처럼 말이다. 어린이들은 마치 연구자와 같이 스스로 질문과 가설을 세우고 실행해보고 또 가설을 수정해보며 자신의 이론을 정교화 시켜갔다.

그런데 실험의 과정은 어린이들만 거치는 것이 아님을 보게 된다. 시간의 흐름에 따른 교사의 기록작업 속에는 어린이들을 들여다보며 갖는 교사의 질문과 가설, 그리고 지원의 과정이 계속 이어지고 있다. 가상놀이에서 주스 만들기에 흥미를 느낀 어린이들은 만들어 놓은 음료수가 라이트 테이블에 전시되자, 어린이들은 음료수 안으로 빛이 투과되는 것을 유심히 관찰한다. 그 모습을 본 교사는 '어린이들이 주스 만드는 과정을 즐길 수 있으려면?', '빛과 색깔의 연결성을 담을 새로운 소재는 없을까?' 그리고 이어서, '색의 미세한 변화를 느낄 수 있으려면?', '색에 대한 자유로운 생각이 이어질 수 있으려면?'과 같은 질문들을 던진다. 교사는 이에 대해 끊임없이 고민하고 가설을 세우며 지원하고 있음을 보게 된다. 교사의 궁금증과 질문은 새로운 가설을 만들게 하고 더 나아가 어린이들을 바라보는 관점과 지원 방향에 변화를 가져온다. 어린이들이 색 물을 만들어 가면서 가설을 가지고 본인 생각을 검증해가는 실험 과정을 경험한 것처럼, 교사 역시도 어린이들과 함께 놀이하며 고민하고 지원하는 실험 과정을 함께 경험했음을 보게 된다. 그랬기에 교사와 어린이 모두에게 의미 있는 시간이 되었을 것이다.

주스 연구소

먹+물+종이 : "대박! 세상 신기해."   만4·5세, 이승연 교사

9월 생활주제로 '우리나라'를 접하면서 어린이들에게 '옛날의 쓰기 도구', '옛날의 글자와 그림'에 대한 학습을 기대하며 활동을 계획했다. 하지만, 교사는 미리 정해진 활동계획만 따라가는 것을 벗어나야 한다는 고민도 함께 하고 있었다. 그래서 주제에 부합되며 탐색과 실험을 위한 자료와 환경으로서 '먹'을 제안하고 어린이들을 지켜보며 다음을 구상하는 일과의 한 부분을 살아보기로 결정하였다.

아뜰리에를 별도로 설치할 공간이 없어서 먹놀이 공간을 교실 한 켠에 준비하였다. 어린이들은 첫 날부터 '먹'을 온몸으로 받아들이고 탐색해나갔다. 철저하게 준비를 했음에도 벽지에 튀고, 틈을 비집고 들어가는 먹물을 보면서 교사는 이 놀이에 인내심을 유지할 수 있을까 걱정이 되었다. 하지만, 어린이들의 적극적 태도와 새로운 발견에 신기해하는 눈빛과 반응에 마음을 비우고 이어갈 수밖에 없었다.

자료 + 자료 : 자료들의 예상치 못한 만남을 통한 배움

교사가 활동순서를 안내하지 않은 상태에서 익숙하지 않은 자료들(먹, 물, 다양한 지류 등)을 자유롭게 탐색할 때 어린이들은 무엇을 발견하고 어떤 현상을 만나게 될까?

○ 종이 호일 + 물 : "푸딩인가? 오 살아있어!"

"대박! 선생님! 이것 봐요! 저 안 그렸는데 비 같죠!
(종이호일을 문지르며) 이렇게 움직이니까 비가 되요.
손으로 찍으면 비와요!"

"여기 해볼까? (화선지에 물을 뿌리며) 어? 여기는 스며드는데?
그럼 여기? (A4용지에 물을 뿌리며) 오, 이것도 스며드네."

"이것만 안 스며들어. (다시 종이호일을 관찰하면서)
어? 스며드는 건가? 안 스며드네.. 완전 신기하다."

"와, 엄청 살아있어! 푸딩인가? 오, 살아있어!"

○ 한지 + 물 + 먹 : "물을 뿌리면 식물처럼 자라요."

서영: 문어마녀랑 인어공주 그릴래!

어떤 종이에 그릴지 고민하다, '한지'를 선택해 오른편에는 물을 뿌리고 왼편에는 물을 뿌리지 않은 채로 그림을 그리기 시작했다.

교사: 물을 뿌렸을 때랑 안 뿌렸을 때랑 다른 점이 있어?
서영: 이렇게 물을 뿌리면 식물처럼 자라요.
　　　여기 뾰족뾰족 자라나요! 뾰족한 식물이 여기 다 있어!

화선지, A4, 종이호일이 제각각 물과 만났을 때의 반응이 다르다. 같은 지류지만 물을 더하였을 때 나타나는 현상이 모두 다른 것을 보며 어린이들은 깜짝 놀란다. 종이라서 물을 스며들게 할 것이라는 예측과 달리, 종이호일 위에 물방울이 살아있는 모습이나 한지 위에 붓펜으로 그린 그림 위에 물을 뿌리자 검게 번져가는 현상은 두 어린이의 예상을 넘어서는 것이었다. 이런 신기한 현상을 보며 어린이들은 '푸딩같다', '식물처럼 뾰족뾰족 자란다' 와 같이 자신들만의 언어적 표현으로 이해를 드러내고 자료의 특성들을 발견해간다.

○ 먹 + 물 + 한지 : "오, 대박. 한지끼리 붙어. 이걸로 터널 만들어야겠다."

주윤: (먹물을 묻히고 겹친 한지가 시간이 지나 딱딱해지자)
　　　오, 이렇게 해도 되네. (한지를 겹겹이 붙여 두껍게 만듦)
　　　오, 대박. 이걸로 터널 만들어야겠다.
수민: 주윤아, 뭐해?
주윤: 다른 종이는 안 되고, 한지끼리 이렇게 붙이고 먹물 묻히면
　　　한지끼리 붙어. 그래서 내가 터널을 만들려고...너도 해볼래?
　　　(혼자, 같이 이틀에 걸쳐 두 개의 터널을 만들었다.)

주윤이의 지금까지 경험으로는 종이가 물과 만나 붙는 것은 불가능해 보였을 것이다. 그런데 시간에 따른 물질의 변화가 주윤이의 시야에 들어온다. 먹물을 묻히고 그냥 두었던 한지가 붙는 것을 보자, 주윤이는 수민이와 이 현상을 응용해서 또 다른 창조에 도전한다.

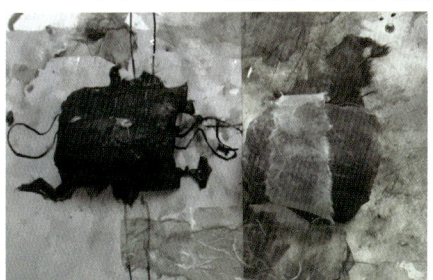

자료 + 아이디어 : 자료에 대한 지식과 새로운 목표 사이에서의 배움

다양한 크기와 질감의 흰색 지류와 검정먹물을 보며 어린이들은 어떤 영감을 주고받을까?
'먹방'(어린이들이 지은 먹놀이방의 이름)에서 작은 종이로 각자 놀이하던 어린이들에게 교사는 커다란 종이를 제안해보았다. 지혜는 '콘 아이스크림'을 떠올렸고 두툼한 머메이드지 위에 아이스크림을 그려 넣는다. 거기에 수민이와 주윤이가 재미있는 아이디어를 더해가며 다른 종이에 두 개의 커다란 아이스크림을 만들어간다.

○ 콘 아이스크림: 머메이드지 위에 초콜릿과 스프링클 토핑 얹기

지혜: 초코 아이스크림 만들겠습니다.
수민: (교사에게) 깜짝 놀랄 거 보여줄래요.
　　　(붓을 털며) 지금 이건 초콜릿 칩이에요.
주윤: (관심 가지고 다가가서 보며) 오, 이걸 거기에다 막 뿌려?
수민: 어. 이게 지금 초콜릿 칩이야. 여기 손이 초콜릿을 뿌리고 있는 거야.
　　　스프링클도 뿌릴까?
주윤: 오, 그럼 여러 가지 색깔이어야 하는데. 어, 좀 연한 색깔도 만들고 좀 찐한
　　　색깔도 만들면 되겠다.
수민: 오, 그럼 물 엄청 많이 넣어!
주윤: 막 털어, 털어.

지혜가 끌어온 아이스크림이라는 맥락은 먹물을 붓으로 그릴 때와 붓을 털 때 나타나는 흔적들의 차이점에 대해 어린이들이 발견한 지식을 활용하게 하였다. 또한 같은 검정먹물로 초코칩과 스프링클의 차이를 나타내는 문제를 해결하기 위한 도전에 직면하게 만들었고, 이 과정에서 어린이들은 물의 양을 조절하며 농도를 달리해 보는 실험을 하게 하였다.

○ 컵 아이스크림 : 구김지 위에 토핑을 뿌리면서 사라진 컵 다시 찾기

수민: (구김지 위에 아이스크림을 그리며) 우리가 꼭 요리사가 된 것 같다.
주윤: 우리가 이렇게 막 뿌려서 요리했지~
수민: (붓을 털어내며) 주르르르륵. 소리난다. 주르르르륵.
주윤: 위에서도 뿌려 뿌려. 아이스크림 더 맛있게.

크고 작은 붓으로 토핑을 열심히 뿌리던 두 어린이! 흡수력이 약한 구김지에 먹물의 양이 많아지자 아이스크림과 컵의 경계가 없어져 버린다.

주윤: 아, 그럼 이걸(고체 먹)로 하면 될 것 같은데. 저게 크레파스처럼 나오니까.
     먹이랑 크레파스... 먹파스 ! 내가 한 번 해볼까~ ?
     오, 이거는 잘 보인다. 엄청 잘 된다!

어린이들은 그림을 그리며 요리를 한다. 토핑으로 머메이드지 위에 먹물을 뿌리는 효과와 재미를 톡톡히 본 때문인지 구김지에서도 더욱 신나는 뿌림을 이어간다. 그런데 어느 순간, 컵과 아이스크림의 경계가 사라졌다. 고형의 먹 자체가 크레파스 같은 역할을 할 수 있지 않을까? 주윤이는 그동안 파악해온 먹의 성질에 대한 지식을 활용하여 만족스러운 결과를 얻게 된다.

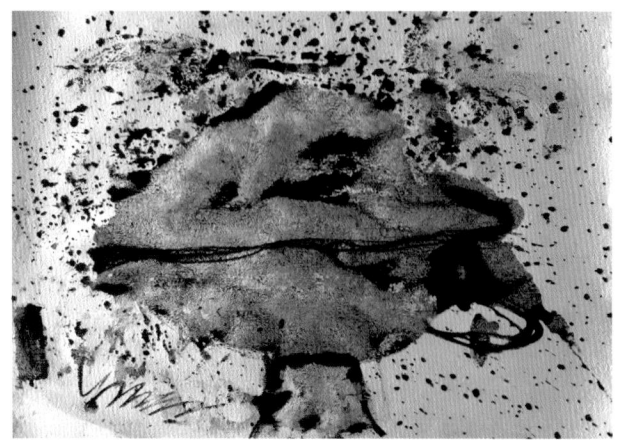

어린이들에게 생소한 먹과 붓, 처음 보는 다양한 종이들. 먹물을 붓에 묻히기 위해 먹물통의 작은 구멍에 붓을 꽂으려 애쓸 때나 문진을 도장 같다며 먹물에 묻혀 찍을 때, 찍는 재미에 빠져 손바닥, 발바닥을 모두 도장 삼아 놀 때, 그렇게 묻은 먹물이 훈장처럼 며칠 동안 남아 있음에도 신기한 실험을 멈출 수 없었던 어린이들! 그 좋아하는 실외놀이도 반납하고 교실에 남아 검정물과의 씨름을 1시간이나 이어가고, 놀고 나면 2~30분을 치워야 함에도 먹방은 넓어져서 급기야 복도까지 나왔다. 어린이들의 이런 몰입을 보면서 이제는 편한 마음으로 함께 '먹'을 만나게 되었다. 그런데 사진과 영상을 되돌아보니 이 탐색 경험에서 어린이들은 단순히 '즐거움'만 얻은 것은 아니었다. 자료를 탐색하는 과정과 실험의 결과로 남는 흔적들, 기다림을 통해 먹, 물, 종이들의 느낌, 냄새, 다양한 검정색, 예측 못했던 차이, 시간에 따른 자료의 변화 등을 끊임없이 알아가고 있었던 것이다.

우리는 표현하고 소통하기 위해 언어를 배운다고 믿는다. 그러나 배운 언어적 지식을 실제 상황에 활용해 보지 않으면 살아있고 쓸모 있는 지식이 되질 못한다. 오히려 지식을 실제 활용하는 과정에서 언어 구사력 또한 증가한다. 먹을 포함한 다양한 자료는 세상과의 소통과 탐구의 언어라고 하겠다. 그렇다면 언어 습득과 마찬가지로, 어린이들에게 새로운 자료를 제공해 줄 때, 자료의 가능성에 대한 지식을 전달해 주거나, 사용방법을 가르쳐주는 것으로 충분하지 않다. 직접 자료를 가지고 놀아보고 실험해 볼 때 비로소 어린이들은 자료에 대해 알아가고 자료의 활용능력이 증가된다. 또한 자신의 의도를 자료가 쉽게 허용하지 않을 때 이를 이루어내기 위해 창의성을 발휘하기도 한다. 그렇다면 자료를 활용해 배움을 지원하기 위한 교사의 전략은 무엇일까?

어린이들의 배움에서 중요한 것은 활동에서의 참여 여부 혹은 직접 만져보고 다루어보는 기회 자체가 아니라 어린이의 진정한 몰입이다. 예를 들어, 먹으로 '아이스크림 그리기'처럼 어린이들이 스스로 가져오는 목표를 성인이 흔쾌히 받아들이고 믿음을 갖고 이 과정을 지켜봐 준다면 몰입이 일어날 가능성이 높아진다. 어린이들이 주변 세상에 대해 끊임없이 궁금해 하는 성향을 잘 포착하고, 이미 준비된 몰입 상태를 잘 활용하여 탐색을 이어나가도록 한다면 어린이들에게는 뜻밖의 많은 배움이 일어날 수 있는 맥락이 될 것이다.

어린이들에게 익숙하고 안전하며 사용이 편한 자료만을 제공해 준다면 깊이 있고 폭넓은 배움은 일어나기 어렵다. 이런 의미에서 아이스크림 그리기에는 아이스크림 모양의 플라스틱이나 구슬보다 '먹'이 더 적절한 자료일 수도 있다. '우리나라' 주제로 인해 오래된 필기도구인 붓과 먹을 준 것은 우리에게는 진부할 수 있지만, 어린이들에게 붓이나 먹은 전혀 생소한 것이다. 붓이나 먹의 다루기 어려움이 한편 장애가 될 수 있지만, 오히려 그로 인해 우연한 발견이나 뜻밖의 효과를 만들어 낼 수 있었다. 여기서 어린이들은 이점을 놓치지 않고 자신의 새로운 기법으로 활용하고 있다는 점이 놀라울 뿐이다. 만약 우리가 어린이의 능력에 대한 고정관념을 갖고 작은 종이 위에 다루기 쉬운 붓이나 물감만을 제공하거나, 붓을 바르게 놀리는 방법에 대한 교육을 강조하였더라면 어린이들이 놓친 탐구가 무엇일지 생각해 볼 필요가 있다.

또한 교사가 제공해 준 종이의 크기도 결정적인 역할을 한다. 큰 종이를 마련해서 제공할 때 어린이들의 붓놀림이 커지고 이로 인해 자기 행동의 효과를 극대화시키고 가시화 시킬 수 있다는 점이 새롭다. 뿐만 아니라 큰 규모의 공동 작업은 여러 어린이들이 서로의 탐색방법을 지켜보면서 배우고, 기술을 교환할 수 있는 교류의 장을 마련해 주기도 한다.

먹+물+종이: "대박! 세상 신기해."

어린이들의 생각이 놀이가 된다면, 그곳이 바로 '아뜰리에'

만4·5세, 김세이·김예린 교사

올해 어린이집 통합보육실로 사용하던 기존의 공간을 아뜰리에로 새롭게 재구성하게 되었다. 그곳은 기존에 가지고 있던 보육실과는 시작부터 완전히 다른 공간이었다. 물감, 찰흙, 여러 가지 펜, OHP, 다양한 종이들 등. 교사는 어린이들이 이곳에서 조금 더 자유롭게 여러 가지 자료를 활용하여 자신의 생각을 드러내고 몰입하며 사고해 가기를 기대하였다. 교사처럼 어린이들도 이 공간에 대한 기대감이 매우 컸다. 아뜰리에에 가게 되면 두 손을 높이 들거나 한 손에 주먹을 쥐고 "예! 신난다!"라고 외치며 기뻐하였고, 어린이들은 그곳에서 다양한 놀이와 실험을 경험하였다.

아뜰리에 공간을 사랑하고 환영하는 어린이들에게 과연 아뜰리에라는 공간은 어떤 의미를 가지고 있을지 궁금하여 질문하였다.

성준: 아주 아주 아주 아주 아주 신나고 재미있는 곳이요.
윤정: 너무 너무 재미있고 좋아요!
건형: 재미있는 도구들로 여러 모양을 만들 수 있는 곳!
유진: 제 집이요! 왜냐면 집처럼 좋으니까요.

아뜰리에의 어떤 것들이 어린이들로 하여금 즐거움을 느끼게 하는 걸까? 이런 현상은 아뜰리에에서만 일어나는 것일까?

비밀의 빨래방

파랑나무반 교실 내 휴식 매트에 누군가 보드마카로 칠한 것 같은 빨간색 선을 발견하였다. 지난 한 학기 동안 어린이들이 놀이하며 스스로 조심하여 매트가 크게 더러워진 적이 없었기에 무슨 사연이 있었으리라는 생각이 들어 궁금해졌다. 여러 가닥으로 그려진 선을 보며 주변에 있는 어린이들을 향해 질문을 던졌다.

교사: 여기 이 빨간 선은 왜 생긴 건지 알아?
권혁: 그거 지연이가 그랬어요!
지연: 아니 그게 아니라, 실수로 그랬어요.
성준: 그거 잘 안 지워지는데 큰일이네?
교사: 지연아 실수로 그럴 수 있어, 괜찮아!
지연: 선생님! 그런데 이 선은 지우면 되는 거 아니에요? 이거 물을 묻혀서 비비면 지워질 거 같은데?
교사: 그러면 너희가 지워지는지 한 번 실험해볼래?
지연: 네! 네! 좋아요!

매트에 생긴 펜 자국을 지우기 위해 화장실로 모인 어린이들의 목소리는 그 어느 때보다도 흥분되어 있었다. 빨랫감을 적시기 위해 손으로 물을 옮겨 뿌리던 어린이들은 부족하다 여겼는지 물 조리개와 종이컵을 사용하기 시작하였다. 손을 씻을 때 사용하는 거품 비누를 손과 빨랫감에 뿌리며 손으로 비비고 발로 밟아 빨간 선을 지워나갔다. 옷이 젖어 불편하리라 생각했는데 어린이들은 한결같이 "갈아입으면 되잖아요!"라고 말하며 환하게 웃었다. 무엇이 그렇게도 즐거운지 경쾌한 웃음소리가 끊이지 않았다. 저녁 먹을 시간이 다 되어갔지만 어린이들의 작업은 좀처럼 끝날 기미가 보이지 않았다. 교사 역시 어린이들이 너무나 몰입하여 있기에 좀 더 기다려주고 싶었지만 저녁 시간을 지체하기는 어려웠다. 정리를 알리는 선생님의 말에 어린이들의 목소리와 행동은 더욱 커져만 갔다.

교사: 얘들아~ 모래시계 3분 다 되었다~ 이제 마무리하자!
지연: 선생님! 아직 다 안 되었는데 너무 아쉬워요.
건형: 우리 다음에도 이거 하면 안돼요?
지연: 그래요, 선생님 내일은 토요일이니까, 다음 주에 이거 한 번 더 해요. 너무 재밌어요.

어린이들이 무엇에 그토록 몰입하였고 흥분하게 되었던 것일까? 파랑나무반에서 소위 물장난으로 여겨져 금지되던 물놀이를 하게 되었다는 사실에 대한 흥분일까? 친구들과 협동하면서 문제를 해결해 가는 과정에 대한 기쁨일까? 아니면 펜 자국을 지우기 위해 여러 가설을 세우며 자유롭게 자신의 생각을 펼쳐나갈 수 있었던 것이 즐거움을 주었던 것일까?

교사 협의를 통해 어린이들에게 사진을 활용하여 이 경험을 되돌려주기로 하였다. 더불어, 공동 작업을 하며 함께 놀이하는 즐거움이 지속되기를 기대하며 낙서가 되어 있는 길쭉한 광목천을 어린이들에게 제공해주었다. 어린이들이 좀 더 실험 정신을 가지고 접근하기를 기대하며 광목천에는 잘 지워지는 수성펜과 잘 지워지지 않는 유성펜으로 흔적을 남겨두었다. 어린이들이 등원하여 놀이가 시작되면 어떤 반응을 보일지 기대되었다.

가장 먼저 유진이가 화장실이라는 낯선 공간에 자신이 등장한 사진을 발견하며 관심을 보였다.

유진: 어? 우리 이거 그때 놀던 거잖아. 선생님! 이거 또 해도 돼요?

목소리가 큰 유진이의 말이 화장실 밖으로 울려 퍼졌고 어린이들은 자연스럽게 모여들었다. 그리고 빨래놀이 경험을 그대로 떠올린 듯했다. 곧 어린이들은 사진과 함께 제공된 광목천에 관심을 보였고, 주저 없이 들고 빨래놀이를 시작하였다. 교사가 제공하였던 광목천 중 수성펜으로 그려진 낙서는 빠르게 제거되었지만 유성펜의 낙서는 쉽게 지워지지 않았다. 지연이는 이것에 의문을 가지며 새로운 도전과제를 만들었다. 새로운 비누의 필요성이었다.

*지연: 선생님, 근데 이거는 왜 이렇게 잘 안 지워져요?
빨래를 잘 하려면 새로운 비누가 필요해요.*

지연이는 '새로운 비누'를 만들기 위한 재료로 종이타올과 거품비누를 선택하였다. 종이타올이 물에 녹지 않을까 고민하는 듯 보였지만, 지연이는 곧 평소에 물에 젖은 손을 닦을 때도 찢어지지 않았던 성질을 떠올리며 실험을 이어나가는 듯했다.

종이타올에 거품비누를 꾹꾹 눌러 짜고 조물조물 뭉치고선 '종이비누'라는 이름을 만들어주었다. 그리고 새롭게 발명한 종이비누로 낙서 지우기 실험을 이어갔다. 종이비누가 마찰을 만들어 광목천에 있는 낙서 자국이 좀 더 흐리게 지워질 수 있었다. 지연이는 "진짜 좀 더 깨끗해진 것 같지 않아요? 말려서 한 번 볼까요?"라고 말하며 자신의 가설과 실험을 반복적으로 이루어가고자 하였다. 실험에 몰입하는 지연이 표정이 몹시 진지해 보였다.

얼마 전까지만 하더라도 파랑나무반 어린이들에게 있어 화장실이란 손을 씻거나 용변을 위해 이용하는 제한적인 기능을 하는 공간으로 인식되고 있었다. 그러나 교사도 예측하지 못했던 빨래놀이가 시작되면서 이곳은 친구들과 즐거움을 나누고, 문제를 해결하고자 하는 어린이들의 실험과 도전이 일어나는 공간으로 변화되었다.

어린이들은 휴식매트에 생긴 펜 자국을 지우기 위해 공동의 목표를 가지고 달려들었다. 물을 뿌리고, 거품비누를 묻히고, 발로 밟고 손으로 비비며 함께 참여하면서 즐거움을 나누었다. 화장실에는 새로운 이름이 생겼다. 요즘 '비밀스러움'이 유행인 우리 반 어린이들에 의하여 '비밀의 빨래방' 이라는 새로운 이름을 가지게 되었다.

선생님, 근데요~ 이건 비밀인데요

최근 들어 우리 반에는 "선생님, 근데요~ 이건 비밀인데요" 말하며 귓속말로 속삭이는 어린이들이 많아졌다. 비밀의 편지를 주고 받고, 비밀스럽게 말하며, 언어영역 바닥에서 조심스럽게 그리고 아주 비밀스럽게 무언가를 적고 있는 어린이들을 발견할 수 있었다. 그러다 누군가가 다가오기라도 하면 화들짝 놀라며 자신이 적어 내려가던 무언가를 잽싸게 가리고 등을 돌리거나 바닥에 납작 엎드리는 모습을 보였다.

어느 날 언어영역에서 무언가 열심히, 그러나 비밀스럽게 작업하던 건형이는 미술영역에 있던 선생님에게 작업하던 것을 슬쩍 건네고서는 재빨리 작업하던 자리로 돌아가 몰래 숨어 교사의 반응을 기다리고 있었다.

건형이가 비밀스럽게 건넨 것은 아주 정성스럽게 그려진 그림이었다. 그 비밀의 편지는 받는 교사에게도 평범한 그림으로만 다가오지 않았다. 마치 그 속에는 '선생님! 사랑해요! 아주 많이!' 라는 메시지가 담겨 있는 것처럼 보였다.

건형이와 같이 비밀스러운 작업을 활발하게 하는 어린이들을 바라보며 교사들은 고민하기 시작했다. 과연 어린이들이 생각하는 '비밀'이란 무엇이며, 이 '비밀'은 파랑나무반 어린이들에게 어떤 의미와 가치를 가질 수 있을까? 우리는 교사협의를 통해 어린이들은 비밀편지를 적어 내려가며 비밀의 주체인 자기 자신과 마주하게 되고 친구와 속삭이며 특별하지 않은 일들도 특별한 것으로 만드는 과정을 통해 서로 돈독해지는 것만으로도 이 경험의 가치는 충분하다는 의견을 모았다. 그래서 어린이들이 비밀의 주체인 자기 자신과 마주할 수 있도록 '비밀스러움'을 유지하고 몰입할 수 있는 그들만의 공간을 만들어주기로 하였다.

간판에 적혀 있듯이 어린이들은 교사들이 제공한 이 공간을 '비밀의 방'이라 부른다. 함께 모여 정한 것도 아닌데, 어느새 비밀스럽게 이 공간의 이름이 정해지고 공유가 되었다. 하루에도 여러 번 비밀스러운 이곳을 드나드는 어린이들. 어떤 힘이 이 어린이들을 이곳으로 이끄는 것일까?

성인에게도 사적이고 개인적인 공간이 필요한 것처럼 하루 종일 단체 생활을 하게 되는 어린이들에게도 어쩌면 나만의 사적인 공간, 비밀의 공간이 필요하지는 않았을까 우리는 돌아보게 되었다. 어린이들은 그 공간에서 비밀의 주체로서 자기 자신과 마주하기도 하고, 자신의 비밀을 공유할 누군가를 초대하여 함께 나누는 기쁨을 누리기도 하는 모습이었다.

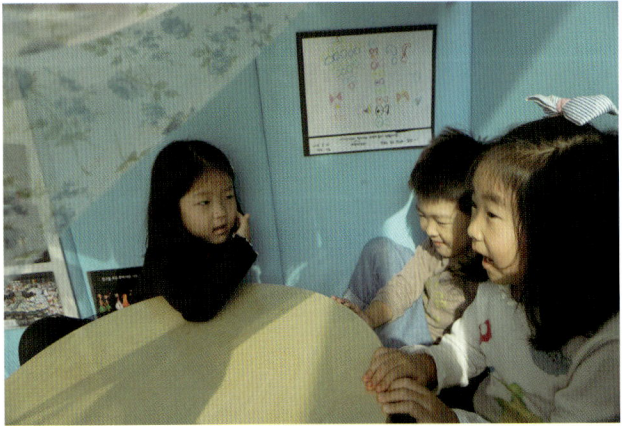

2-3. 공간을 넘나들며 아뜰리에 경험을 스스로 만들어가는 어린이

어린이들은 어디에서나 놀이할 권리가 있음에도 교사는 정해놓은 물리적인 공간 안에서만 놀이가 이루어지도록 준비하기 쉽다. 교사가 어린이들의 시선과 관심이 어디에 있는지 민감하게 들여다보지 않았다면? 만약 휴식영역 매트가 더러워졌을 때 지울 수 있다는 지연이의 말을 흘려들었다면? 비밀스럽게 말하는 어린이들을 그저 귀엽게 바라보고 끝냈다면? 비밀의 빨래방도, 비밀의 방도 생겨나지 않았을 것이며 그 속에서 만들어지는 어린이들의 이야기도 없었을 것이다. 교사는 보다 더욱 진지한 태도로 어린이들의 실험과 검증의 과정을 들여다볼 수 있어야 하며 자유롭고 허용적인 환경을 제공해주는 것을 통해 어린이를 더 넓고 더 깊은 놀이와 배움의 세계로 인도할 수 있어야 한다는 것을 이번 기회를 통해 깨닫게 되었다. 어린이를 들여다보는 교사의 태도가 변화한다면 아뜰리에 정신은 어디에서나 나타날 수 있을 것이다. 비밀의 빨래방은 화장실에서 시작되었고 비밀의 방은 언어영역에서 시작되었다. 어린이집에는 아뜰리에라는 이름을 가진 물리적인 공간이 존재하지만 어린이들의 생각이 살아 숨 쉬는 곳이라면 어디든지 그곳이 바로 아뜰리에가 될 수 있다는 것을 어린이들의 놀이를 들여다보며 경험하게 되었다. 그래서 놀이의 주체는 어린이가 되어야 한다는 사실과 함께 교사의 역할 또한 중요함을 돌아보게 되었다.

어린이들은 화장실이건 언어영역이건 가리지 않고 자신의 흥미를 끄는 현상이 있는 곳이면 탐색적 욕구를 풀어낸다. 화장실, 복도, 교실과 같은 기능적 구분이나 언어와 미술처럼 발달 혹은 학문 분야에 따른 영역 구분은 성인들의 개념에 따른 것일 뿐, 어린이들의 관심사 혹은 탐구 과정과는 무관하다. 위 이야기는 어린이들이 공간에 개의치 않고 어디에서나 다양한 실험을 이어나가고 있음을 보여준다. 더 나아가 이런 탐구가 공동으로 일어날 때 어린이들의 몰입과 즐거움은 배가됨을 확인할 수 있다.
여기서 '비밀'이라는 단어의 등장이 매우 흥미롭다. 왜 어린이들은 '비밀 공간' 안에서 함께하는 것을 유난히 즐거워하며, 결국 교사에게 전할 편지임에도 불구하고 '비밀스럽게' 작업을 하고자 했을까? 과연 어린이들에게 '비밀'이 유행하는 이유와 의미는 무엇일까? 사실 어린이들은 탐구와 실험의 과정에서 자신들이 주체가 되고 싶은 것 같다. 성인의 개입 없이 자신들이 주축이 되어 능동적으로 실험하고 알아가고 시도해보고 싶은 여지와 기회를 확보하기 위해, 어린이들은 '비밀'이라는 설정을 빌려온 것으로 보인다. 그러나 편지를 건네준 후 교사의 반응을 살피는 건형이의 모습을 보면, 어린이들은 성인의 직접 개입으로부터는 자유롭기를 희망하면서도 아직 성인의 정서적 지원과 인정을 갈구함을 확실히 엿볼 수 있다. 그러므로 우리는 어린이들이 주체가 될 수 있도록 살짝 물러서되 항상 어린이들을 섬세하게 지켜보고 있어야 할 것이다.

희주의 실-미로 : 역동적 관계망 속에서 일어나는 배움 만4·5세, 임동은 교사

감귤나무반에서는 교사가 내어준 실로 실뜨기가 유행하면서 점차 어린이들 사이에서 옹기종기 모여 서로 배우고 가르쳐주는 일이 일어났다. 어린이들은 실뜨기 규칙을 숙달시켜 가다가 '마음대로 실뜨기'를 고안해 내기 시작했다. 손가락을 지지대 삼아서 실을 꼬아 돌리면 예상하지 못한 모양이 만들어지는 현상에 어린이들은 신이 났다. 실은 어린이들의 손에서 별이 되기도, 산이 되기도 하였고 다양한 형태와 재질의 실을 제공했을 때는 음식과 악세사리로 탄생되기도 했다. 그런데 실을 이용한 놀이가 한창 유행이어도 희주는 그다지 흥미를 보이지 않았다. 실-미로 후반 기록에서 열심이었던 희주를 보며 우리는 희주가 처음부터 실-놀이에 적극적으로 참여하고 있었을 것이라 가정했지만, 사실 교사의 초기 기록에는 희주가 등장하지 않았다. 우리가 희주에 관심을 가진 이유는 교사가 주목하지 않은 시점에서, 희주가 과연 무엇을 알아가고 발견해 갔는지를 알아보고 싶어서였다.

교실에서 일어나는 다양한 놀이 속에는 교사가 의도적으로 제안하는 것들과 자발적으로 일어나는 어린이들의 놀이가 공존한다. 교사는 의도를 갖고 자료와 환경을 구비 해 주지만 어린이들은 다른 곳에 관심을 드러내곤 한다. 그렇다면 그 어린이들은 무슨 일을 경험하고 있는 것일까? 교실에서 어린이들의 다양한 관심과 흥미는 교사의 의도와 상관없이 독립적으로 발전되어가는 것인가? 그런 경험들이 합체되어 더 풍성한 배움으로 이어지는 것은 아닌가? 실-놀이에 관심 없던 희주가 형님들이 만든 실-미로에 참여하며 자신이 그토록 그리고 싶어 했던 미로를 그려내기까지 어떤 경험들이 있었던 것인지 우리는 들여다보고 연구해야 한다. 이 안에 어린이의 노력과 어린이들의 배움을 지원하는 데 도움이 되는 단서가 있을 것이기 때문이다.

2-3. 공간을 넘나들며 아뜰리에 경험을 스스로 만들어가는 어린이

실-놀이에 관심 없던 희주에게 다가온 실-미로

어린이들이 먼저 관심을 보이고 실-놀이를 시작하기를 바라는 마음으로 천을 깔아 두었으나 큰 관심을 보이지 않았다. 교사가 먼저 실로 그림을 그리자 어린이들이 서서히 관심을 보이며 다가왔다.

지우: 오, 별인 거 같네.(별을 넘어서 점프한다.)

지우가 점프하는 것을 보니 교사는 어린이들과 예전에 미로 놀이하던 것이 생각났다.

교사: 얘들아, 우리 이 실로 미로를 만들어볼까?
정민: 뭐라고요? 미로요? (기대에 가득 찬 눈빛으로) 좋아요!

짧고 길이가 제각각인 여러 가지 실로 길을 만들려고 하였으나 실이 원하는 대로 놓아지지 않았다. 그러자 희주를 포함한 여러 어린이들은 실을 뿌리듯이 여기저기 흩뜨려 놓았다.

지우: 빨리 미로 탈출 시작해요!!
교사: 그래! 그럼 누구부터 출발할래?
희주: 어... 가위 바위 보 해요!

그런데 '미로 놀이'라기보다 실을 밟지 않고 검은 천을 지나가야 하는 '지뢰 밟기'로 보였다. 예전 실-놀이 경험을 떠올린 교사는 어린이들이 큰 천위에 갖가지 실들로 여러 가지 형태를 만들며 놀이할 것을 예상했기에 여러 종류의 실과 큰 검은 천을 제공하였다. 하지만 막상 어린이들이 흥미를 보이지 않자 교사는 어린이들을 끌어들이기 위해 즉흥적으로 '미로'를 제안한다. 사실 어린이들은 한쪽에서 미로를 그리며 푸는 놀이를 하고 있었다. 이미 그림 미로를 풀어보아서 미로가 '길'이라는 것을 알고는 있지만 어려워했다. 자기들이 그려서 만들던 미로와 실로 만드는 미로는 달랐기에 어린이들은 실이 이상하다고 푸념한다. 친구나 형님들과 같이 놀기를 좋아하는 희주가 마침 이 놀이에 들어온다. 같이 어울리며 몸으로 푸는 미로! 실이라는 자료로 길은 잘 만들지 못하지만, 어린이들은 그 안에서 '실 피하기' 게임을 고안하고 함께하며 즐거워한다.

희주는 다음날도 실-미로 놀이에 참여한다. 교사는 어제의 경험을 토대로 어린이들이 쉽게 미로를 만들 수 있도록 긴 실을 제공한다. 잘린 긴 실과 놓다가 엉킨 실을 검은 천위에 놓아보며 '길'을 생각하고 출발과 도착을 정해 빠져나오는 놀이를 한다.

실-미로를 만드는 형님들과 푸는 동생들의 서로 다른 도전

다음 날 교사는 어린이들이 좀 더 한적한 공간에서 실-미로를 만들어볼 수 있도록 유희실로 공간을 옮긴다. 어린이들은 생각대로 움직여주지 않는 실을 조정해서 길을 만든다는 것이 쉽지 않음을 느낀다. 그런 도전 중에 형님들이 만든 실-미로를 동생들이 풀어가는 모습이 보인다. 실-미로는 마치 게임처럼 형님과 동생들을 이어주는 가교역할을 하는데 실로 미로를 만드는 형님들뿐만 아니라 넓게 펼쳐진 미로 판을 읽어내고 몸으로 풀어가는 동생들에게도 도전이 된다. 형님들은 더 어렵게, 재미있게 만들어야 하고 동생들은 그 안에서 눈을 부릅뜨고 자기의 발을 디뎌 나갈 수 있는 '길'을 온몸으로 찾아 나가며 도착점에 이르러야 한다.

○ 주연이의 미로 : 미로를 어려워지게 하는 비결

주연이(만5세)의 첫 번째 미로는 단순했지만, 길의 형태가 있고 출발과 도착을 할 수 있는 미로가 만들어졌다. 동생들의 쉽다는 반응에 주연이는 모든 실을 다 내리고 다시 시작한다. 도착점을 쉽게 표시할 수 있도록 교사가 스티커를 제공해 주었다.

교사: 주연아 이제 다 된 거야?
주연: 아직 준비가 안 됐어요. 검사를 한번 해야 해요.
(직접 걸어가 보며 확인하는 주연이의 꼼꼼함에 놀랐다.)

 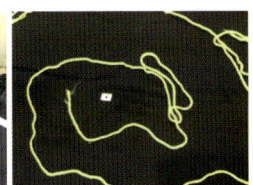 

희주: 언니 이제 다 됐어?
연우: 설마 아까랑 똑같은 건 아니지?
주연: 다른 거야. 조금 더 어려울 수도 있고 쉬울 수도 있고.
　　　양말 벗고 해야 해~
　　　어... 가위 바위 보를 해서 순서부터 정해. 출발은 여기서부터야.
　　　저기 스티커 있는 곳이 도착~!

희주는 아직 만드는 것보다 풀어나가는 것이 더 흥미롭나 보다. 형님들은 큰 천 위에 사방을 파악하며 실로 큰 길을 만들어 가야 하는 과제가 쉽지 않다. 이에 교사는 표시를 위한 '스티커'를 제공한다. 도착지점에 스티커를 붙인 주연이는 달팽이 모양 길을 만들어낸다. 도착 스티커를 향해 몇 번 움직이면 닿게 되는 단순한 형태의 미로를 연우가 너무 쉽다고 하자, 주연이의 도전 정신이 발휘되지 않았나 싶다. 동생들이 못 보게 교실로 들어가 있으라 하고 처음보다 어려운 길을 만드는데 달팽이 형태를 여러 번 꼬아본다. 기다리던 동생들은 처음 것과는 다르게 좀 더 난이도 있는 미로를 기대하는 말투로 언니의 활약을 기대하는 것 같다. 형님, 동생 둘 모두에게 도전 거리이며 긴장과 기대를 하게 만드는 놀이가 구성되는 과정이다.

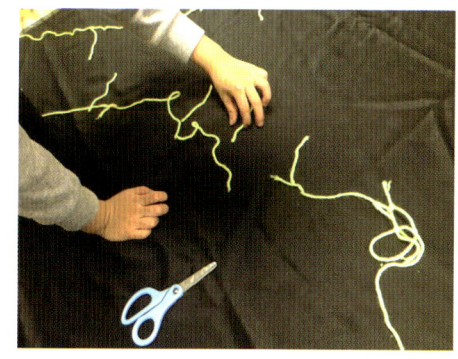

다음 날, 주연이는 천이 움직이는 것이 불편했던지 교사에게 천을 붙여 달라고 했다. 어제는 도착지점부터 미로를 만들었다면, 오늘은 출발지점부터 만들기 시작했고 길에 짧은 실들을 가시처럼 내어 장애물을 만들었다. 길의 갈래를 내기 시작하며 막힌 길도 만들었는데 그것은 바로 '함정'이었다. 검은 천 안에서 주연이 미로는 더 많은 길로 공간을 넓혔고 갈래 길도 점점 많아졌다. 미로가 완성되어 가는 것을 보고 다른 유아들이 관심을 보이며 다가왔다. 어제처럼 양말을 벗은 아이들이 줄을 섰다.

희주: 우와! 이거 진짜 재밌다.
주연: 잠시만. 도착지점을 바꿔야겠어.
교사: 왜? 도착지점을 바꾸는 거야?
주연: 다음 애들이 줄 서 있는 동안 다 봤으니깐요.

주연이가 미로를 풀어가는 동생들을 보니 미로판이 펼쳐져 있는 상황에서 다른 친구의 풀이방법을 익혀버릴 가능성이 크다고 생각한 것 같다. 방법은 도착지점 바꾸기. 더 어려운 미로를 만들어달라는 동생들의 요구에 맞춰 문제를 내는 자는 어떻게 미로의 난이도를 높일 것인가의 도전을 직면한다. 동생들의 반응을 봤을 때, 미로의 난이도가 낮다면? 동생들이 기다리면서 눈으로 따라가 보며 미리 풀어버린다면? 먼저 게임을 한 앞 사람의 방법을 따라 할 가능성이 크다면? 사실 그렇다면 문제를 만든 형님들은 이 모든 가능성을 가지고 즉각적으로 수정해야 하는 것이다. 문제를 내는 자와 푸는 자 사이의 지략 게임이 될 수밖에 없는 상황이다. 서로를 자극하지만 그 과정을 즐기는 것이 '게임'의 묘미이다.

희주의 실-미로 : 역동적 관계망 속에서 일어나는 배움

○ 희주의 마음을 알아주는 또 다른 언니, 윤하의 미로 : 복잡한 선

미로를 만들어주던 주연이가 결석한 날, 희주는 슬펐다.

희주: 미로 풀고 싶다.
교사: 희주야 그럼 미로 만들어보자.
희주: 아…….

지난번에도 희주에게 미로 만들기를 권유했으나 만드는 것이 어려운지 풀기만 하고 싶어 했다. 그런 희주에게 미로를 만들어주던 주연이가 없자 희주는 미로를 풀 수가 없었다. 그때 윤하가 다가와 "내가 미로 만들어볼까?" 한다.

실-미로를 풀고는 싶으나 만들 자신이 없는 희주의 마음을 알고 윤하는 희주를 위한 실-미로를 만든다. 희주도 돕고 싶은 마음에 거들어 보지만 검은색 천의 테두리를 치는 정도였다. 윤하는 긴 실과 짧은 실을 이용해서 복잡해 보이는 길을 구성하고 희주는 하나의 길이 아닌 다른 길들도 찾아가며 미로의 길이 하나가 아님을 다시 확인한다.

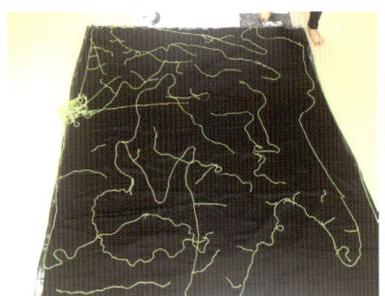 

미로를 간절히 그리고 싶은 희주

교실 한쪽에서 이미 일어나고 있는 놀이는 바로 '미로 그리기'였다. 형님과 동생들이 다양한 수준에서 그려내는 미로를 교사가 벽에 붙여주면 펜을 가지고 풀어본다. 어린이들은 복잡하고 재미있는 미로를 만들어 붙이고 자기 미로를 누군가가 풀어보기를 기다렸다. 희주도 미로를 그려서 붙이고 싶은 마음이 컸지만 그러지 못하고 있었다.

칠판을 바라보는 희주가 보였다. 희주는 미로 풀기를 좋아하지만 미로를 그리거나 만들어내는 것을 너무 힘들어했다. 그런 희주가 친구들이 만든 다양한 미로들을 보며 종이와 색연필을 들고 앉는다.

교사: 희주야 뭐해?
희주: (깜짝 놀라며 웃는다.)

희주가 미로 그리기에 관심을 보여 다가갔지만 교사의 관심이 달갑지 않은 것 같았다. 희주만의 시간이 필요한 것 같아 다가가지 않고 멀리서 지켜보았다.

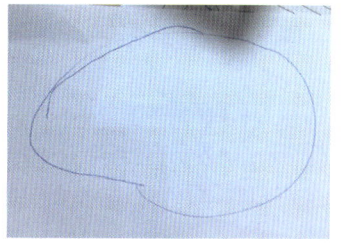

희주는 처음에 원을 그린 후 어떻게 할지 고민하다가 다른 종이를 가져왔다.

두 번째는 출발과 도착을 표시하는 길목이 보이고 한 번에 많은 길을 내기 위해 노력한 모습도 있다. 사실 두 번째인지 여러 번 시행착오를 거쳐 나온 그림인지 정확히 모르겠다. 그런데 희주가 종이를 여러 장 버리고 새로 가져오며 반복적으로 시도하였다는 것은 확실하다. 그리고 희주가 나에게 자랑스럽게 가져온 미로다. 확실히 처음과 다르다.

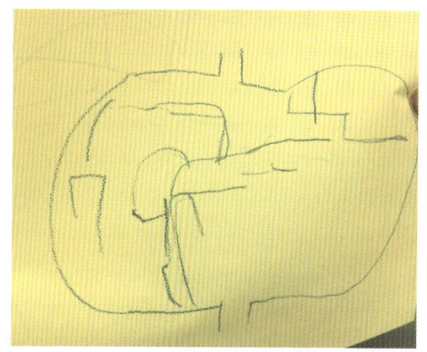

희주: 선생님, 임동은 선생님이 그린 미로랑 똑같죠?
교사: 희주야, 정말 멋진 미로다. 선생님보다 더 멋진데?
    더 그리면 정말 어려운 미로가 되겠다.
희주: 또 그려봐야지.
    (미로를 그리는 것에 자신감이 붙어 보인다.)
교사: 희주야, 여기 사람들은 뭐야?
희주: 미로 풀려고 기다리는 사람들이에요.

희주의 실-미로 : 역동적 관계망 속에서 일어나는 배움

어린이들이 그린 미로들을 공유할 수 있는 공간을 제시해 주기만 하였는데도 희주는 거기서 여러 가지 자극을 받고 미로 그리기를 시도하였다. 스스로 알아가기를 시도하여 이룬 희주를 보고 무언가 엄청난 것을 해줘야 한다는 강박관념이 있었던 내가(교사) 부끄러웠다.

교사가 제안한 놀이나 자료가 어린이들에게서 어떻게 쓰일 것인지를 예측하는 것은 어려운 일이다. 처음에 우리는 실뜨기나 형태를 구성하는 자료로 어린이들이 실을 사용하면서 실의 속성을 이해하고 선, 혹은 면이 만들어낼 새로운 이미지를 다른 것들과 결합해서 창조해내는 것이 가치 있을 것이라고 기대했다. 만약 이 의도를 구현하기 위해 크고 작은 화판에 실로 그림직한 구성물 만들기를 고집했다면 어떠했을까? 교사의 기대와 달리 시작된 실-미로 놀이는 교실 안에 이미 일어나고 있는 다른 놀이와 어린이들에 의해 자연스럽게 결합되기도 하였다. 이처럼 교사의 역할 중 하나는 교사의 기대와 다른 방향으로 진행되어 변화될 가능성뿐 아니라 진행 중인 다른 친구들의 놀이와 연결될 가능성도 열어두고 관찰하고 기록하며 되돌아보는 일일 것이다.

미로를 그리고 싶어 타원형을 그려놓고 "못 그리겠어요."하고 포기했던 희주에게 어려웠던 것은 무엇일까? 선으로 길을 그려낸다는 것은 어린이들에게 어떤 개념을 요구하는가? 미로를 구성하는 기본 요소는 출발, 도착, 길 3가지인데 제한된 지면 안에 그려 넣으려면 이 요소들의 배치가 필요하다. 배치는 곧 공간을 계획하는 것과 관련된다. 종종 선은 길로 인식되기도 하지만, 미로의 길은 엄밀한 의미에서 보면 두 개의 선이 만들어낸 사이 공간이다. 따라서 어린이들은 전체 면을 움직임이 일어나는 공간으로 바라보면서, 도착점을 염두에 두고 움직임을 계획하고, 상대의 시각에서 생각하며, 하나의 길이 아닌 다양한 길을 제안하여 선택의 여지를 포함해야만 흥미와 도전을 담은 미로를 구성할 수 있다. 그렇다면 어떻게 희주는 못 그리던 미로를 그리는 일에 열중해서 몇 장을 다시 그려가며 결국 자신이 만족할 수준만큼 그려낸 것일까? 사실 희주가 여러 번 반복하며 그려낸 미로에는 타원형의 미로 공간을 어떤 길로 꾸릴 것인가가 명확하지는 않다. 선들을 조직적으로 배치한 복잡한 미로는 아니지만, 시작에서 도착까지 몸으로 놀며 경험했던 몸의 기억들이 들어있는 것 같다. 선들이 어떻게 배치되어야 '미로다운 미로'가 되는지에 대한 공간개념의 이해보다 형님들과 몸으로 실-미로를 풀었던 순간들의 장면이 들어있다. 시작과 도착은 분명하게 표시하였고, 여러 곳에서 시작할 수 있다는 것과 형님들의 미로를 기대하며 줄 서서 기다리던 장면이 그림 속을 채우고 있다. 희주의 미로는 희주가 경험한 방식, 즉 몸을 이용한 방식의 산물로, 자신이 이해하고 감당할 만한 수준의 미로에 대한 해석을 보여준다. 결과가 완벽하진 않지만 자신의 방식대로 많은 실험적 시도와 시행착오를 거치면서, 나름대로 만족스러운 수준의 미로 그리기에 성공하게 되었다.

이 이야기를 보면, 배움은 개인의 독립적인 노력의 결과로 생겨나는 것이 아니다. 기록에서 확인한 바로는 희주가 처음부터 '미로'에 관심이 있었던 것이 아니었다. 교사가 '큰 천과 실'이라는 자료를 제시한 것이 희주의 호기심과 관심을 끌어낸 계기가 된 것이다. 교사의 반응적 지원만이 아니라 주변 또래와 형님들과 이어온 놀이 맥락이 중요한 역할을 한다. 희주는 처음 형님들의 정서적 인지적 지원을 받아 '미로를 풀어보는' 제한된 역할로 놀이에 참여하였지만, 그 과정에서 그들의 책략을 관찰하고 끊임없이 다른 어린이의 작업을 참조하면서 배워서 이제 스스로 '미로를 고안하는' 역할을 시도하였다. 놀이 몰입과 이로 인한 배움은 희주가 스스로 목표를 설정하고 능동적으로 정진한 결과지만, 교사, 또래, 형님들과의 작업에 참여함으로 해서 점차 놀이 안에서 중요한 부분을 차지해 가는 과정 안에서 꽃피우고 정교화된 것이다. 배운다는 것은 이처럼 사회적 과정이기도 하다.

III. 협력적 가치를 추구하며

3-1. 어린이들의 놀이 속에서 작동하는 협력의 가치

\ 데칼코마니 같은 시도속에서 변형되어가는 끼적이기
\ 무섭지만 재미있지? : 우리에게 찾아온 특별한 감정
\ 몰입과 더불어 정교해져가는 팽이놀이
\ 우리는 슈퍼도로를 만들 거예요!
\ 진짜 마법의 열매인가 봐~ 장난 마법의 열매가 아니고
\ 성인의 카페문화를 재해석한 어린이들의 카페놀이
\ 똑똑, 어떻게 오셨어요?
\ 우리도 같이 만들면 되지!
\ 어린이들의 연령을 넘어 '함께 배움'

하나의 덕목으로서 협력하기를 성인이 지도해야만 어린이들은 협력하는가? 어린이들의 자발적 놀이를 깊이 들여다보면 어린이들은 이미 협력적 성향을 보여준다. 이는 어느 특정 과제나 어느 순간에 국한된 것이 아니다. 어린이들 놀이에서는 다양한 차원과 방식의 협력 작업이 수없이 발견되고 있다. 어린이들은 항상 주변을 의식하여 또래의 행동을 따라하면서 배우고자 하고, 그들 수준에서 서로의 생각을 나누며 함께 발전시켜가고 있었다. 물론 협력적 성향이 존재함을 확인하는 것만으로는 부족하다. 협력하고자 하는 마음이 있어도 어떻게 협력하면 도움이 되는지를 배우거나 협력이 가치로운 일이라는 것을 경험하지 못하면 협력하려는 마음조차 사라지기 쉽다.

다음에 소개되는 영아들의 사례를 보면 어린이들은 교육을 통해서만 협력을 배운다는 주장은 힘을 잃는다. 사회적 훈련이 없이도 무서움과 즐거움의 감정을 공유하며 함께 의지해 나가고 집단 분위기를 형성해 나가는 영아들, 그리고 서로의 존재와 실험을 눈여겨 지켜보며 상대의 끼적이기를 모방함과 동시에 변화를 주며 서로의 탐구를 심화시켜주는 한 쌍의 영아 모습은 그런 의미에서 특별하다. 놀이의 자율성을 부여하자 팽이 놀이와 도로 만들기를 통해 자신들에게 도전과 즐거움, 그리고 배움을 가져다주는 놀이를 계속 발전시켜나가는 어린이들, 마법을 가장한 놀이 안에서 상대방의 마음을 읽고 격려하며 관계를 돈독히 발전시키는 어린이들도 우리 자신을 돌아보게 만든다. 더 나아가 교사들의 고정관념을 여지없이 무너뜨리는 사례들도 있다. 기차를 만들고, 유토로 탑을 쌓는 형님들의 모습을 보고 모방하며 자신들도 실험해 보기도 하지만, 서로에게 도움이 되는 공동작업을 위해 참여 방법과 수준을 스스로 가늠해보며 하나의 팀을 구성해가는 어린이들의 모습은 놀랍기도 하다. 마지막으로 어린이들은 성인들의 문화에 항상 귀를 기울이며 또 다른 차원의 협력을 이어간다는 것을 발견할 수 있다. 회사의 출입증 사용 모습이나 카페에서 이야기를 나누며 많은 시간을 보내는 성인을 가까이 지켜보는 어린이들은 여기서도 탐구심과 호기심을 발동시킨다. 성인 행동을 수동적으로 모방하는 것이 아니라, 능동적으로 성인 세계를 놀이 안으로 끌어들여 해석하고 이해해 보고자 하는 그들의 욕구가 엿보인다. 그들 나름의 방식으로 성인들 문화의 접점을 찾아가는 방법인 것이다.

데칼코마니 같은 시도 속에서 변형되어가는 끼적이기

만0세, 김지수 교사

재영이와 우주가 같이 오르기대에서 뛰어내려온다. 재영이는 터널 공간 안으로 들어가고, 우주는 이 모습을 바라본다. 잠시 뒤, 재영이가 쭈그려 앉아서 끼적이기 도구를 꺼내고, 우주는 여전히 이 모습을 지켜보고 있다.

재영이가 크레용을 들고 와 접착 벽면에 끼적이기를 시도한다. 그 모습을 바라보던 우주도 크레용을 터널 공간에서 꺼내와 벽면에 끼적이기를 시도한다. 재영이와 우주가 벽면에 손을 위, 아래로 움직이며 반복적으로 끼적이기를 한다. 미소 짓는다.

재영이는 우주가 끼적이는 곳을 바라보며 우주가 끼적이던 곳에 끼적이기를 시도한다. 자신이 끼적이던 곳에 끼적이는 재영이를 본 우주가 "응?"이라고 말하며 재영이가 끼적인 흔적 위에 끼적이기를 시도한다. 그리고는 오르기대를 내려와 끼적이고 있는 재영이를 바라보며 우주는 "재용"이라고 말한다.

벽면에서 끼적이고 있던 재영이는 바닥으로 내려오고, 바닥에서 끼적이기를 시도하고 우주는 오르기대 위로 올라가기를 시도한다. 잠시 뒤, 오르기대 위의 접착벽면에 끼적이기를 시도하던 우주가 고개를 돌려 바닥에서 끼적이기를 하는 재영이를 흘깃 본다.

3-1. 어린이들의 놀이 속에서 작동하는 협력의 가치

재영이가 매트 위에 끼적이기를 시도한다. 이 모습을 바라본 우주는 오르기대에서 내려와 재영이가 끼적이던 매트 위에 끼적이기를 시도한 후, 오토바이 위에 크레용을 '찍듯이 두드리며' 끼적이기를 시도한다. 그러다 오토바이에 올라타 본 후 내려와 다시 끼적이기를 시도한다.

우주는 계속해서 매트 위에 끼적이기를 시도하고 재영이는 크레용을 들고 오르기대 위로 올라와 벽면에 끼적이기를 시도한다. 이 모습을 바라본 우주는 "응?"이라고 말하며 재영이를 따라 오르기대 위로 올라온다. 다시 재영이는 오르기대를 내려가고 우주는 재영이가 끼적인 곳에다가 끼적이기를 시도한다.

오르기대에서 내려온 재영이는 매트에 끼적이기를 시도하고 우주도 내려와 같은 곳에 끼적이기를 시도한다. 잠시 뒤, 재영이가 자리에서 일어나 매트를 들고 바닥에 끼적이기를 시도한다.
우주도 매트를 들어 보려고 했으나 하지 못하였다. 그리고는 둘은 함께 매트 위에 끼적이기를 시도한다. 우주가 교사를 보고 크레용을 들며 "어"라고 말한다. 그리고 자리에서 일어나 오르기대를 올라 벽면에 다가 끼적이기를 시도한다.

계속해서 바닥에 끼적이기를 시도하던 재영이가 이번에는 오토바이 바퀴에 끼적이기를 시도한다. 재영이 곁에 다가와 매트에 끼적이던 우주는 재영이가 바퀴에 끼적이는 모습을 포착한다. 그러자 우주도 오토바이에 끼적이기를 시도한다.

우주는 다시 매트를 옮겨 다니며 끼적이기를 시작하고 재영이는 오르기대 위에다가 끼적이기를 한다. 잠시 뒤, 재영이는 오토바이로 돌아와 끼적이다가 벽면의 사진에도 끼적이기를 시도한다.

데칼코마니 같은 시도 속에서 변형되어가는 끼적이기

재영이의 끼적이기 시도를 본 우주가 다가와 벽면에다가 같이 끼적이기를 시도한다.

잠시 뒤, 재영이는 오토바이로 이동해 끼적이기를 시도하고 이를 우주가 바라본다. 우주도 오토바이에 끼적이기를 시도하고 재영이는 오토바이 위에 올라탄다.

우주는 오토바이 기둥에 끼적이기를 시도하다가 매트로 이동해 끼적이기를 한다. (엄마의 도착을 알린) 벨이 울리고 놀이가 중단 된다.

재영이의 흥미는 매트에서 매트 아래 바닥으로 벽면에서 오토바이 기둥으로 쉴 새 없이 이어진다. 재영이의 흥미가 옮겨갈 때 재영이의 움직임을 따라가는 우주가 "어!" 하는 단음의 소리를 낸다. 우주는 끼적이기에 몰입하다가도 중간 중간 재영이의 움직임에 의미 있는 시선을 던진다. 그리고 재영이가 있는 곳으로 움직인다. 어찌 보면 단순히 친구의 행동을 모방하려는 시도처럼 보일 수도 있다. 하지만 우주와 재영이가 자신의 세계에 빠져 단독놀이를 하는 만0세라는 점을 고려한다면 이 둘의 놀이가 단순하지 않다는 것을 알 수 있다. 게다가 놀이가 무려 5분간 이어졌다는 점 또한 놀라웠다. 지치지도 않고 재영이의 흔적을 따라가는 우주의 모습을 녹화하며 교사 또한 숨을 죽였다. 만0세 아이가 가질 수 있는 집중력과 끈기는 어디까지인가. 동시에 이러한 집중력과 끈기의 기반에 '함께 놀이하겠다는 욕구' 가 있다는 사실이 더욱 놀라웠다.

3-1. 어린이들의 놀이 속에서 작동하는 협력의 가치

그렇다면 재영이는 어떠할까? 재영이는 우주에게 관심을 두지 않고 그저 자신의 세계에 빠져서 끼적이기만에 열중했을까? 그렇지 않다고 생각한다. 재영이는 우주에게 함께 끼적일 수 있는 공간을 내주었다. 사실 같은 반의 다른 친구들의 경우에는 놀이공간이 겹치면 마치 자신의 놀잇감을 빼앗긴 것처럼 울거나 종종 때리는 등 공격적인 시도를 하기도 한다. 그러한 점에서 자신의 공간을 내어주어 함께 놀이를 허용하는 재영이의 모습은 재영이의 친사회성을 여실히 느낄 수 있으면서도 오늘 재영이와 우주가 함께 놀이할 수 있는 요인 중 하나로 작용했다고 생각되었다.

어떻게 보면 재영이와 우주의 놀이를 서로 협력하고 협동하는 사전적 의미의 '함께놀이'라고 보기에는 어려움이 있을 수도 있다. 하지만 동시에 자신만의 세계에 빠져있는 단독놀이라고 보기에도 분명 어려움이 있다. 이 모호한 둘의 놀이는 무엇이라고 정의하면 좋을까? 이 둘의 놀이는 만0세의 함께놀이가 아닐까? 활발한 언어적 상호작용이 없더라도, 명확한 공동의 목표가 없더라도 서로에게 관심을 갖고 자발적으로 또래의 놀이에 동참하고자 하는 시도만으로도 만0세의 함께놀이는 충분한 것이 아닐까? 분명 또래에게 관심을 기울이는 단순해 보이는 지금의 시도들이 축적되어 사전적 의미의 함께놀이로 발전해 나갈 것이라고 생각한다. 재영이와 우주의 놀이를 바라보고 있자면 문득 데칼코마니가 떠오른다. 종이 위에 그림물감을 바르고 종이를 겹쳤을 때 다양하고 환상적인 효과가 나타나는 데칼코마니. 재영이의 시도를 따르는 우주의 모습이 단순한 모방처럼 보일지라도 그 기저에 있는 서로에 대한 지속적인 관심은 재영이와 우주에게 지속적으로 새롭고도 의미 있는 탐색을 해 나갈 수 있는 가능성을 더욱 열어줄 것이라고 생각한다.

교실 곳곳에 낙서를 하는 아이들. 과연 우리는 아이들의 낙서를 들여다볼까? 5분간 그냥 둘 수 있을까? 더 상황이 커지기 전에 종이를 펼쳐주고 "여기 해야 해"라고 가르쳐주는 것부터 시작할 것이다. 하지만 교사는 이 순간을 영상으로 남기고 되돌아봤다. 세심하게 들여다보고 기록으로 남기면서 그냥 낙서가 아닌 '만0세의 함께놀이'로 바라보았다. 그리기 이전 단계의 의미 없어 보이는, 뭘 모르는 영아들의 흔한 장난과 같은 낙서를 '함께 놀기 위한 서로에 대한 관심과 배려'로 읽어준 것이 놀랍다. 두 어린이들의 민감한 상호관계를 보여주는 것 외에 만0세 영아들의 끼적임의 의미가 없는 것일까? 나의 움직임이 흔적으로 남는 '끼적임'. 만0세 영아들에게 끼적임은 가시적으로 움직임을 확인하게 되어 자신의 동선을 의식하고 조절하게 해주는 또 다른 모습의 '거울'인 것이다.

재영이는 끼적이기 도구를 가지고 교실 여기저기에 흔적을 남기고 있다. 마치 교실의 많은 '면'들 중에 어디까지가 캔버스로써 나의 흔적을 받아줄 수 있는지 궁금해 하는 듯 보인다. 재영이에겐 일련의 과정이 일종의 실험인 것이다. 일상의 환경을 끼적이기 도구를 통해 다르게 바라보는 재영이의 창의적인 관점이 흥미롭고 놀랍다. 위아래로 반복적으로 움직이면서 끼적이는 재영이는 접착면, 매트, 매트 아래 바닥, 오르기대의 바닥면, 사진이 붙어있는 벽면같이 평평한 형태가 흔적을 남기기에 적절하다는 것을 알고 있는 것 같다. 예외로 시도된 오토바이의 바퀴, 안장, 손잡이 기둥에서는 같은 움직임에도 다른 흔적이 남는 것을 본다. 선이 아닌 점의 모습으로. 이렇게 끼적임은 도구를 사용하는 '주체의 움직임'을 통해 흔적이 나오는 것뿐만 아니라 흔적을 받아내는 '면'에 따라서도 다른 흔적을 남긴다. 이러한 가능성을 재영이는 탐색과 실험을 통해 느껴가고 있는 것 같다. 이렇게 놀라운 재영이의 유능함을 이미 우주는 알고 있었던 것 같다. 그랬기에 재영이의 실험에 그토록 관심을 보이고 따라 시도해본 것이 아닐까? 그런데 우주도 마냥 따라하지만은 않았다. 시작은 모방에서 출발했지만 좀 더 끼적이고 싶은 '면'을 만났을 땐 본인의 놀이를 이어가며 자신의 이해로 만들어 가는 듯 보였다. 재영이의 또 다른 시도가 있을 땐 그것을 놓치지 않고 따라갔지만, 마지막에 자신의 의지대로 매트 위를 끼적이기에 적절한 면으로 선택하였다. 내가 탐색해서 알아낸 것만이 아니라 타인에게 영향을 받는 것 또한 무언가를 배우는 좋은 방법이라는 것을 우주는 알고 있는 것 같다. 이렇게 함께 놀이할 뿐만 아니라 함께 배워가는 방법 또한 배워가고 있다.

'함께놀이'는 매우 포괄적 개념으로, 서로를 존재를 의식하고 상대방의 행동을 자기만의 방식으로 변형시켜 재생산하는 것부터 함께 대화를 통해 공동의 목표를 세우고 수행하는 차원까지를 모두 아우를 수 있다. 그렇다면 두 영아의 끼적이기 사례는 교사가 조심스럽게 덧붙인 '만0세의'라는 수식어가 불필요한 '함께놀이'이다. 대신 아뜰리에 정신이 두드러진 '실험적 함께놀이'라는 표현이 더 적절할 것이다.

데칼코마니 같은 시도 속에서 변형되어가는 끼적이기

무섭지만 재미있지? : 우리에게 찾아온 특별한 감정

만1·2세, 고은희·김예지 교사

어린이들은 하루하루 다양한 상황 속에서 수많은 감정을 느끼며 살아가고 있다. 어린이들의 일상에서 어떤 감정은 웃음과 울음으로 표출되기도 하지만 어떤 감정은 자신도 모르게 지나치게 되거나 느끼더라도 순간적으로 일어난 감정에 대해서는 쉽게 잊혀지게 된다. 어린이들이 삶을 살아가는 가운데 경험하게 되는 수많은 감정들에 대해서 우리는 얼마나 주목하고 그들을 들여다보았을까?

일상에서 만난 특별한 감정

어린이들의 책 읽기는 일상적인 모습이다. 그런데 어느 날부터인가 어린이들 사이에서 교사에게 가져와 반복해서 읽어 달라고 요청하는 책이 생겼다. '쉿! 내 방에 괴물이 있어', '괴물도 꼼짝 못 할 거야' 어린이들은 반복적으로 교사에게 이 책을 가져왔고 교사의 무릎, 어깨 등 서로의 몸을 밀착하여 함께 이야기를 들었다.

일상적이던 책 읽기가 어느 날 어린이들에게 특별하게 여겨졌던 이유는 무엇일까? 교사는 어린이들이 이야기를 들을 때 책의 그림뿐 아니라 교사의 얼굴을 살피며 목소리, 표정에 더욱 주목하는 어린이들의 시선이 느껴졌다. 어린이들은 그림책을 읽는 교사의 표정과 눈빛에 주목하며 그림책에서 느껴지는 분위기를 통해 자신에게 찾아온 특별한 감정에 대한 구체적 단서를 찾고 있었다. 어린이들은 교사가 읽어주는 책의 분위기를 통해 나 뿐 아니라 친구도 느끼고 있을 감정을 공유하며 공동의 관심사에 주목하고 있었다.

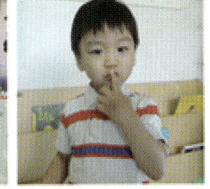

"읽어줘"
"쉿"
"오오..!"
"무서"
"괴무(물)"

어린이들에게 그림책은 또래와 서로의 감정이 교류되는 신호를 만들어 반응하게 하는 매개체가 되었다. 그림책에서 나오는 단어와 등장인물의 제스처, 표정은 공동의 언어가 되어 어린이들로 하여금 서로의 표정과 손짓을 살피며 역동적으로 반응하도록 만들었다. 그뿐 아니라 책을 읽어주는 교사로부터 느껴지는 감정을 해석하고 이를 또래와 나누는 과정을 통해 어린이들은 특별한 감정에 더 깊이 몰입해가고 있었다.

무섭지만 재미있지?

교사는 교실 이곳저곳에 그림책 속 괴물 그림을 붙여 놓았고, 어린이들이 그림책의 맥락 속에서 또래와의 소통을 이어가기를 기대했다. 교실 곳곳에 숨어있는 괴물을 발견한 어린이들은 친구와 '무섭지만 재미있다.'는 감정을 나누기 시작했다.

"무서워…"

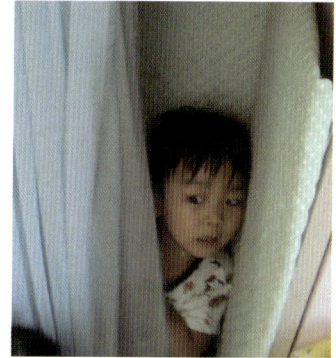

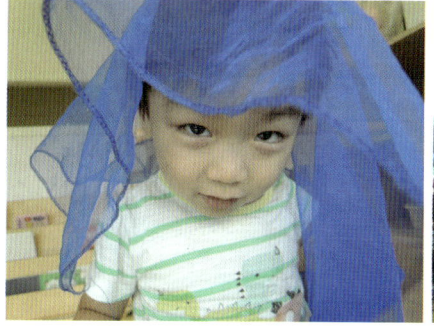

"재밌었잖아!"

어린이들에게 괴물의 존재는 양가감정을 불러일으키는 것 같다. 괴물과의 첫 만남은 '무서움, 두려움'의 감정이었지만, 또래와 함께 표정, 손짓, 음성으로 감정을 표현하며 교실의 공간에서 괴물을 찾아다니는 과정은 무섭거나 두려운 감정을 '즐거움'으로 전환하게 했다.

함께 극복하는 두려움

괴물 이야기를 즐기던 어느 날, 어린이들은 평소 즐겨 듣던 동요 CD중 일정한 음악 하나에 매우 집중하고 귀를 기울이기 시작했다. 그 음악은 어린이들로 하여금 그림책에서 느낀 무서움의 분위기를 연상시켰고 어린이들은 자신이 느낀 두려움의 감정을 해소하고자 몸을 이리저리 움직이기 시작했다. 어린이들은 특별한 공간을 찾고 있는 듯했다.

무서움을 피하기 위해 혼자 몸을 숨길 공간.
좁은 곳에서의 안정을 누릴 수 있는 공간.
누군가를 만나는 공간.
한 명보다 둘, 셋의 든든함이 느껴지는 공간.
여럿이 함께 모일 수 있는 공간.
무서움을 재미로 바꿀 수 있는 공간.

다시 기억이 난 두려움이란 감정에서 벗어나기 위해 어린이들은 교실 안의 좁은 공간에 몸을 숨겼다. 처음엔 혼자, 점차 둘, 셋, 그리고 모두 함께 모이는 과정에서 또래와 밀착하고 살을 맞닿으며 안정감을 느껴간다. 모두 함께 오밀조밀 밀집되어 모이는 과정에서 두려움을 극복할 뿐 아니라 함께 하는 즐거움을 느끼기 시작했다.

몰입 속에서 전파되는 희열

"도-비"
"십구, 십구 틀어줘"

무서움을 느끼게 했던 음악은 어느덧 어린이들의 몸을 숨기고 함께 즐길 수 있는 음악이 되어가고 있었다. 어린이들이 음악에 몰입하는 가운데 한 어린이로부터 마라카스 연주가 시작되고 곧 교실의 모든 어린이에게 전파되었다. 특별한 감정을 교류하며 한 공간에 모여 함께하는 즐거움을 경험한 어린이들은 자연스럽게 서로의 표현에 반응하기 시작했다. 어린이들은 음악에 흠뻑 빠져 마라카스를 흔드는 친구를 보며 '너도 재미있니?', '나도 그래'하고 화답하듯 눈을 맞추고 몸짓으로 서로의 감정을 표현하며 공유한다. 마치 교실 안에서 '협연'이 이루어지듯이 어린이들은 마라카스, 케이지벨, 스카프 등을 흔들며 함께 연주한다. 교사들은 한 가지 음악에 몰입해 음악적 요소들을 탐미하며 정확한 박자에 맞춰 악기를 연주하는 어린이들의 모습에서 유능함을 느꼈다. 어떻게 가능한 걸까?

조금 더 가까이 들여다보니 놀라운 사실을 느낄 수 있었다. 어린이들은 음악과 함께 상대방의 움직임, 동작 하나하나, 세밀한 표정까지 매우 집중하고 신호를 주고받으며 함께 한 곡을 협력하며 연주하는 것이었다.

어린이들은 평범한 일상 가운데 우연히 일어난 감정이 친구에게도 있음을 알아차리는 순간, 이 감정을 친구와 함께 나누고자 하는 욕구가 생기는 듯하다. 일상의 감정이 매우 특별한 감정으로 변한 순간이 아닐까? 이 특별한 감정을 공유하고자 하는 신호는 만1·2세 어린이들에게서 매우 다양하게 나타났다. 친구들의 언어, 눈빛, 표정, 몸짓의 표현으로 읽어지는 감정이 나에게 전달되고 나의 표현이 친구에게 전달되는 과정에서 어린이들은 더 적극적으로 소통해가고 더 긴밀하게 감정을 공유해가고 있었다. 혼자였다면 지나쳐버리거나 쉽게 덮었을지도 모를 감정이 친구와 함께였기에 적극적으로 표현하고자 하는 바람으로 나타나 특별한 감정을 즐기는 시간이 되지 않았나 생각해본다.

갓 태어난 영아들조차 눈앞의 사람들의 행위를 모방하거나 양육자의 표정을 참조하여 반응하는 사례들을 많이 접하게 된다. 이는 사회적 존재로서의 인간이 주변의 다른 존재에게 민감하게 반응할 수 있는 성향과 잠재력을 지니고 태어남을 말해준다. 또 개별적 자극이 없어도 영아집단은 종종 동일 감정에 휩싸이곤 한다. 그래서 한 영아의 울음은 다른 영아들을 자극하여 스트레스의 근원과 상관없이 따라서 울기도 한다. 이 상황에서 큰 역할을 하는 것은 자극 자체보다는 영아들 간 감정을 공유하는 능력으로 보인다.

위의 사례에서처럼 책의 그림, 교사의 책 읽어주는 말소리, 음악과 같은 외부로부터의 자극이 있으면 영아들에게는 무섭거나 즐거운 감정이 생겨날 것이다. 이 과정에서 영아들은 몸짓, 표정, 호흡, 목소리 톤 등 자신이 방출하는 신호들을 의식하지 못한 채 서로를 자극한다. 집단 안에 급격히 생성된 감정적 흐름은 곧 전염되며 순간적으로 공감대 형성이 일어난다. 그 결과 집단 안 어린이들은 개개인의 감정 변화의 합 이상의 효과, 즉 감정적 상승효과를 경험하는 것으로 보인다. 두려움의 강화나 즐거움의 배가처럼 감정의 진폭이나 강도가 강화되는 것이다. 이것이 집단의 힘, 공감의 위력이다. 일단 전염되고 공유된 감정은 다시 집단 내 개별 어린이들의 감정을 더 자극하기도 한다. 요약하면, 개인이 느끼는 감정이 결국 집단을 강하게 지배하게 되고 이것이 다시 개인에게 돌아가는 것이다.

그렇다면 영아들은 단순히 주어진 자극에 반응하는 것뿐인가? 아무리 영아들의 타고난 민감성과 공감 능력을 인정한다고 해도, 위의 사례에서와 같이 영아들의 두려움이 즐거움으로 이어지는 상황은 특별하다. 이 경우 감정의 공유는 생산적 변화를 이끌었다. 어린이들은 단순히 자극에 반응하면서 그 자리에 머무는 것이 아니라, '함께하기'를 통해 자신들 감정의 변화, 즉 '두렵지만 재미있는' 경험으로의 전환을 이끈 것이다. 이 경험을 통해 영아들은 몸으로 체험하며 함께함의 위력을 깨닫게 되었을 것이고, 앞으로도 친구와 함께라면 자신들 감정의 흐름을 변화시키는 주체가 될 수 있음을 인식하게 되었을 것이다.

여기서 이미 작은 집단생활을 통해 서로의 존재를 의식하고 의지해 온 영아들의 함께 쌓아온 역사가 도움이 되었을 것이다. 친근함과 상호 신뢰감은 영아들이 두려움을 즐거움으로 전환하는 과정에 긍정적으로 작용할 수 있다. 더구나 위의 과정에서 영아들은 말보다는 다른 언어, 즉 표정, 몸의 움직임, 목소리의 톤 등으로 말하고 있는 바, 서로 익숙한 몸짓과 표정은 상대방의 감정을 아주 능숙하게 읽어내는 데 도움이 되었을 것이다. 종합적으로 볼 때, 교사가 영아들만의 소통 언어에 민감하고, 나름의 표현방식을 읽어주며, 그들의 감정적 흐름을 존중하고 따라가 주었기에 영아들은 '함께함'의 위력에 힘입어 새로운 경험을 만들어 나갈 수 있었다. 그러므로 우리는 영아의 다양한 표현 언어를 인식하고 활용하며 영아들이 보여주는 반응에 더욱 민감하게 주목하여야 할 것이다.

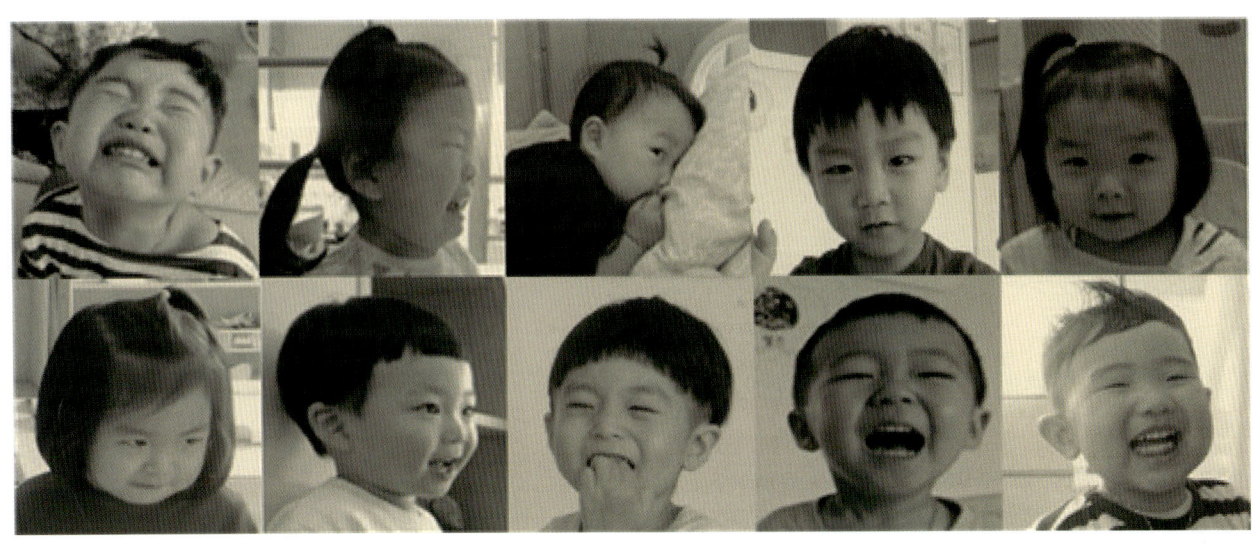

3-1. 어린이들의 놀이 속에서 작동하는 협력의 가치

몰입과 더불어 정교해져가는 팽이놀이

만3세, 박경아 교사

아이스크림 모형을 돌리는 지호

유난히도 무더운 8월의 여름, 교실은 아이스크림을 사고파는 어린이들의 목소리로 시끌벅적하다. 아이스크림 가게 놀이가 한창인 가운데, 지호는 역할영역 한 편에 앉아 아이스크림 모형을 잡고 돌리기를 반복한다. 벌써 3일째다. 주변 어린이들은 아이스크림을 사고팔고 먹는 놀이에 빠져, 아이스크림을 돌리는 지호에게는 큰 관심을 보이지 않는 듯하다. 일주일쯤 지났을까? 평소처럼 지호는 아이스크림 모형을 돌리고, 그 모습을 보던 준휘가 다가와 묻는다.

준휘: 지호야, 넌 아이스크림을 왜 맨날 돌리고 있어?
지호: 이거 팽이야. 이름은 제트 안킬레스.
준휘: 그래? 나도 같이 해보자.
지호: 넌 이름 뭐라고 할 거야?
준휘: 나? 난... 캡틴 아메리카?

교사는 어린이들의 이야기를 들으며, '아! 지호는 이름까지 지어주며 그동안 팽이 놀이에 몰입했던 것이었구나. 왜 제트 안킬레스일까? TV속 만화 캐릭터인가? 매체를 모방하는 놀이는 어떤 교육적 가치가 있을까?' 하는 생각들이 들었지만, 우선은 아이스크림 모형을 연속적으로 돌리기 위해 몰입하는 지호와 그런 지호에게 관심을 보이는 준휘의 행동을 조금 더 지켜보기로 했다.

책상 위에서 팽이를 돌리던 두 어린이는 팽이가 자꾸 떨어지자 바닥에 팽이를 놓고 "쓰리, 투, 원! 고~ 슛!"이라는 구호와 함께 팽이 돌리기를 반복한다. 그러던 중 지호가 돌린 팽이가 조금 떨어져 있는 미술 책상 아래로 굴러간다.

지호: (달려가 팽이를 잡으며)아. 왜 이렇게 멀리 가는 거야.
준휘: 막혀 있어야 하는데 교실이 넓어서 그래.
지호: 아! 선생님, 여기 앉아서 다리 좀 펴 봐요.

한 명의 관심이 세 명의 놀이로

교실 바닥에서 아이스크림 모형을 돌리던 지호는 바닥이 열려있는 공간이기 때문에 자신이 원하지 않는 방향으로도 굴러간다는 것을 인식한다. 지호는 교사의 다리와 자신의 다리를 붙여 막힌 공간을 구성하고 그 안에서 아이스크림 모형 돌리기를 시도한다. 그 장면을 묵묵히 지켜보던 대현이가 역할 영역 교구장으로 달려가 하얀색 바구니를 들고 온다.

대현: 얘들아. 그럼 여기 안에다 돌려볼까?
준휘: 오! 팽이장 같다 이거.
지호: 너무 작아서 안 될걸. 부딪치잖아.
대현: 그래야 멀리 안 가지.
준휘: 맞아. 그리고 원래 팽이는 부딪치면서 시합하잖아. 우리 집에 네모난 팽이장 같은 거 있는데, 그거 내가 내일 갖고 올게.

우리도 팽이 놀이가 하고 싶어

다음 날 준휘는 친구들과의 약속대로 집에 있는 네모난 상자를 가져왔고, 그 다음 날은 대현이가 동그란 팽이장을 가져온다. 팽이에 대한 어린이들의 관심은 점점 더 확산되어 아이스크림 모형에서 벗어나 블록으로 팽이를 만들기도 하고, 재활용품을 변형시켜 자신만의 팽이를 만들기도 한다. 이날도 어김없이 팽이장 안에서 각자가 만든 팽이를 돌리며 시합하기에 여념이 없는 어린이들이다. 그때, 그 모습을 잠시 지켜보던 아람이가 말한다.

아람: 지운아, 우리 같이 놀자.
지운: 안 돼. 이거 남자 놀이야.
대현: 맞아. 이건 남자들만 할 수 있지!
아람: 선생님! 팽이는 남자들만 하는 놀이에요?
       지운이랑 대현이가 남자만 하는 거래요.
지운: 아, 아니야. 여자도 해도 돼. 장난이지. 너도 너 팽이 찾아와.

"선생님! 팽이는 남자들만 하는 놀이에요?" 라는 아람이의 질문을 듣는 순간 많은 생각이 머릿속을 스쳤다. 그동안 남자 어린이들 위주로 팽이 놀이가 진행되기는 했지만, 단순히 여자 어린이들보다 남자 어린이들이 팽이를 더 좋아하기 때문이라고 생각했다. 그 동안 교사인 나는 왜 '여자 어린이들보다 남자 어린이들이 팽이놀이에 더 열광하는 이유'에 대한 궁금증이나 의문을 갖지 않았을까? 팽이라는 놀이 소재를 남자 어린이들이 더 좋아할 것이라는 나의 선입견이 작용한 것은 아니었을까? 내일은 팽이 놀이에 몰입하는 하나의 상황에만 집중하는 것이 아니라 아람이처럼 팽이 놀이 환경을 지켜보거나 관심을 보이는 여자 어린이들은 없는지, 관찰의 시야를 넓혀보아야겠다고 다짐한다.

공간의 해체, 더욱 활성화된 함께 놀이

그렇게 사흘이 지난 어느 날이었다. 연주와 윤정이가 남자 어린이들과 조금 떨어져 있는 공간에서 두꺼운 도화지에 나무 막대를 꽂아 만든 팽이를 잡고 좌우로 돌리고 있다. 며칠간 관찰의 시야를 넓히니 '팽이 시합'에 참여하지는 않지만 마음에 드는 팽이로 놀이하는 여자 어린이들이 눈에 더 많이 들어오는 듯하다. "선생님, 우리 이거 밖에 가지고 가서 놀면 안 돼요?" 연주의 질문에 교사는 '그래, 교실 놀잇감을 교실 밖으로 가지고 나가지 말란 법은 없지. 왜 팽이 놀이를 밖에서 할 생각은 못 했을까?'라고 스스로에게 되물어 봤다. 그리고 어쩌면 공간의 해체로 새로운 팽이 놀이가 전개될 수 있을 것 같은 들뜬 기분이 들었다. 연주의 이야기를 들은 어린이들도 교실에 있는 팽이장과 우리가 만든 팽이를 가지고 놀이터로 나가면 재미있겠다며 목소리를 높였고, 어린이들의 의견을 반영해 팽이와 팽이장을 다 같이 들고 실외놀이터로 향했다.

연주: (나무 막대기 팽이를 돌리며) 선생님, 밖에서 하니까 재밌어요.
준휘: 연주야, 너 꺼 쓰러졌다.
연주: 아, 김연주. 실패했습니다. 나 다른 거 돌릴래.
준휘: 응. 그게 더 잘 돌아가. 이번엔 더 세게 돌려봐.
연주: (플라스틱 팽이를 돌리며) 오! 진짜 빠르네? 나도 이제 잘 돌리지 팽이.
예윤: 나도 돌려볼래. 지윤아, 우리도 팽이 시합하자!
지윤: 그래 예윤아! (팽이가 든 바구니를 뒤적이며) 우리도 엄청 빠르게 돌리자. 알겠지?
예윤: 응! 쓰리! 투! 원! (지윤이와 동시에) 고~ 슛!

1시간이 넘는 시간 동안 짝을 바꿔가며 팽이 시합에 몰두하는 어린이들. 여자 어린이들이 표현하는 말 속에서 비록 익숙하고 능숙한 놀이는 아니지만, 낯선 놀이를 자발적으로 시도함으로써 갖는 성취감이 느껴졌다. 어린이들은 놀이터라는 외부 놀이 환경에서 물놀이대라는 대형 팽이장을 새롭게 발견하기도 하고, 모래놀이 중이던 만5세반 형님들을 팽이 시합에 초대하기도 한다. 같은 팽이 놀이지만 바깥 공간으로 나온 이날의 팽이놀이는 평소와는 달라보였다. 놀이터에서 만난 형님들에게 직접 만든 팽이를 소개하고, 팽이 놀이에 초대하는 어린이들의 표정에 자신감과 뿌듯함이 묻어나는 듯하다.

우리 반의 팽이 놀이는 더 이상 어린이 한 명의 놀이가 아니며, 교실 안에서만 할 수 있는 놀이도 아니다. 이후에도 어린이들은 한 달이 넘는 시간 동안 비슷하지만 조금씩 달라지는 팽이 놀이를 전개해간다. 한 명의 어린이가 시작한 아이스크림 모형 돌리기는 각기 다른 어린이들의 관심과 생각, 그리고 교사의 관찰과 지원이 더해져 '함께놀이'가 되었다. 오랜 시간 다양한 모습으로 전개되었던 팽이놀이의 원동력은 공통의 집단 속 열 세명 어린이들이 각자 주도적으로, 그리고 함께 놀이함으로써 발휘될 수 있었던 역동성의 힘이었을 것이다. 어린이들은 내일도, 그 다음 날도 서로가 가진 다른 이해와 생각을 나누고 조율하는 과정에서 자신들의 놀이를 발전시켜 갈 것이며, 내가 생각하지 못했던 흥미진진한 놀이를 펼쳐나갈 것이다. 우리 반에서는 또 어떤 이야기가 시작될까?

위 기록을 읽다 보면 교사는 몇 가지의 고민이 있었다. 만화 캐릭터를 표방한 팽이 놀이, 다른 어린이의 접근에 저항감을 보이는 어린이들, 좁은 교실을 벗어나 확장되어가는 놀이 공간 등은 교사를 머뭇거리도록 만들었다. 그러나 대다수 고민은 교사가 아닌 어린이들이 스스로 문제를 풀어나가면서 해결되었다. 어린이들이 관계 맺고 있는 만화 속 캐릭터가 교실 안에 들어와서 놀이의 몰입과 즐거움을 만들어내는 매체가 되었다. 남자 놀이라고 주장했던 어린이는 '장난이지~'하며 유머를 드러내고 여자 친구와 함께 흔쾌히 놀이를 즐겼다. 넓은 교실에 팽이가 굴러다니자 어린이는 교사의 다리를 빌려 막힌 공간을 만들기도 했고 '네모난, 동그란, 대형 팽이장'이 등장하기도 했다. 이런 모든 것들은 교사가 고민하는 사이, 놀이에 몰입된 어린이들이 자신들의 놀이를 이어가기 위한 노력의 산물이다. 우리는 어린이들에게 창의력, 자발성, 문제해결력, 탐구심을 키워주기 위해 부단히 노력한다. 그러나 이런 성향들은 우리가 키워줘야 비로소 성취되는 자질이라기보다 언제 어디서나 어린이 스스로 키워갈 준비가 되어있는 자질들이다. 단지 우리가 어린이들의 잠재력을 믿고 기회를 주기만 한다면 가능하다. 이번 이야기를 통해 교사는 어린이들 스스로 놀이를 규정짓고, 놀잇감, 놀이대상, 놀이 공간을 선택하고 활용할 때 자신감과 성취감이 더해간다는 것을 알게 되었고 실험과 탐구 정신으로 놀이를 역동적으로 만들어낸다는 것도 발견하였다.

그렇다면 어린이들이 주도적으로 놀이할 기회를 주면 왜 놀이가 풍성해질까? 단지 어린이의 무한한 잠재력의 발현으로 설명하기에는 부족하다. 위 사례를 들여다보면, 교사 개인이 미리 준비하고 생각해 내는 수준 이상의 다양한 상황과 아이디어가 첨가되고 작동하였기에 놀이가 계속 변형되고 발전된 것으로 보인다. 강박적으로 바람직한 방향만을 고려하고 수렴적으로 사고하는 교사와 달리, 어린이들은 선입견과 책임감에 구애받지 않아 생각이 확산적이고 자유롭다. 그 예로 팽이놀이를 실외에서 하자며 교사에게 제안하여 공간 확장의 가능성을 깨닫도록 해준 것도 어린이였다. '함께놀이'를 이야기할 때 우리는 흔히 생각들이나 의도가 조율되고 해결책을 찾는 협력적 과정에 무게를 둔다. 그러나 처음부터 다채로운 생각들이 놀이의 장으로 '소환되지 않는다'면 서로 조율할 거리나 대상이 없다. 놀이에서 어린이들의 주도성과 자율성은 더 나은 방향으로 조율해 나가는데 기초가 되는 '다름' 혹은 '다양성'을 확보해주는 역할을 하는 것으로 보인다.

우리는 슈퍼도로를 만들 거예요!

만3세, 채송화 교사

교실에서의 놀이시간은 '규칙 정하기'에서부터 시작된다. 놀이시간의 규칙은 평화로운 교실을 만들기 위해 문제행동을 하는 어린이들에게 꼭 필요한 수단이라고 생각해 왔다. 우리는 어린이들의 놀이를 기록하는 과정에서, 놀이시간의 많은 규칙들과 제한으로 인해 어린이들의 놀이를 방해해온 건 아닌가? 스스로 놀이를 할 수 있게 어린이들에게 자율성을 준다면 어린이들은 어떻게 놀이해 갈까? 라는 질문을 가지게 되었고 어린이들의 놀이에 귀 기울여 보았다.

우리의 결심을 실행으로 옮기기 전, 교실을 둘러보니 도로 만들기 놀이를 하기 위해 서로 먼저 쌓기영역에 이름표를 붙이며 다툼과 갈등이 일어나는 모습을 자주 지켜볼 수 있었다. 이름표가 놀이를 방해하고 있다는 생각이 들어 영역마다 이름표를 없애고 자유롭게 놀이를 할 수 있도록 바꿔보았다. 그런데 이름표에 익숙해져 있었는지 어린이들은 당황해하고 불안감을 보이며 교사에게 많은 질문을 하기 시작하였다.

"선생님 왜 이름표 안 해요?"
"친구들이 모두 도로 놀이를 하려고 해요."
"친구들 다 같이 놀이해도 되는 거예요?"

이름표가 없어지면서 도로를 만들며 구성하는 놀이를 하고 싶은 어린이들이 마음껏 놀이 할 수 있게 되었음에도 불구하고 도로를 만드는 과정에서 어린이들의 다툼은 여전히 빈번하게 일어나고 있었다. 어린이들은 튼튼하고 힘이 센 도로를 만들고 싶어 했지만 도로가 쓰러지고 망가지게 되면서 놀이 중 작은 실수도 친구의 탓을 하게 되었고 도로판을 빼앗거나 서로에게 상처 되는 말을 하기도 하였다.

"야! 너 때문에 도로가 자꾸 무너지잖아!"
"이렇게 하면 쓰러진다고! 너가 만든 도로도 무너뜨릴 거야!"
"너 미워! 도로 만들기 하지마!"
"너랑 안 놀아!"
"아 진짜!"

그동안 교사는 어린이들 간의 다툼 상황을 어떻게 해결할 것인가에 집중했었다. 그러나 어린이들에게 자율권을 주기로 한 이상 섣불리 개입하기보다 다툼의 원인이 되고 있는 놀이에서의 문제 상황에 점점 집중해 나가기 시작했다. 교사는 놀이를 관찰하며 '왜 자꾸 도로가 쓰러지는 걸까? 도로를 쓰러지지 않게 할 순 없을까? 도로가 쓰러지지 않으면 어린이들이 서로 다투는 일도 없을텐데….'라는 고민이 들기 시작했다.

그러던 중, 어린이들이 서서히 자신들의 의견을 내기 시작했다.

(벽돌블록 지지대 두개를 합치며) "쓰러지지 않게 이렇게 하면 어때요?"
(도로 가운데 부분에 블록을 채우면서) "여기 가운데에 이렇게 블록을 넣어주면 되요."
"친구들과 다 같이 힘을 모으면 되요."
"우와 그럼 도로가 엄청 커지겠어요~~ 교실은 너무 좁아요."

함께 놀이하면서 문제 상황에 집중하게 되니 어린이들은 서로의 의견을 나누기 시작하였고, 서로 간의 다툼이 조금씩 줄어 들어가며 친구들의 의견에 귀를 기울여갔다. 어린이들은 함께 도로를 만들어 가면서 더 재미있게 놀이하고 싶어 했다. 길을 계속해서 길게 이어가려 했고 기울기가 있는 오르막과 내리막 경사를 만들어 보며 끊임없이 새로운 시도를 해보았다. 그 과정에서 다양한 형태의 길에 관심을 갖게 되었고 기울기와 속도의 관계, 지지대의 역할, 무게 중심과 균형에 대해 고민해 볼 기회가 있었다. 어린이들은 나름 각자의 이해를 구성해 갔으리라 생각된다. 무엇보다도 주목할 만한 부분은 어린이들의 몰입과 이로 인한 어린이들의 놀이하는 모습의 변화이다.

함께놀이가 이루어지면서 놀이를 이끄는 친구가 생겨나고 때로는 각자 역할을 분담하여 놀이를 하였다. 어린이들은 서로의 의견을 조율해 가며 견고한 도로 만들기에 계속 몰입했다. 어린이들은 능동적으로 놀이하는 과정에서 다양한 시도와 실험을 하게 되고 서로 많은 이야기를 주고받았다. 도로 뿐만이 아니라 도로를 구성하는 공간 자체에 이전에 경험해 본 주유소, 성당, 엘리베이터 등 많은 것들을 끌어 들이기 시작하면서 놀이는 더욱 풍성해져 갔다.

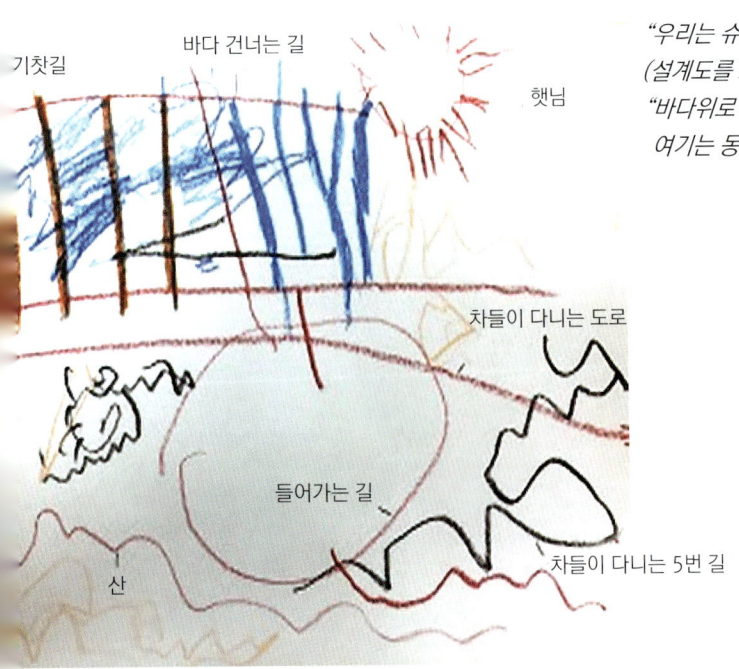

"우리는 슈퍼도로를 만들 거예요."
(설계도를 보여주며)
"바다위로 가는 기찻길, 넓은 큰 도로도 있고
여기는 동그랗게 돌아가는 슈퍼도로예요."

"(설계도를 보며) ○○아 여기서 뭐 만들래?"
"난 슈퍼도로를 다 볼 수 있는 높은 엘리베이터를 만들고 싶어"
"성당을 만들면 어때?"
"난 주유소 만들 거야!"

3-1. 어린이들의 놀이 속에서 작동하는 협력의 가치

두 달간 진행하면서 어린이들의 놀이를 위해 교사로서 많은 지원과 부담감을 갖기도 했다. 그래서 마음 한편으로는 '어린이들의 프로젝트가 빨리 끝났으면...'하는 마음도 있었던 것 같다. 반면에 어린이들은 서로 다른 생각과 의견 때문에 마찰을 경험하기도 하였고 튼튼한 도로를 만들기 위해 가설을 세우고 끊임없는 도전과 실험을 하였다. 어린이들이 보여준 모습들이 교사가 가졌던 부담감과 부정적인 마음, 편견을 내려놓을 수 있도록 도와주었고 좀 더 지켜보며 기다릴 수 있게 했다. 이를 통해 우리는 어린이들은 많은 어려움이 있었지만 그 과정을 즐겼고 스스로 변화를 만들었으며 문제를 해결해 나갈 수 있는 유능한 존재라는 것을 깨닫게 되었다.

어린이들은 놀면서 살아가고, 그 놀이의 과정에서 배움이 일어난다고 한다. 그렇기에 어린이들이 마음껏 놀이할 수 있도록 놀이 환경을 구성해 주는 것은 중요하다. 어린이들이 살아가는 우리의 교실은 어떠할까? 과연 어린이들이 마음껏 놀이할 수 있는 놀이 환경일까?

교사는 놀이 환경을 구성할 때 영역을 나누고, 놀잇감을 제공함과 동시에 놀이 속에서 지켜야 할 규칙도 함께 제시한다. 왜냐하면 많은 어린이들이 안전하게 함께 놀이하기 위해서 규칙은 꼭 필요하다고 여기기 때문이다. 그런데 어린이들이 안전하게 놀이할 수 있도록 정한 규칙이 오히려 어린이들의 놀이를 방해하고 있었던 것은 아닌지, 혹시 규칙은 어쩌면 교사가 좀 더 수월하게 아이들을 통제하기 위한 것은 아닌지 되돌아보게 되었다. 교사가 어린이들에게는 마음껏 놀이할 수 있는 권리가 있음을 이해하고 놀이의 환경을 새로운 시선으로 바라보게 되면서, 그들에게 그 권리를 누릴 수 있는 기회를 주기 시작한 것은 의미 있는 변화였다.

그런데 놀이 환경에 대한 교사의 관점 변화가 모든 것을 해결한 것은 아니었다. 규칙과 영역구분을 없애고 어린이들에게 자율적 놀이 환경을 제공하였지만 놀이 안의 다툼은 여전하였고, 교사는 다시 한 번 관점의 전환을 시도한다. 교사가 어린이들 사이의 다툼이나 문제 상황만을 해결하기 위해 "미안해", "괜찮아"를 반복하도록 격려하기보다 다툼이나 문제가 일어나게 된 전후 놀이 속 문제 상황에 좀 더 집중하도록 어린이를 유도하였다. 그러자 서서히 어린이들이 문제를 스스로 해결하기 위해 의견을 나누고 상대방의 의견에 귀를 기울이면서 함께 협력하면서 몰입이 일어났다. 어린이들이 슈퍼도로를 만들기 위해 놀이에 몰입해 갈수록 다양한 시도와 실험이 계속되어졌고, 그들의 놀이 가운데 만들어가는 이야기는 더욱 풍요로워져갔다. 풍요로운 이야기는 더욱 몰입을 가속시키며 놀이를 지속하고 싶은 욕구를 일으켰다.

주어진 규칙과 환경 안에서 놀이하는 것에 익숙한 어린이들이 놀이 안에서 자율권과 주도권을 부여받는다고 해서 저절로 생산적 방식으로 협력하고 배움이 일어나는 것이 아니다. 어린이들이 타고난 성향이라도 이를 발휘하고 발전시키기 위해서는 도움이 필요하다. 여기서 교사가 다툼 상황을 종료하는 것에 매몰되기보다 공동의 문제 상황에 주목하도록 유도한 것은 이 놀이에서 결정적인 전환점이 되었고, 이로 인해 놀이에의 몰입과 실험, 배움과 즐거움 그리고 더 깊은 몰입으로 이어지는 선순환이 일어날 수 있었다. 이처럼 협력도 학습할 기회가 필요하다. 충분히 긍정적 경험을 통해 협력하는 태도를 배우게 되면 앞으로도 어린이들은 놀이를 통해 도전하고, 실험하며 협력하고 많은 것을 배워나갈 것이다.

우리는 슈퍼도로를 만들 거예요!

진짜 마법의 열매인가 봐~
장난 마법의 열매가 아니고

만4·5세, 윤지은·김은애 교사

학기 초, 찬슬반에서는 공주놀이가 끊임없이 이루어지고 있었다. 이러한 어린이들의 흥미에도 불구하고 교사에겐 우려되는 점이 많았다. 역할 배정에서 드러나는 빈번한 갈등, 단짝 친구들과만 이루어지는 제한적인 또래 관계, 그리고 적절하지 않은 성 역할의 편견 등. 특히 역할을 정하며 시작되는 갈등상황은 공주놀이를 시작조차 하지 못하고 끝나게 하였다. 그래서 교사는 협의를 통해 어린이들이 어떻게 갈등상황을 해결하는지 들여다보기로 하였다.

연희(만5세)는 율희(만4세)와 함께 노는 것을 좋아한다. 매일 함께 공주놀이를 하지만 공주 역할을 정하는데 항상 갈등이 있었다. 연희는 '언니'라는 이유로 오늘도 동생 율희의 이야기를 들어주며 공주 역할을 양보했다. 그런 언니에게 미안하고 고마운 마음이 생겼는지 율희가 연희에게 예뻐지는 '악마의 열매'를 선물한다.

율희: 언니 내가 냉동실에 넣어둘게~
언니 벌써 예뻐진 것 같은데?
언니도 공주가 되고 있어.

율희가 선물한 악마의 열매는 '양보해줘서 고마워'의 의미가 담긴 마음 표현의 수단이었을지 모르겠다.

그 날 이후로도 마법은 종종 등장했다. '아브라카다브라'라며 마법의 주문을 외우기도 하고, 마법의 힘이 있는 '스톤'을 주고받기도 하고, 나쁜 공주에게 먹이기 위해 마법의 약이나 마법의 열매를 만들기도 하였다. 이러한 마법적 요소는 여자 어린이들의 공주 놀이에 국한되지 않았다. 점차 남자 어린이들 사이에서도 마법의 주문이나 열매를 주고받는 놀이가 이루어졌다. 어린이들은 마법의 열매를 선물하며 친구들의 놀이에 참여하고 있었다. '같이 놀자'라고 말하지 않아도 함께 놀 수 있는 어린이들만의 소통 방법 같았다. 교사는 어린이들이 마법적 요소를 어떤 상황에서 사용하는지 살펴보기로 하였다.

소망을 담은 마법의 열매

마법의 열매 놀이를 하는 어린이들에게 친구들과 언니들이 묻자 '꿈을 이루어주는 마법의 열매'라고 대답한다.

"빌리보를 타고 하늘을 날 수 있어."
"더 예쁜 공주가 될 수 있어."
"선생님도 날씬해질 수 있어요."
"마법의 힘이 있으면 무엇이든 다 할 수 있거든요."

교사는 어린이들의 '환상적인 소망'을 표현할 수 있도록 마법의 열매를 만들 수 있는 자료를 제공해주었다. 어린이들은 조금씩 현실을 반영한 '진짜 자신의 소망'을 마법의 열매에 담아가기 시작한다.

"스스로 편지 쓸 수도 있고 글씨를 보면서 책을 읽을 수 있어."
"형님들처럼 색종이 접기도 잘 할 수 있어."
"난 보드게임 잘하는 마법의 열매. 자꾸 원숭이 게임 지니까 이길 거야."
*"(귓속말로)밤에 졸린 데 잠이
 안 와서… 잠이 오게 하는
 마법의 열매가 필요해."*

어린이들은 그들의 소망뿐만 아니라, 그 누구에게도 말하기 힘든 자신들만의 비밀을 담았다. 그리고 그들끼리의 격려를 주고받았다. "괜찮아, 이거 먹으면 괜찮아질 거야. 마법의 힘으로."

친구에게 마음을 전하는 마법의 열매

마법의 열매는 어린이들 간의 관계를 회복시켜 주는 역할을 하기도 하였다.

채현: 니가 상냥하게 말해야 빌려주지. 너 왜 자꾸 화를 내!
연희: 나 화낸 거 아니야! 그냥 보여 달라고 말한 거잖아!
채현: (연희도 들리게) 우리 상냥해지는 마법 열매 만들자.
윤희: 좋아!

퉁명스럽게 말하는 연희에게 화가 난 채현이가 마법의 열매를 만들자고 윤희에게 제안한다. 연희와 윤희도 좀 전에 서로 갈등이 있었다. 이 말을 들은 연희는 속상했던 걸까 다른 영역으로 놀이를 하러 갔다. 그럼에도 채현이와 윤희가 의식되는지 힐긋힐긋 쳐다본다.

진짜 마법의 열매인가 봐~ 장난 마법의 열매가 아니고

윤희: 연희야~ 마법이 열매 다 만들었어. 이제 먹어봐. 같이 놀자~
연희: (마지못해 다가간 것처럼) 흥, 나 속상해. 한 번만 먹어 줄게~ 이거 뭔데?
윤희: 상냥해지는 마법의 열매. 너 화가 많이 난 것 같아서.
연희: 속상하니까 그렇지… 너희가 나랑 안 놀아주니까…
윤희: 이제 이거 먹었으니까 상냥해질 거야~
연희: (상냥하게) 채현아~ 나 구슬 보여줘. 나도 보여줄래?
채현: 음… 그래 좋아!

'상냥하게 말해'라는 말로는 변화를 만들어 낼 수 없었다. 오히려 그 말로 인해 갈등은 깊어졌다. 그때 채현이와 윤희는 연희에게 마법의 열매를 통해 마음을 전한다. 직접적인 말이 아니기에 표현하기도, 받아들이기도 좀 더 쉬워진다. 게다가 각자 되돌아보는 시간을 가지게 되었다. 마침내 어린이들은 같이 놀고 싶다는 서로의 진심을 나누게 된다.

친구들을 격려하고 힘이 되어주는 마법의 열매

실외활동시간에 줄넘기를 하는 시간이 많아졌다. 먼저 줄넘기를 배운 친구를 보면서 어린이들은 줄넘기를 잘하고 싶어 하였다. 하지만 점점 실력 차이를 느낄수록 시도하기보다 하나 둘 포기하기 시작했다. 그 중 윤희는 가장 크게 실망하며 시도도 하지 않고 그저 바라보는 어린이였다. 안타까운 마음에 교사가 다가가 방법을 알려주며 격려하였지만 소용없었다.

 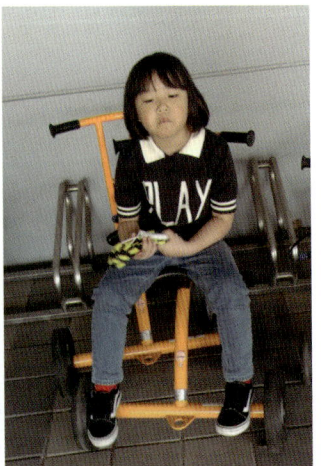

"나는 줄넘기 못해서 재미없어요."

그렇게 며칠이 지난 후, 연희와 채현이가 제안한다.

연희: 윤희야~ 너 줄넘기 하느라고 힘들었잖아~
　　　내가 줄넘기 잘하는 마법의 열매 만들어줄게.
채현: 오~그거 좋아! 윤희가 맨날 줄넘기 할 때마다 너무 힘들어하잖아.
윤희: 그래 좋아. 만들어줘~ 내가 먹어볼게.

채현이와 연희가 만든 마법의 열매를 먹은 윤희는 벌떡 일어나 제자리에서 줄넘기를 하는 모습을 보이며 뛴다.

윤희: 오~이거 봐. 나 줄넘기가 잘되는 것 같아.
　　　오 대박! 진짜 높이 뛴다. 줄넘기 잘 할 수 있을 거 같아. 진짜야.
연희: 진짜 마법의 열매였나 봐. 장난 마법의 열매가 아니고!!!
윤희: 빨리 바깥놀이 가고 싶다. 줄넘기하고 싶어!
　　　이렇게 줄넘기 100개 할 수 있을 것 같아!
연희: 내가 만들어준 마법의 열매를 먹고 줄넘기 잘하니깐 좋다. 기분이 좋아.
윤희: 만들어줘서 고마워~ 우리 나가서 줄넘기 100개 하자~

그리고 다음날부터 윤희는 다시 시도하는 모습을 보였다. 이제 조금씩 재미있어지기 시작한 듯 실외 활동시간이 되면 먼저 줄넘기를 가지고 나가냐고 묻는다. 그리고 그 어느 때보다 자신감 넘치는 목소리로 말한다. "선생님 오늘 줄넘기 10개 해볼게요. 보세요!"

진짜 마법의 열매인가 봐~ 장난 마법의 열매가 아니고

마법의 힘을 믿으면 마법이 이루어진다?

교실에서 종종 우리는 마법 이야기를 듣는다. 그저 어린이들의 흔한 환상놀이 중 하나로 치부하며 지나가곤 한다. 하지만 찬슬반 어린이들은 마법을 빌려서 자신의 마음을 표현하며 관계를 맺어가고 있었다. '왜 하필 마법이었을까?' 사실, 어린이들은 실제 마법의 열매는 먹을 수도 없고, 먹는다 한들 그런 일이 일어나지 않는다는 것을 알고 있었다. 마법이 진짜가 아님을 알면서도 '혹시 변화시킬 수 있을지도 모른다.'는 기대와 함께 그것을 활용해 어려운 문제를 풀어보고자 한 것은 아닐까 생각된다. 친구와 관계를 맺는다는 것이 그리 녹록하지 않다는 것을 어린이들도 알고 있는 것 같다. 그냥 단순히 '친구야 같이 놀자'라는 말 한마디로는 안 된다는 것을 말이다. 이런 상황을 감지하고 적절한 '마법의 힘'을 끌어들인 것이 아닐까. 친구들에게도 매력적인, 어떤 상상을 해도 누구도 제어할 수 없는 자유로움이 있는 마법이야말로 어린이들만의 창의적인 방법이다. 그리고 마법의 힘을 믿던 어린이들은 끝내 마법의 힘을 작용하게 한다. 나의 속상한 마음을 표현하면서도 친구와 관계를 돈독하게 하기도 하고, 좌절한 친구가 자신있게 새로 도전하게 하는 '장난이 아닌 진짜 마법의 힘'을 말이다.

어린이들은 본능적으로 환상과 현실 사이의 줄다리기를 즐긴다. 환상은 어린이들만이 누리는 그들의 고유한 특권이자 때로는 도피처가 되기도 한다. 여자 어린이들은 공주놀이에서 마법을 불러오지만, 남자 어린이들 역시 마법이라는 요소를 끊을 수 없다. 이 이야기에서 처음 어린이들이 '마법이라는 그릇' 안에 담은 내용은 현실과 거리가 멀어 실현 가능성이 낮은 환상이다. 어린이들조차 마법이 실제 이루어지리라고 믿지 않았던 것으로 보인다. 이 과정에서 교사가 제공해 준 자료의 종류나 형태는 중요하지 않다. 단지 일상에서 흔히 발견되는 않는 사물이면 그 기능을 충분히 할 것이다. 어차피 '마법의 열매'이기 때문이다.

그러나 친구들과의 관계 속에서 마법이 등장하기 시작하면서 마법은 더 이상 장난기 어린 환상을 내포한 것이 아니라 현재 상황을 고려한 어린이들의 마음을 나타내고 있었다. 마음을 말로 나타내는 대신 마법의 열매를 건네는 행위는 제스처라는 신체적 표상을 사용한 소통방식이다. 그렇다면 교사가 제공하는 자료가 조금 더 섬세한 차이점과 특징을 지니고 있어도 좋을 것이다. 어린이들은 자료의 특징을 검토하면서 자신의 마음의 상태나 강도와 비교해 보고 선별할 기회도 가질 수 있을 것이다. 타인과의 관계 안에서 마법을 끌어오게 되면서 이들의 주문은 이전보다 신중하고 진지해진다. 마법을 실행하는 어린이는 상대의 마음을 읽고, 무엇이 필요한지를 파악하며 보다 구체적이고 현실적인 주문을 덧붙인다. 마법의 열매를 건네어 받은 어린이들 역시 최선을 다해 이 마법이 이루어지도록 해야겠다는 의무감을 느낄 수도 있다. 여기에서 마법은 자기 최면처럼 작용하기 시작하면서 소망을 향해 다가가는 데 도움이 되는 윤활제가 되기도 한다.

어린이들은 마법, 마법의 열매, 마법의 위력에 대한 생각을 지속적으로 바꾸고 이를 공유하면서 환상과 현실 사이를 넘나드는 세계를 함께 일시적으로 구축해 나간다. 그 세계 안에서 위험부담 없이 불가능해 보이는 것을 가능하게 만들리라는 소망과 기대를 가꾸기도 한다. 그러나 마법이라는 틀을 빌려왔더라도 그 세계 안의 바람을 현실화시킨 것은 어린이들 자신이었다. 어린이들의 잠재력을 믿으면 어린이의 유능함을 발견할 수 있듯이, 어린이들이 마법의 힘을 믿게 되면서 실제 마법이 이루어지는 것이다. 어린이들은 스스로 혹은 타인의 능력과 잠재력에 대해 믿음을 가짐으로 인해 소망하는 바를 실제 이루어 내는 놀라운 경험을 하게 되었고, 그래서 '진짜 마법'의 힘을 이야기하게 되었을 것이다. 이 모든 과정에서 자신에게 관심을 가지고 지켜보는 타인, 혹은 친구의 존재는 상호 영향을 주고받으며 큰 역할을 하고 있다.

성인의 카페문화를 재해석한
어린이들의 카페놀이   만3·4세, 박해진·권순주 교사

레지오 교육을 접하기 전 우리는 새로운 주제와 관련된 교구를 제시해주고 주어진 환경 안에서 자발적인 탐색을 통한 놀이가 이루어질 수 있도록 지원해 왔다. 그런데 현장연구원과의 협의 시간을 통해 우리가 마련해 준 놀이를 과연 어린이들도 진정한 자신들의 '놀이'로 받아들이고 있는지 의문이 제기되었다. 그래서 우리는 기회가 되면 어린이들이 주체가 되는 놀이를 따라가 보며 어린이의 관점에서 놀이를 이해해 보리라 마음먹었다.

어린이들의 자발적 놀이 인정하기

6월, '우리 동네' 생활 주제 속 활동인 동네 만들기를 하던 중 카페를 만들어 놀이하는 어린이들의 모습이 발견되었다. 카페는 우리가 살고 있는 지역사회에서 흔히 볼 수 있고 성인에게 익숙한 장소이다. 그런 성인의 전유물인 공간에 어린이들이 관심을 가지는 것이 흥미로웠다. '아이들은 카페를 어떻게 바라보고 있을까?' 그 이유가 궁금해진 우리는 어린이들의 카페 놀이를 따라가며 들여다보기로 결정했다.

어린이들은 저마다 카페에 대한 다양한 생각들을 지니고 있었다. '수영장이 있는 카페, 뱃놀이를 하는 카페, 2층 카페, 고래가 나오는 카페, 그리고 맛있는 주스와 음식을 먹을 수 있는 카페' 등 자신들의 여러 경험을 토대로 많은 아이디어를 쏟아내기 시작했다. 어린이들은 지속적으로 카페에 필요한 자료와 재료를 요구하였고 자신들이 생각하는 카페를 만들어나갔다. 어린이들은 매일 아침 앞치마를 두르고 커피잔과 접시를 세팅하기, 청소하기, 카페 꾸미기, 음식 만들기 등을 하고 있었다.

교사의 관점에서 볼 때, 공간의 명칭만 카페로 달라졌을 뿐, 그동안 보아왔던 교실의 가상놀이와 다른 점을 찾을 수 없었다. 어린이들의 카페 놀이에 대한 애정이 계속되는 것과 달리, 우리는 '과연 카페 놀이가 어린이들에게 교육적으로 의미가 있을까?'라는 의구심이 생겨났다. 그러나 협의를 통해 곧 우리가 카페 놀이를 들여다보기로 했던 이유, 즉 '어린이들의 놀이 이해하기'라는 본래의 목적을 다시 되새기며 그것에 집중하기 시작하였다.

놀이 속에서 숨겨진 마음 읽어내기

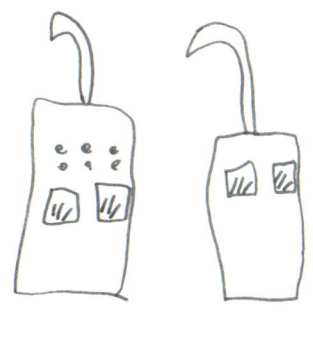

진혁: 선생님 저희 카페에 놀러 올래요?

컵, 접시, 음식을 세팅하던 진혁이가 교사에게 다가와서 묻는다. 처음 받은 초대 제안에 교사는 기분 좋은 웃음을 지으며 승낙하자, 진혁이는 집에 대한 비밀스러운 이야기를 이어간다.

진혁: 저희 집이 몇 층인지 알아요? 1층이에요.
그리고 저희 집은 어린이집보다 작아요… 그리고 이건 비밀인데 …

진혁이는 올해 신입생으로 교실 입실을 힘들어하는 어린이였다. 카페 놀이 후 진혁이는 교사를 초대하고, 자신의 이야기를 전해주며 교사에게 한 걸음씩 다가오고 있었다. 우리는 이야기를 마친 후 더 가까운 사이가 된 것처럼 느껴졌고 진혁이 또한 교사를 신뢰감이 가득 찬 눈빛으로 바라보는 기분이 들었다. 단순히 '진혁이와의 카페 놀이가 재미있었다.'라고 생각했던 교사는 협의를 통해 진혁이가 처음으로 교사에게 사적이고 개인적인 이야기를 편안하게 했다는 것을 깨달았다. 이후로 우리는 '카페'라는 공간에서 진혁이와 나누었던 '특별한 이야기'처럼 어린이들이 카페에서 어떤 대화를 나누고 있는지 뿐만 아니라 눈빛, 표정, 손짓이 무엇을 이야기하고 있는지도 관심을 갖게 되었다.

제인: (행주로 닦으며) 친구들이 오기 전에 카페 청소를 해야 해.
　　　선생님 제가 친구들이 오기 전에 깨끗이 정리해 놓을 거예요.
　　　(수진, 하윤, 진혁이가 등원하자 뛰어가며) 언니! 오빠! 내가 카페를 깨끗이 정리해 놓았어.
수진: (카페로 가서 둘러보며) 정말 깨끗하네?
하윤: 우리 그럼 카페에서 모이자!
진혁: 그래! 애들아! 우리 아빠 잘 때 코를 곤다.
제인: 우리 아빠는 드르렁~ 드르렁~ 골아서 엄청 시끄러운데!
하윤: 우리 아빠도 엄청 코 고는데?
수진: 맞아. 우리 아빠는 코골면 천장이 무너질 것 같아!

동시에 아이들은 까르르~ 큰 소리로 웃는다.

진혁: 그런데 우리 아빠는 밥을 해준다?
제인, 수진: 맞아. 우리 아빠도!
하윤: 우리 아빠는 밥 안 해주는데!
　　　왜냐하면 잠꾸러기라서 자고 맨날 엄마가 밥을 해주거든.

행주로 깨끗하게 청소를 하고 카페를 오픈할 준비를 마친 후 친구들을 맞이할 준비를 하는 어린이. 이제껏 어린이들이 이처럼 정리정돈을 좋아하며 쓸고 닦고, 꾸미면서 즐거워하는 모습을 보지 못했다. 그리고 어린이들은 그 안에서 자신들만의 개별적인 이야기와 가정사를 나누며 한층 더 가까워지고 있었다. 어린이와 교사가 나눴던 특별한 사담처럼 어린이들은 그 속에서 자신들의 수 없이 많은 가족 이야기, 일상의 소소한 이야기를 통해 즐거움을 공유하며 관계 맺기를 공고히 하고 있었다. 어린이집에 등원하면 가장 먼저 찾는 공간이며 정리정돈을 싫어하던 어린이도 자발적으로 정리를 하게 만드는 카페. 교실에 들어오면 함께 모여 자유롭게 이야기 나누며 관계를 맺어가는 카페. 시공간을 확보해 주는 카페. '카페'가 어린이들에게 특별한 이유도 어린이들의 대화를 통해 읽을 수 있었다.

3-1. 어린이들의 놀이 속에서 작동하는 협력의 가치

지우는 주스를 들고 선생님 곁에 있는 시무룩한 표정의 리호에게 다가간다.

지우: (레고를 보이며) 이건 또봇 엑스야. 난 오늘 아침에 또봇 보고 왔는데 리호야.
리호: (정적 후) 난 오늘 자고 일어나서 바로 왔는데, 나도 호비 보고 싶다고 해서
　　　보여달라고 했는데 못 봐서 울었어.
지우: 나도 아침에 엄마한테 차에서 혼난 적 있는데.

리호와 지우는 카페에서 그렇게 1분여 정도의 이야기를 나누었고, 리호는 짧은 시간 안에 마음의 갈등이 해결된 듯 미소를 지으며 교사 곁을 떠나 놀이를 시작한다.

두 어린이는 '엄마에게 혼이 나서 슬펐던 감정'을 공유했다. 리호는 지우와 대화를 나눔으로 아침에 속이 상했던 이유를 되돌아보게 되었고 동시에 감정을 해소하고 정리할 수 있는 시간이 되었다. 어린이끼리만 할 수 있는 서로의 위로법이 있었다. '나도.. 그랬는데' 한마디로 자기의 정서를 인정받고 서로 공감했다. 그리고 마치 '그러니까 괜찮아'라는 감춰진 말을 아는 것 같았다. 어린이는 슬픈 감정을 성인이 읽어주고 달래주지 않아도 서로의 대화를 통해 감정을 해소하고 전환시킬 수 있는 존재임을 알 수 있었다. 어린이들은 '카페'안에서 서로의 '희, 노, 애, 락'을 소통하였고 이를 통해 친구와의 관계를 돈독히 하였다. 교실 안의 '카페'는 다른 어느 곳보다 어린이들이 주체적으로 생각하고 움직이는 공간으로 보였다.

우리는 어린이들이 어떻게 성인의 카페를 인식하고 있는지 좀 더 들어보았다.

"그 때 우리 아빠처럼 컴퓨터도 할 수 있어요."
"카페에서 책을 볼 수도 있고, 공부를 할 수도 있어요."
"카페는 재미있어요."
"멋져 보였어요! 엄마, 아빠 둘이서 대단한 이야기를 했어요."
"엄마, 아빠가 편안한 마음이 들면서 이야기를 할 수 있었어요."

어린이는 성인의 손에 이끌려 카페에 가고 같은 테이블에 앉아 있지만, 하나의 독립된 개체로서 주변을 민감하게 관찰하고 탐색하고 있었다. 어린이들이 바라본 카페는 컴퓨터도 하고 공부도 하지만, 무엇보다 이야기를 하는 공간이자 편안한 마음을 느끼는 공간이었다. 어린이들 역시 카페 공간을 스스로 만들고 그 안에서 친구들과 대화를 나누며 관계를 두텁게 하였고, 때론 친구를 공감하고 위로하며 정서적 안정감을 나누었다. 이들은 자신들만의 방법으로 카페를 이해하고 놀이를 구현해 나갔다.

성인의 카페문화를 재해석한 어린이들의 카페놀이

놀이 안에서 새로운 어린이 발견하기

카페 놀이 안에서 어린이들의 대화에 귀를 기울이면서 만나게 된 어린이는 그동안 우리가 생각했던 '어린이의 이미지'와 달랐다. 누구보다도 주변 세상을 세심하게 관찰하며 알아가고 있었다. 타인의 계획에 따라서 움직이는 것이 아니라 그들 스스로 적극적으로 공감하고 협력하며 그들만의 놀이를 만들어가고 있었다. 더 이상 교사가 제시한 주제와 주어진 환경 안에 어린이들을 묶어 둘 필요가 없었다. 어린이들이 주체가 되는 놀이를 인정해 주고 따라가며 관찰하는 과정에서 우리는 이전에 발견하지 못했던 어린이의 예상치 못했던 모습을 만나게 된 것이다.

교실에 제공되는 놀이는 주로 다수의 어린이가 함께 참여하고 놀이의 방법이 정해져 있다. 또 어린이들 사이에는 항상 갈등이 일어날 수 있기에, 놀이 운영에서 교사의 역할이 지대하다. 그러나 어린이들은 때로는 성인들이 보기에 별 의미 없는 놀이에 푹 빠져들기도 하고, 갈등을 조율하거나 놀이의 방향을 제시해주는 성인의 개입 없이도 원만하고 재미있게 놀이를 장기간 이어가기도 한다. 성인 교사의 관점에서 볼 때 '카페 놀이'는 교육적 가치를 쉽게 발견하기 어려운 놀이였지만, 교사는 어린이들이 주체가 되는 놀이를 이해하고자 하는 마음에 계속 지켜보기로 하였다. 놀이를 들여다본 결과, 어린이들은 성인이 제공하는 놀이를 수행할 때와는 전혀 다른 모습을 드러내었다.

교사가 끊임없이 어린이들에게 놀이의 방향을 제시하지 않아도, 어린이들은 놀이에 관한 아이디어를 쏟아낸다. 누가 시키지 않아도, 놀이를 잘 시작하기 위해 공간을 정리하고 자료를 준비하기도 한다. 교사가 '협력하여 사이좋게 잘 놀아야 한다.'는 점을 상기시키지 않아도, 어린이들은 "함께 ~ 하자."라는 말을 나누며 원만하게 잘 놀며, 심지어 그 과정을 즐거워한다. 교사의 후일담에 의하면 어린이들은 성인이 제공한 활동을 어서 마치고 그들만의 놀이로 복귀하고 싶어서 안달이 나 있었다고 한다. 교사가 의도적으로 분위기를 만들지 않아도, 성인이 카페에서 하듯이 어린이들은 서로를 믿고 편안하게 자신의 마음을 드러내며 서로의 감정과 입장을 살피기도 하는 것이다. 그렇다면 학급의 다른 놀이에서는 쉽게 보기 힘들었던 협력하고, 공감하며 배려하는 바람직한 모습들이 왜 유독 이 놀이에서 발견되는 것일까? 어린이들에게 현재 가장 큰 목표는 자신들이 하고 싶은 놀이에 온전히 몰입할 수 있도록 놀이를 유지하는 것이기 때문이다. 공동의 주체가 되어 서로 의견을 조율하며 그들만의 놀이를 스스로 만들어나가는 어린이들은 교육적 지식으로 가득 찬 학습 활동이나 성인이 제공한 놀이에서보다도 이 경험에서 더 많은 것을 배우고 즐길 수 있을 것이다.

어린이들은 놀이 안에서 그들 간의 협력과 조율만이 아니라 성인문화를 직접 경험하며 이해해 나가고 있다. 성인의 전유물로 여기는 카페 문화를 어린이들은 옆에서 관찰자로서 지켜보는 것을 넘어, 매우 적극적으로 다가가고 귀를 기울이고 있었다. 그렇다고 어린이들은 성인이 카페에서 하는 모습이나 언행을 무분별하게 모방하기에서 그치지 않았다. 그 안에서 '편안한 분위기'와 같이 자신들에게 공감이 되는 특징을 추출하여 선별적으로 받아들였고, 실제 대화의 내용은 '엄마에게 혼나서 슬픈 감정 토로하기'처럼 구체적인 자신들의 이슈나 경험들로 채우고 있었다. 성인들과 어린이들 간의 협력적 교류의 산물로, 어린이들의 카페 놀이가 성공적으로 탄생한 것이다.

똑똑, 어떻게 오셨어요?

만5세, 이성민 교사

   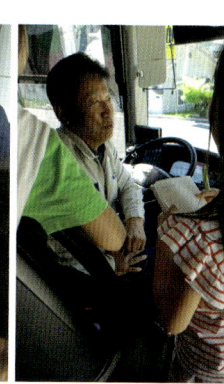

우리 반의 출입증

어느 날 한 어린이가 교사에게 질문을 던졌다.

"선생님! 엄마랑, 아빠는 우리 어린이집 우리 반에 마음대로 들어올 수 있지요?
그런데 왜 우리는 엄마, 아빠 회사에 마음대로 못 들어가요?"

한 어린이의 궁금증을 시작으로 다른 친구들과 함께 회사는 어떤 곳이며 어린이들은 왜 들어가지 못하는지에 대해서 알아보기로 하였다. 어린이들은 질문 목록을 만들고, 회사주변으로 가서 만나는 사람들에게 직접 인터뷰를 해보는 시간을 가지며 궁금한 것을 조금씩 해소하였다. 그런데 어린이들은 여기서 중요한 것을 발견하였다. 회사 사람들은 목에 출입증이라는 것을 걸고 있었으며, 출입증이 있어야만 회사에 들어갈 수 있다는 것이었다. 그래서인지 인터뷰를 마치고 돌아온 어린이들은 우리 반의 출입증을 만들자는 제안을 하였다.

한 어린이의 궁금증을 시작으로 다른 친구들과 함께 회사는 어떤 곳이며 어린이들은 왜 들어가지 못하는지에 대해서 알아보기로 하였다. 어린이들은 질문 목록을 만들고, 회사주변으로 가서 만나는 사람들에게 직접 인터뷰를 해보는 시간을 가지며 궁금한 것을 조금씩 해소하였다. 그런데 어린이들은 여기서 중요한 것을 발견하였다. 회사 사람들은 목에 출입증이라는 것을 걸고 있었으며, 출입증이 있어야만 회사에 들어갈 수 있다는 것이었다. 그래서인지 인터뷰를 마치고 돌아온 어린이들은 우리 반의 출입증을 만들자는 제안을 하였다.

"얘들아, 이제 우리 반에 들어올 때는 이 출입증을 꼭 하는 거야~!"

단순히 어른들의 문화를 따라 하는 것처럼 보이지만 어린이들은 자신이 살아가고 있는 삶 속에 흥미로운 이야기 거리를 반영하여 새로운 놀이문화를 형성해 가는 듯하다. 교실출입증을 만들어서 목에 걸고 교실 입구를 드나드는 행위, 그 자체의 즐거움 뿐 아니라, 같은 반 어린이들끼리 놀이 문화가 공유되고 있는 데에서 느끼는 소속감, 공동체의식이 어린이들로 하여금 이 놀이에 빠져들게 하고, 놀이를 지속시킬 수 있는 힘으로 작용한 것이 아니었나 생각해본다.

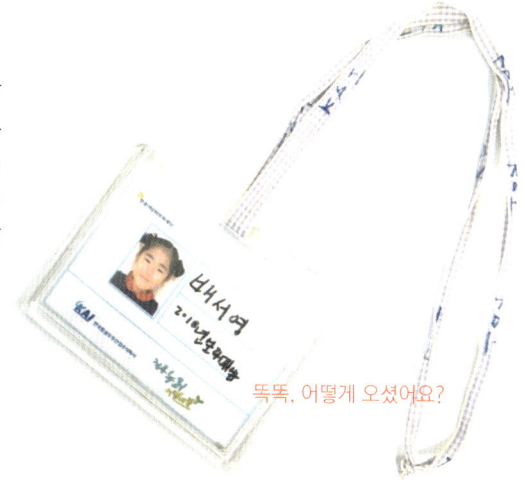

외부인 출입증

우리 반의 출입증을 만들어 놀이하던 어린이들은 우리 반이 아닌 다른 반 선생님들이나 친구들이 교실을 여러 차례 드나드는 모습을 유심히 바라보고 의문을 제기하였다.

"어? 선생님들은 출입증이 없는데? 그냥 들어오시네.."

채현: 선생님 우리는 출입증을 목에 걸고 들어오기로 정했는데... 선생님들은 저번처럼 그냥 들어와요.
예윤: 맞아요! 이건 반칙이에요!

어린이들은 다 함께 모여서 이야기를 나누었다.

동후: 애들아, 우리 회사 인터뷰 갔을 때 기억나지?
서연: 응! 그 때 그 아저씨가 '우리는 카이(KAI: 회사명) 사람 아니야. 미안해~' 라고 말했었잖아.
동후: 맞아! 그 아저씨 목걸이에 '외부인 출입증'이라고 적혀 있었어~
현오: 그럼 우리 반에도 외부인 출입증을 만들자!
아윤: 우리 반이 아닌 사람들을 위한 목걸이야 '외부인 출입증 목걸이' 맞지?

어린이들은 간식을 먹다가도 놀이를 하다가도 우리 반 소속이 아닌 사람이 교실로 들어오면 서로 앞 다투어 상대방에게 외부인 출입증 목걸이를 해야 들어올 수 있다는 사실과 함께 목걸이에 담긴 뜻을 설명해주었다. 외부인 출입증을 만들어 놀이하는 시간은 우리 반만의 출입증에서 한 걸음 더 나아가 다른 반 교사와 친구들에게로 눈길을 돌려볼 수 있게 만든 전환점이 되었으며 더불어 우리 반의 놀이 문화에 타인을 끌어들여 놀이를 확장시키고자 하는 어린이들의 바람이 담겨져 있음을 볼 수 있었다.

3-1. 어린이들의 놀이 속에서 작동하는 협력의 가치

우리 반의 외부인 출입증 기록지

동후: 선생님 그런데~ 내가 걱정이 있어요. 우리 오늘 숲 체험 가잖아요.
교사: 응~ 맞아 우리 오늘 숲 체험 가는 날이야. 무슨 걱정이야?
동후: 우리가 없을 때 우리 반에 누가 왔었는지 모르잖아요!
채현: 맞아요! 다른 사람들이 오면 우리가 외부인 출입증 목걸이를 하고
 들어와야 한다는 것을 알려줄 수 있는데…
현오: 우리가 없으면 알려줄 수도 없고, 누가 왔는지도 몰라요.
교사: 그럴 수도 있겠구나. 그럼 어떻게 하면 좋을까?
채현: 우리가 생각했는데, 글로 쓰라고 하면 될 것 같은데…
서연: 우와~ 그거 좋은 생각이네!

어린이들의 생각은 점점 더 깊어졌다. 그들의 놀이 속에서 나타난 문제점에 대해서 쉽게 지나치는 것이 아니라 실제적으로 어떻게 해결할지에 대해서 고민하고 새로운 방안을 제시하였다. 그 해결책은 기존의 어른들의 외부인 출입증에서 벗어나 우리가 만든 새로운 외부인 출입증 기록지였다. 교사는 어린이들의 생각을 토대로 표를 만들어 교실 입구에 붙여주었다.

예윤: 선생님 우리 반에 왔어요? 여기에 글자 좀 적어주세요.
 저는 여기 싸인 할게요.

어린이들은 그들의 생각을 기반으로 만들어진 기록지를 통해서 다른 반 선생님, 부모님, 동생 등 외부인이 우리 반에 어떤 이유로 방문하게 되었는지에 대해서 이해하는 시간이 되었다. 더불어 한 장, 두 장 쌓여가는 기록지를 돌아보며 누가 가장 많이 우리 반에 들어왔는지, 어떤 이유로 왔는지 등 자료를 되짚어가며 우리 반과 상대방의 관계에 대해서도 생각해보는 시간을 가졌다.

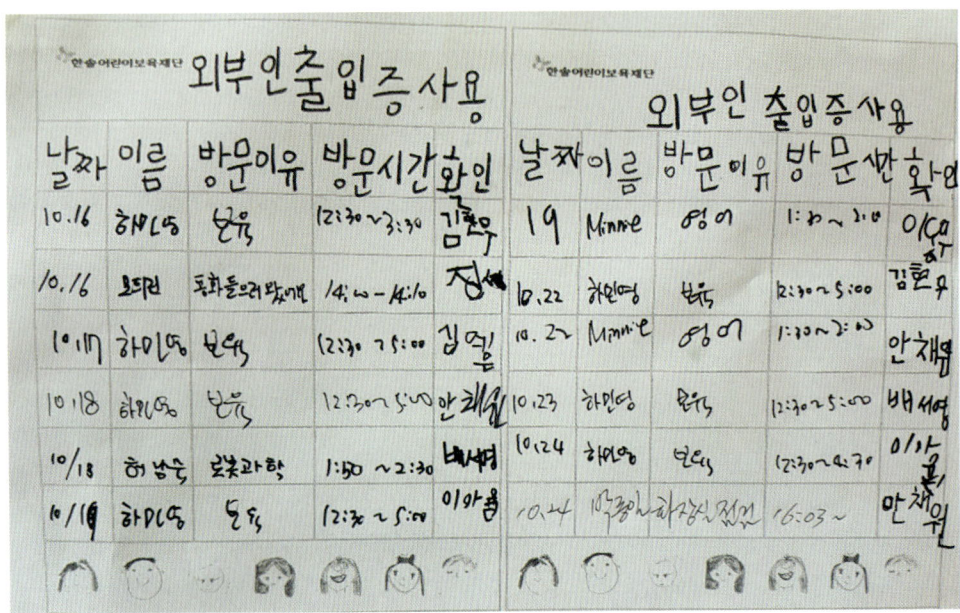

예윤 : 하민영, 하민영 하나, 둘, 셋, 넷,
　　　아~ 하민영 선생님이 우리 반에 제일 많이 왔네~
아윤 : 하민영 선생님이 보육이라고 적었네~

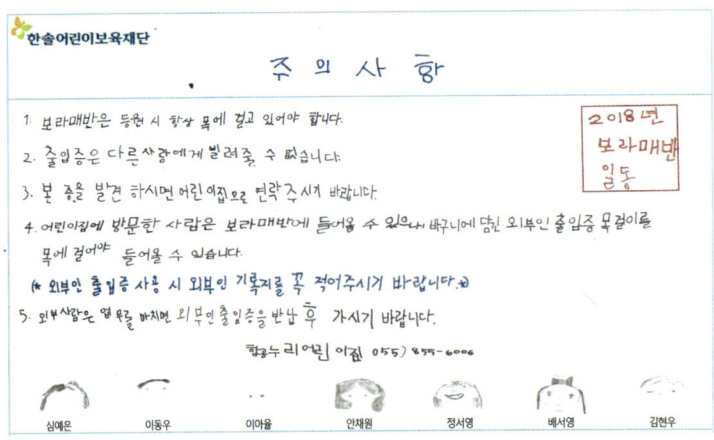

우리 반에서 시작된 어린이들의 놀이는 점차 확산되어 이제는 기관 전체의 어린이들과 또 부모님들이 함께 참여하여 출입증을 만들고, 지속적으로 외부인 출입증 기록지를 작성해가고 있다. 처음 출발은 부모님의 회사에 대해 알아보면서 출입증을 똑같이 만들어 본다는 어찌 보면 단순한 모방 놀이 같아 보일 수 있다. 하지만, 어린이들은 그 과정에서 그들만의 새로운 놀이문화를 만들고 놀이 속으로 타인을 끌어들여 관계를 맺어가며 기존에는 존재하지 않았던 그들만의 새로운 놀이문화를 확립해 가는 놀라운 능력을 보여주고 있었다.

어린이들은 자신이 만나고 있는 주변 환경과 사람들을 민감하게 탐색한다. 물리적 자료에 대한 호기심뿐만 아니라 사람들과 관계를 맺고자 하는 것 같다. 교사로서 어린이들을 더 깊게 들여다보고 스스로 발견한 것에 대해 북돋아 줄 뿐 아니라 어린이들끼리의 생각을 공유하고 지속적으로 이야기를 나눌 수 있는 환경을 마련해 주는 것이 얼마나 중요한지 생각해 보게 된다.

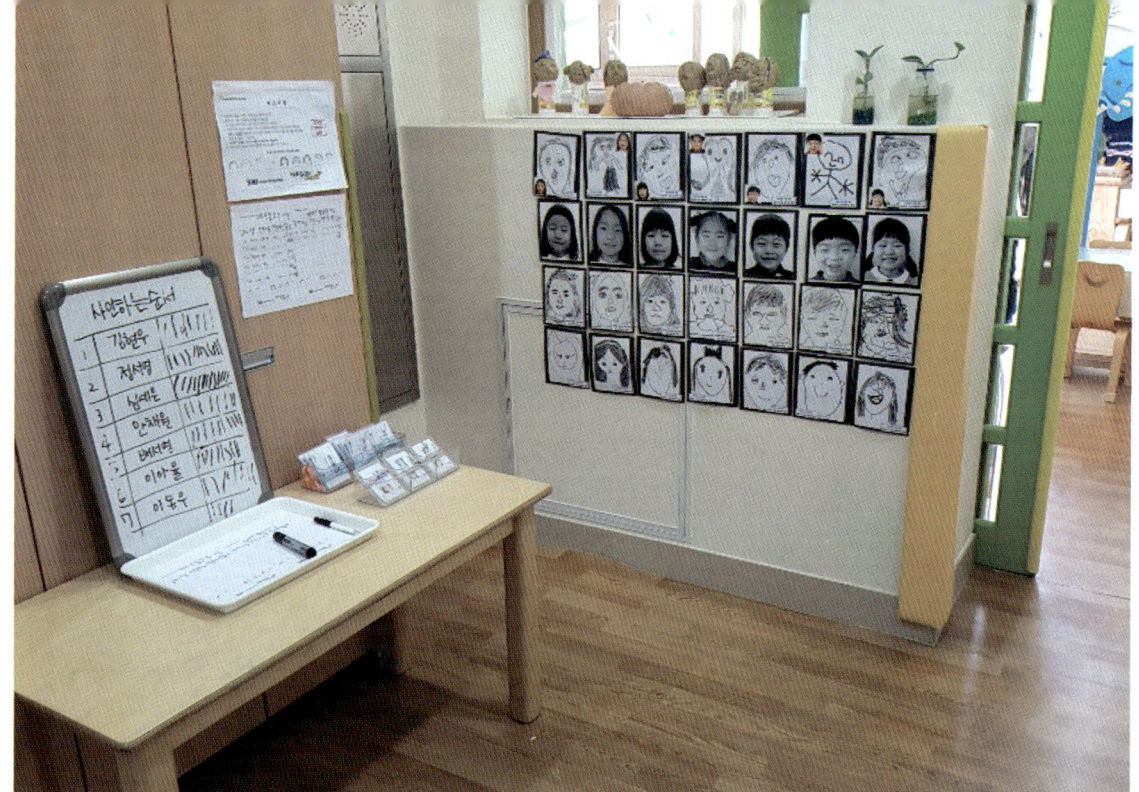

어린이들은 자신의 세계 안에 갇히고 고립된 상태로 사는 존재가 아니다. 어린이들은 성인 사회에 대한 열망과 궁금증이 있어서 항상 성인 사회에 귀를 기울인다. 성인은 그 끈을 잘 잡아서 어린이들과 함께 탐구의 여정을 만들어 나가면 된다. 그러면 어린이들은 미지의 세계를 자신 나름의 방식대로 이해할 수 있는 만큼 이해하면서 사회화에 한 걸음 다가가게 된다. 이는 어린이들을 사회에 편입시키면서도 그들의 방식을 존중하고 나름 그들이 사회를 바꾸어나갈 여지를 열어두는 경험이다. 위의 이야기는 성인 사회의 전형, 즉 출입증이라는 부모의 직장생활의 한 측면을 어린이들이 표면적으로 모방하려는 행동에서 시작되었지만, 그 안에서 어린이들이 배우고 이루어낸 것은 무궁무진하다. 출입증 자체보다 출입증 사용과 연관되어 있는 사회의 단면을 어린이들이 스스로 이해하게 되었다.

위의 이야기에서 중요한 것은 교사가 어린이들의 흥미와 관심을 바라보는 관점이다. 교사는 어린이들의 관심이 단순히 출입증과 관련된 성인 행동을 모방하는 것에 있다고 보지 않았다. 만약 교사가 어린이 관심의 표피적 특징에만 집중하였다면 '출입증 만들기' 활동에서 놀이가 마무리되었을 것이다. 그러나 교사는 어린이들이 성인 사회를 이해해 보고자 하는 호기심이 있으리라 기대하였다. 어린이들이 학급의 출입증을 만들고 이 제도를 교실에서 실제 사용해보도록 격려하였고, 또 출입증 사용 기록을 남겨 돌아보도록 지원하였다. 그 결과 어린이들은 출입증을 중심으로 자신들의 사회의 구성원을 확인하고 외부와 구분하기, 자신의 학급에 방문하는 성인들의 역할 및 성인과 자신들의 관계 이해하기, 어린이집의 기능, 출입증 기록지를 작성을 통해 주변에서 일어나는 상황을 수치를 통해 파악하기 등 많은 것을 생각하고 배울 수 있었다.

이 모든 배움은 학급 혹은 교실이라는 작은 사회에서 교사를 포함한 모든 구성원 간 상호존중과 협력이 일어났기에 가능하였다. 교사는 어린이들의 제안과 궁금증을 진지하게 받아들였다. 열심히 경청하고 존중하는 성인이 있을 때 어린이들은 자신들의 궁금증이 가치가 있다는 확신하게 된다. 이와 같은 성인의 관심과 어린이들 간 생각의 공유가 이들이 계속 탐구를 이어나갈 수 있는 동력으로 작용하였을 것이다. 어린이들이 성인의 방식을 흉내 내어 살아볼 수 있었던 것은 궁금증을 공유하는 또래가 있었고 학급 구성원들이 동조해 주었기에 가능했다. 학급공동체는 어린이가 긴밀하게 얽힌 삶 속에서 성인 사회를 이해해 가는 배움의 맥락이 되어 주었다.

똑똑, 어떻게 오셨어요?

우리도 같이 만들면 되지! 만3·4·5세, 진소미·손지혜 교사

아름나무반은 만3·4·5세 혼합연령 학급으로, 어린이들의 놀이는 각 연령에 따라 각기 이루어지곤 했다. 우린 그동안 진행했던 생활주제에서 벗어나 유아의 흥미를 따라가 보기로 결정하고, 어린이들의 반응에 귀 기울이기 시작했다. 그러나 생각보다 기다림이 길어져서 초조해 하던 중 어린이들이 반복적으로 하는 말이 귀에 들어왔다. '야! 우리 기차에서 내려'란 그림책에서부터 시작된 어린이들의 관심은 '기차'로 뻗어갔다. 우리 어린이집은 대전역 주변에 위치해 '기차'를 관찰하는 것이 언제든 가능했다. 그러나 평소처럼 교육 활동의 주제로 '기차'를 설정하기보다는 어린이들의 놀이를 지켜보며 따라가기로 했다. 어린이들은 다양한 기찻길을 구성하며 분주한 모습을 보였다. 하지만 그것도 잠시뿐이었고 어린이들은 다시 늘 하던 레고블록 놀이로 돌아갔다. '어린이들에게 주도권을 주고 흥미를 따라갔는데, 왜 다시 각자 하던 놀이로 돌아간 걸까? 기차로 할 수 있는 놀이가 제한적이었던 건 아닐까? 연계 확장 활동을 교사가 계획해 제시해 주어야 했던 건 아닐까?' 이렇게 교사는 또 처음의 조급함으로 돌아가고 있었다.

산책 중 우연히 만난 공모작품

그러던 어느 날 회사 로비를 산책하던 중 어린이들은 우연히 1층에 전시된 철도 정책 아이디어 공모작품을 보게 된다. 공모작품이 신기했는지 30분 가량 친구들과 함께 이야기를 나누었다. 만5세인 송연, 재익, 다솜, 동현이가 함께 모여 이야기를 나눈다.

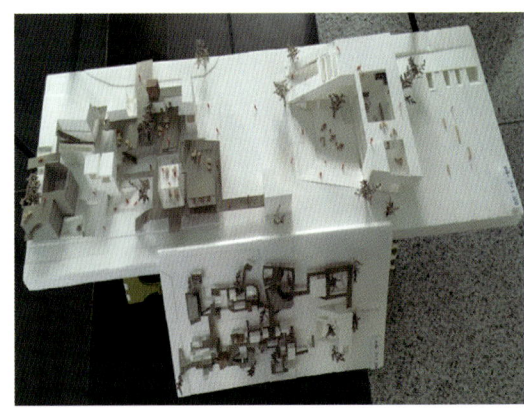

송연: 우와~나도 이거 만들어보고 싶다.
재익: 이거 어른들끼리 같이 만든걸 껄?
송연: 그럼 우리도 같이 만들면 되지!!!!
동현, 다솜, 재익: 뭐???!

어린이들은 함께 만드는 것에 관심을 보여주기 시작하였고, 교실로 돌아온 어린이들은 '대전역'을 만들기 시작한다. 함께 무엇인가를 만드는 것에 대해 설렘을 갖고, 서로 의견을 공유하고 협력하는 모습을 보인다. 교사는 만5세를 통해 만3·4세 어린이들도 자연스럽게 활동에 참여하길 기대해 보았지만, 시간이 지나며 만3·4세 어린이들은 형님들의 작품에 흥미를 잃기 시작했다. 그리고 만5세 또한 흥미를 잃고 만다. 교사는 어린이들이 함께 즐겁게 완성해 가던 활동이었는데 아쉬운 마음이 들었고, 만5세인 동현, 송연이와 함께 이야기를 나누었다.

교사: 얘들아 너희... 대전역 다 완성했니? 다시 안 만들어?
동현: 음...그냥요 다른 거 하고 할게요.

이렇게 교사의 기대감은 걱정으로 변하기 시작한다. 그때였다.

송연: 아~진짜 대전역에 가보고 싶다!
동현: 오! 진짜 대전역 가면 좋겠다! 가깝잖아....
　　　대전역을 보면 더 잘 만들 수 있을 것 같은데...그치?

어린이들의 이야기를 들어 보니 어린이들도 교사처럼 '대전역'을 구성해 나가기 위해 고민하고 있었다는 것을 알게 되었다. 어쩌면 어린이들은 작품을 만들고 놀이를 구성하며 '대전역 가고 싶다.'라는 메시지를 지속적으로 전해왔을지도 모르겠다. 대전역을 만드는 어린이들에게 진짜 대전역을 경험하게 해주는 것을 교사인 우리가 왜 생각하지 못했을까? 늘 가까이에 있었기에 그리 중요하다고 느끼지 못했던 건 아닐까?

어린이들에게 귀 기울임으로 인해 이뤄진 첫 번째 협업

만5세 어린이들은 현장을 방문하고 구성물 작업을 계속해 나가자, 관심을 잃었던 만3·4세 어린이들 또한 견학했던 경험을 회상하며 형님들의 구성물에 관심을 보이기 시작했다. 그리고 드디어 함께 모여 작품을 만들어 나가는 모습이 보였다. 교사는 또 한 번 아이들의 이야기를 귀 기울여 들어보기로 한다. 만3세인 미나와 만4세인 연진, 만5세인 동현이가 함께 모여 이야기를 나눈다.

미나: 언니...내가 cctv 만들어줄까?
연진: 형님 이거 어떻게 만들었어?
미나: 이거 아름나무 대전역 할까?
동현: 왜? 같이 만들었으니까?!.. 그래!

이렇게 어린이들의 말에 귀 기울이고 어린이들이 원하는 직접적인 경험을 제공하니 탐색만 했던 만3·4세 어린이들 또한 먼저 활동을 제안하고 질문하며 재구성해보며 '함께 놀이'가 자연스럽게 이루어지게 되었다. 그리고 바닥에 덩그러니 놓여 있는 구성물이 아닌 어린이들의 관심과 협동으로 구성된 '아름나무반 대전역'이 완성되었다.

스스로 활동을 주도하는 어린이들이 함께 만들어내는 새로운 놀이

오늘도 어린이들이 모여 블록으로 기찻길을 구성하고 있었다. 만4세인 진웅이와 만5세인 재익, 송연이가 함께 이야기 나눈다.

재익: 그런데... 우리 기찻길에 기차 말고 공도 굴려볼까?

기찻길에서 경사로로 관심이 옮겨졌고, 경사로의 높이, 길이에 관심을 갖기 시작했다.

재익: 빨리 내려가려면 높이 기울여야 해!
진웅: 내가 잡아줄게! 높여보자!
송연: 넓은 곳에서 하면 더 크게 만들 수 있는데! 그치?

어린이들은 '내가 도와줄게', '같이 하자' 등 자연스럽게 이야기를 나누며 함께 놀이가 이루어지는 모습이었고 혼자 하는 것 보다 함께 만드는 것에 더 익숙해지고 있었다.

교사는 다시 한 번 어린이들의 이야기를 따라가 보았고, 넓은 곳을 원하는 유아들을 위해 어린이집 로비로 옮겨 놀이 공간을 확장해주자 웅장하게 경사로를 재구성하기 시작했다. 그런데 어린이들에게 교실 안에서 발생하지 않았던 문제가 2층 로비에서 발생하게 되었다. 만3세인 미나와 만2세인 연진, 만5세인 다솜이가 모여 발생한 문제에 대해 이야기 나눈다.

연진: 여기는 넓어서 공이 자꾸 멀리 굴러가.
미나: 음... 막는 게 필요해.
(플라스틱 바가지를 가르키며)이거 어때?
다솜: 블록으로 막아야지! 더 튼튼하게 블록으로도 막자!

이렇게 어린이들은 장소가 달라지면서 발생한 문제에 대해서도 거침없이 서로 의견을 교환하며 해결 방안을 찾아갔다. 돌이켜 보면 어린이들의 흥미는 늘 우리 주변에 있었다. 어린이들은 아마도 서로 이야기하며 놀이에 필요한 것, 흥미 있는 것을 계속 말해왔을 것 이다. 그리고 교사가 놀이에서 선택권과 주도권을 어린이들에게 주기 시작하면, 어린이들 또한 변화한다는 것을 알게 되었다. 이번 경험을 통해 어디까지 어린이들에게 놀이의 주도권을 주어야 하는지, 어디까지 교사가 개입해야 하는지에 대해 정말 많은 고민과 걱정을 했던 것 같다. 하지만 어린이들은 원하는 것, 힘들어했던 것, 도움이 필요했던 것들을 늘 말과 행동으로 표현하고 있었다는 것을 기록작업을 통해 알 수 있었다. 기록작업 속에서 그런 것들을 발견했을 때의 기분은 정말 말로 표현할 수 없었다. 그러면서 교사들도 자연스럽게 기록작업은 단지 힘든 일이 아니라 어린이들 하나하나의 성향, 재능, 성격, 바람 등을 찾는 소중한 과정이라고 느끼게 되었다. 앞으로 또 어떠한 기록이 나올지 교사로서 설레고 기대된다.

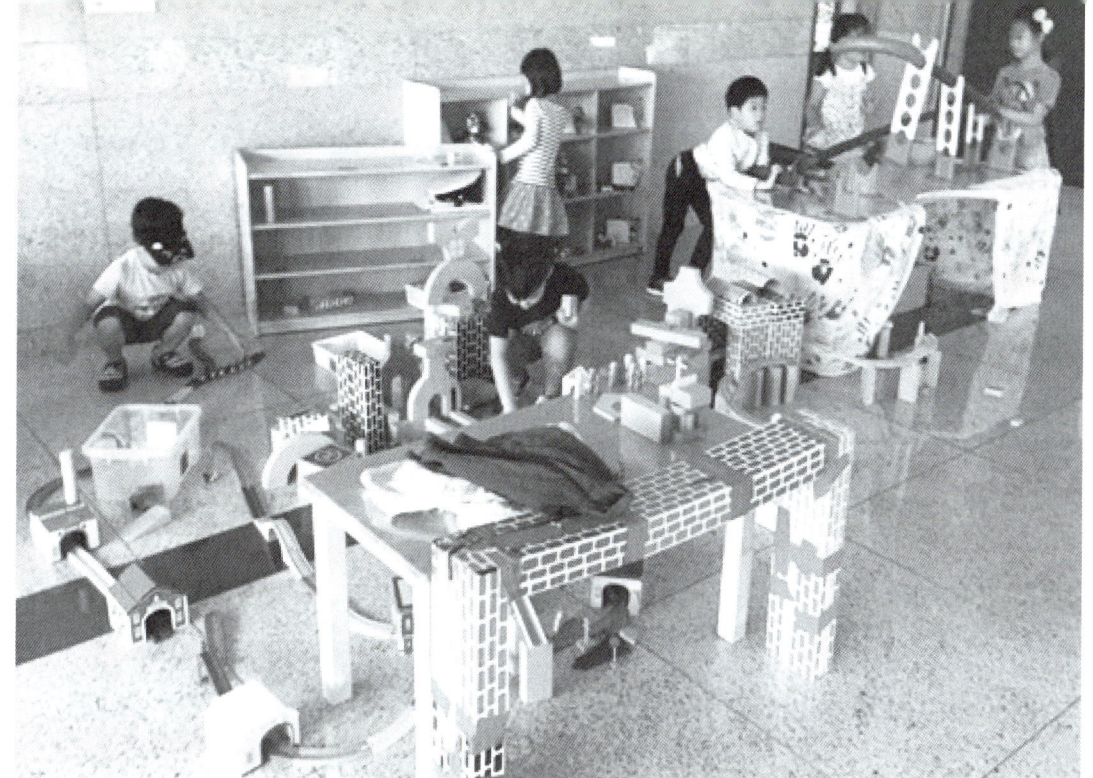

만3·4·5세 혼합연령반을 담당하는 교사는 다양한 연령의 어린이들이 함께 구성되어있는 것만으로도 어려움을 겪는다. 특히나 이와 같은 상황에서 어떻게 해야 '함께 놀이'가 이루어질 수 있을지는 더욱 고민거리다. 놀이 주제를 계획하고, 영역을 구성하고, 놀잇감을 선택할 때도 다양한 연령의 어린이들이 어떻게 함께 놀이에 참여하도록 할 수 있을지는 교사에게 늘 어려운 문제였다. 그렇기에 어린이들의 '함께 놀이'에 주목해본다는 것은 교사에게도 의미 있는 시도였고, 이 과정에서 대다수 어린이들이 흥미를 보이는 것에 교사가 귀 기울이는 것은 자연스러운 귀결이었다.

어린이집 주변을 둘러싼 기차역, 창문 너머로 보이는 기찻길과 매일 그 길을 지나가는 수많은 기차에 어린이들의 관심이 집중되리라는 것은 사실 쉽게 예측할 수 있다. 교사가 정해져 있는 놀이 주제를 꼭 따라야 한다는 생각에서 벗어나기만 한다면 얼마든지 어린이들의 관심을 존중하고 따라가 줄 수 있다. 그런데 어린이들이 보여주는 관심거리를 받아들여 주었지만, 어린이들의 흥미가 계속 이어지지 않는 또 다른 어려움을 겪는다. 이 어려움을 헤쳐 나가면서 교사는 어린이들이 놀이의 주도자가 되는 경험이 얼마나 중요한지, 충분한 탐색 시간이 얼마나 필요한지, 익숙한 것은 이미 잘 알고 있다는 생각이 얼마나 큰 오류인지를 깨닫게 되었다. 어린이들은 탐색의 과정을 통해 알아가고, 알아갈수록 더 몰입하게 되며 몰입하는 놀이의 과정에서 계속해서 도전하고, 협력하며 배워나간다.

여기서 교사는 어린이들의 '대전역 만들기'를 구성물 완성해 내기로만 바라보지 않았다. '대전역 구성하기'의 과정에서 다양한 연령의 어린이들이 '어떻게 함께 놀이해 가는지'를 들여다보기 시작했다. 함께 놀이해 가면서 만3·4세의 어린이들은 만5세 어린이들에 의해 더 많은 도전을 받게 되고, 만5세 어린이들은 그들보다 어린 연령의 어린이들을 통해 새로운 시각을 경험할 수 있음을 발견하게 되었다. 그리고 함께 놀이하기 어려웠던 혼합 연령 집단의 어린이들은 서로를 인정하기 시작하면서 함께 놀이하는 놀이의 공동구성자이자 협력자로 받아들이는 모습도 포착하게 되었다.
어린이들이 주도하는 놀이는 성인이 제시한 학업 과제와 달리, 관심을 보이는 어린이 모두에게 열려있다. 각 어린이는 놀이의 구성과 진행에 기여하는 방식, 정도, 수준도 다르지만, 놀이 안에서 얻게 되는 것도 참여자에 따라 모두 다르다. 어린이들이 흥미를 보이는 것에 교사도 함께 귀 기울이고, 이 흥미가 놀이에의 몰입으로 이어지도록 교사가 적절한 지원을 해준다면 혼합연령의 어린이들의 '함께 놀이'는 또래 어린이들의 놀이보다 더 다양한 경험을 하게 되고, 더 적극적인 도전을 받으며 더 큰 성취감과 놀이의 즐거움을 경험해 가게 될 것이라는 기대를 하게 된다.

우리도 같이 만들면 되지!

어린이들의 연령을 넘어 '함께 배움' 만2·4·5세, 김현주·육슬기·김현희 교사

어린이집 2층에 어린이들의 호기심을 불러 일으킬만한 아뜰리에가 생겼다. 하지만 라이트 테이블, 샌드박스, OHP 등등 너무 많은 자료가 있어서였을까? 어린이들은 활동에 몰입하지 못하고 산만한 모습을 보였고, 이러한 문제점을 해결하기 위해 교사들은 1층 작은 도담뜰과 자료를 나누어 배치하기로 하였다. 1층 공간엔 라이트 테이블과 유토를 내어주고, 어린이들의 놀이가 일어나길 기대했다.

교사의 기대와 달리 단편적으로 보이는 어린이들의 놀이로 인해 고민하던 중 만5세 맑은샘물반 교실에서 탑 쌓기 활동을 지원하고 있던 교사가 '어린이들이 다양한 방식으로 표상하고 있는 탑을 '유토'로 만들어보는 것은 어떨까?'라는 생각을 하였다. 그래서 교사는 자료를 고민하는 어린이들에게 유토로 에펠탑을 만드는 것도 가능함을 알렸고, 어린이들은 흔쾌히 교사의 제안을 받아들이면서 유토 놀이가 시작되었다.

민수: 3번이나 했는데 실패했어.
태준: 1층은 만들었는데.
백현: 야! 20층인데? 만들 수 있겠어?
태준: 여기다가 나무젓가락 놓으면 되지.

3-1. 어린이들의 놀이 속에서 작동하는 협력의 가치

민수와 태준이는 자신들이 에펠탑 그린 것을 1층으로 가지고 내려가 유토로 에펠탑 만들기를 시작했다. 교사는 어린이들이 탑을 어떻게 잘 쌓고 자신들이 그려진 대로 입체적으로 잘 표현하는지 살펴보기 시작했다. 처음 에펠탑을 만들 때 유토의 특성으로 인해 탑이 스르르 무너지는 것을 경험한 민수는 무너지지 않도록 하는 방법으로 나무젓가락을 활용하였다. 교사 역시 유아들을 지원할 방법을 고민하고 있었는데, 반복적으로 시도해 본 민수와 태준이는 드디어 무너지지 않는 에펠탑을 완성하고 전시하였다.

며칠 뒤, 만5세가 만든 에펠탑이 무너진 것을 보자 민수와 교사는 당연히 동생들이 무너뜨렸을 것이라 생각했다. 그래서 동생들이 만지지 못하도록 '*만지지 마세요.*'라는 녹음 파일을 틀어놓기로 하였다. 교사도 어린이들도 이제 에펠탑은 안전할 것이라 생각했고, 동생들은 더 이상 방해하지 않고 가만히 눈으로 바라만 볼 것이라고 생각했다.

기록작업 되돌아보기를 통한 교사의 새로운 발견 : 이해하고 공감하는 영아들 (만2세)

이렇게 에펠탑에 관한 놀이가 끝나는 것 같았다. 그런데 우리는 영아, 유아반 교사들과 모여 기록과 협의를 하던 중 만2세 반의 어린이들의 대화를 통해서 새로운 것을 발견하게 되었다. 때는 만5세반 어린이들이 동생들이 만지지 못하도록 하기 위해 '만지지 마세요'라는 녹음을 하기 전의 상황이었다.

재석: (밖으로 나오자마자 에펠탑을 만지며) 선생님 그런데 이거 뭐예요?
만5세반 교사: 형님반에서 에펠탑을 만든 거래.
윤아: (재석이처럼 에팔탑을 만져본다.)
재석: 아~~ (옆에 있던 유토를 주물러 본 후 에펠탑 아랫부분에 유토를 가지고 가서 덧붙인다.)
윤아: (옆에 에펠탑 아랫부분에 유토를 덧붙인다.)
교사: 재석이 뭐 하고 있어요?
재석: 이거 무너지지 말라고요.
자윤: (조심스럽게 다가와 아랫부분을 만져본다.)
시윤: (무너질 것을 걱정하는 만5세반 선생님을 보며) 안 무너졌어요!
윤아: (에펠탑이 살짝 기울자 손으로 살짝 밀어본다.)
자윤: (넘어지는 에펠탑을 반대 방향인 자신이 있는 쪽으로 잡아당겨 본다.)
윤아: 아~~ 아~~
재석: (넘어지는 에펠탑 버팀목을 다시 한번 만지고 아랫부분의 유토를 만진다.)

만2세 영아들이 탑을 만져보며 탐색한 이후, 라이트 테이블에서는 다른 어린이들의 놀이가 계속 이루어졌다. 그러던 중 형님들이 만들어 놓았던 유토 에펠탑이 무너지게 되어버렸다. 다음 날 등원하여 무너져있는 에펠탑을 본 만5세 형님들과 교사는 무너진 탑 옆에 블루투스 스피커를 가지고 와서 '만지지 마세요.'라고 어린이들이 녹음한 파일을 틀어놓기로 했다. 스피커에서는 '만지지 마세요.'라는 육성이 반복적으로 나오고 있었다. 소리가 들리자 윤아가 먼저 나온 후 예윤이가 따라 나온다. 교실에서 나와 유토를 만지지 않고 바닥에 앉은 후 이야기를 한다.

(만5세반 어린이들이 녹음해 놓은 육성을 들으며)

윤아: 예윤아, 이거 만지지 마, 이거 만지면 안 돼.
예윤: (윤아를 바라보며 고개를 끄덕인다.)

'만지지 마세요.' 라는 형님들의 메시지를 듣고 친구에게 전달하며 그저 바라만 보고 있던 만2세 반의 윤아와 예윤이. 윤아는 형님들이 유토로 탑 만드는 모습을 교실 문 앞에서 바라보았기에 형님들의 노력을 이해하고 지켜주려고 하였던 것은 아닐까?

기록을 되돌아보며 사진 속의 자윤이의 눈빛을 발견했을 때 교사는 새삼 놀라웠다. 자윤이가 바라보는 시선에는 어떤 의미가 담겨있던 것일까? 아래에 점토를 붙이면서도 탑 꼭대기를 보고 있다는 것은 탑이 무너지지 않을까 살피고 있다는 것 아닐까? 전날 자윤이는 형님들이 만드는 에펠탑의 끝부분을 조용히 잡아주며 무너지지 않게 도움을 주기도 하고, 나무젓가락 끝에 유토 조각을 덧붙이기도 하였다. 자윤이 역시 형님들과 같은 마음으로 무너지지 않게 하려고, 노력하며 시도했던 것이다.

결국, 만2세인 윤아와 자윤이가 모두 형님들의 놀이를 지켜보며 무너지지 않게 하는 방법을 배워가고 있었던 것이다. 이후 유토 놀이를 할 때에도 자윤이는 무너지지 않도록 만들기 위해 수많은 나무젓가락이 필요했을 것이고, 자신들만의 방법으로 놀이하고 있었다. 이를 본 교사는 단순히 영아들이 유토에 젓가락을 꽂는 활동을 반복적으로 즐기는 것뿐이라고 생각했었는데, 알고 보니 무너지지 않으려고 꽂았던 것이었다. 영아들도 형님들의 무너지지 않으려고 했던 시도를 공감하고, 직접 시도해 보았던 것 같다.

다음 날이었다.

교사: 자윤아 이건 뭐야?
재석: 이거 안 넘어지게 하는 거야.
자윤: (아무 말 없이 계속 나무젓가락을 꽂은 후,
  아래쪽에 유토로 고정한다.)

(한참 동안 나무젓가락을 유토에 꽂기도 하고,
 아래를 유토로 고정한 후)
자윤: 이렇게 만드는 거야.
재석: 선생님 이거 텐트 같다. 이거. (아랫부분을 가리킨다.)

예윤: (유토로 고정되어있는 곳을 가리키며)
  자윤아, 이거 뭐야?
자윤: 텐트. 이거 넘어지지 말라고 하는 거야.
예윤: 텐트... 이거 넘어지지 말라고... 이거는?
  (나무젓가락 윗부분에 꽂혀있는 유토를 가리킨다.)
자윤: 이건… 눈사람이야.

우리는 기록과 협의를 통해 이야기를 나누기 전까지 만2세 영아들은 형님들의 놀이를 이해할 수 없을 것이며, 형님들의 구성물을 당연히 무너뜨릴 것으로 생각했다. 하지만 이와 달리 영아들 또한 형님들의 놀이를 지켜보고 그들의 방식으로 이해하고, 공감하며 무너지지 않게 지켜주고자 노력하고 있었다.

어린이들의 연령을 넘어 '함께 배움'

눈빛으로 배우는 유능한 유아 (만4·5세)

만5세인 백현, 민수, 태준이가 라이트 테이블 위 유토 공간에 모여 무언가를 만들며 이야기 나눈다. 만4세인 민혁, 우준이는 이것을 지켜본다.

민혁: (의자에 앉으면서) 뭐 만들어?
민수, 태준: ......
민혁: 에펠탑 만들어?
백현: 어! 얘 알아어요. 에펠탑 만드는 거!
민혁: 어.... 또 실패한다.
우준: (민혁이 옆으로 다가온다.)
민혁: 형아들 에펠탑 만든대. 어... 또 실패한다.
민수, 태준: (탑을 다시 만든 후) 이것만 지켜줘. 이것만 지켜줘.
우준, 민혁: (고개를 끄덕끄덕하고 탑을 두 손으로 잡는다.)

에펠탑을 만들고 있는 형들의 뒤에서 가만히 앉아 지켜보던 민혁이(만4세). 단순히 형들이 하는 활동에 대한 호기심이었을까? 그냥 기다리는 순간에 별다른 이유 없이 보고 있었던 것은 아니었을까? 그런데, 며칠 후부터 민혁이는 형들의 활동이 어떤 것인지 친구에게 소개하면서 현재 상황을 공유하고 있었다.
그리고 며칠 후 동생들은 형들의 에펠탑을 기억하고 만들기를 시도하였다. 민혁이만의 설계도를 그린 듯 나무젓가락을 이용해 무너지지 않는 탑을 구성하고 민수 형에게(만5세) 보러올 수 있는지 물었다. 민수는 고맙게도 민혁이의 에펠탑을 보러 와주었고, 동생들이 실패하지 않고 성공할 수 있도록 돕고 싶은 마음에 조언도 해주기도 하였다.

민혁(만4세)이와 민수(만5세)가 함께 라이트 테이블 위 유토 공간에서 이야기를 나누며 에펠탑을 만드는 모습이 보였다.

민수 : 얘 뭐해요?
교사 : 에펠탑 만든대.
민수 : 아~ 근데, 이거 앞에만 하면 뒤가 무너져.
　　　뒤에도 해야지. (그리고는 나무젓가락을 건넨다.)
민혁 : 이렇게?
민수 : 응.
민혁 : 그런데 여기는 어떻게 세우지?
민수 : 나무젓가락 더 많이 해서 세우면 돼. 지난번에 조금 했을 때
　　　힘이 없었어. 그니까 지금은 많이 하면 돼. 이거 조금
　　　무너질 거 같으니까 나무젓가락을 조금 더 해야겠어.
민혁 : 여기 꽂으면 돼?
민수 : 응. 거기도 꽂고, 여기도 꽂고.

지난번의 실패를 다시 반복하지 않기 위해 민수(만5세)와 민혁이(만4세)는 나무젓가락을 이용해 지지대를 만들고 에펠탑을 고정한다. 함께 만든 에펠탑이 모두 완성되자 주변에 있던 다른 어린이들이 "우와~"라고 하며 환호성을 지르기도 하고, "멋있다!"라고 하며 감탄사를 보내기도 했다.

이후 이틀이 지난 뒤였다. 만4세인 우준이와 민혁이가 유토로 만들며 이야기 한다.

우준 : 근데 저번에 무너졌잖아.
민혁 : 응. 그건 여기 밑에 튼튼하게 하면 돼. 많이하고, 나무젓가락을 꽂아서 기둥 만들면 돼.
우준 : 내가 잡아줄까?
민혁 : 아니 안 잡아줘도 돼. 나 혼자 할 수 있어.
우준 : 그럼 난 다른 거 만들게.

민혁이는 언제부터 형님들의 활동을 탐구하고 있었을까? 아마 형님들 뒤에 가만히 앉아서 지켜보던 그때부터 민혁이의 탐구 활동은 시작되지 않았을까? 우리는 늘 적극적으로 의견을 이야기하는 어린이가 유능한 어린이라 생각했다. 반면 아무 말 없이 가만히 있는 어린이들은 배우는 것이 없다고 생각했는데, 가만히 지켜보는 민혁이의 모습을 통해 눈빛으로 바라보면서 관찰하는 것만으로도 적극적 배움이 일어날 수 있다는 것을 깨닫게 해주었다. 민혁이는 형들의 놀이에 영향을 받으며, 자신만의 방식으로 이해하고 탐구하는 유능함을 보여주었다.

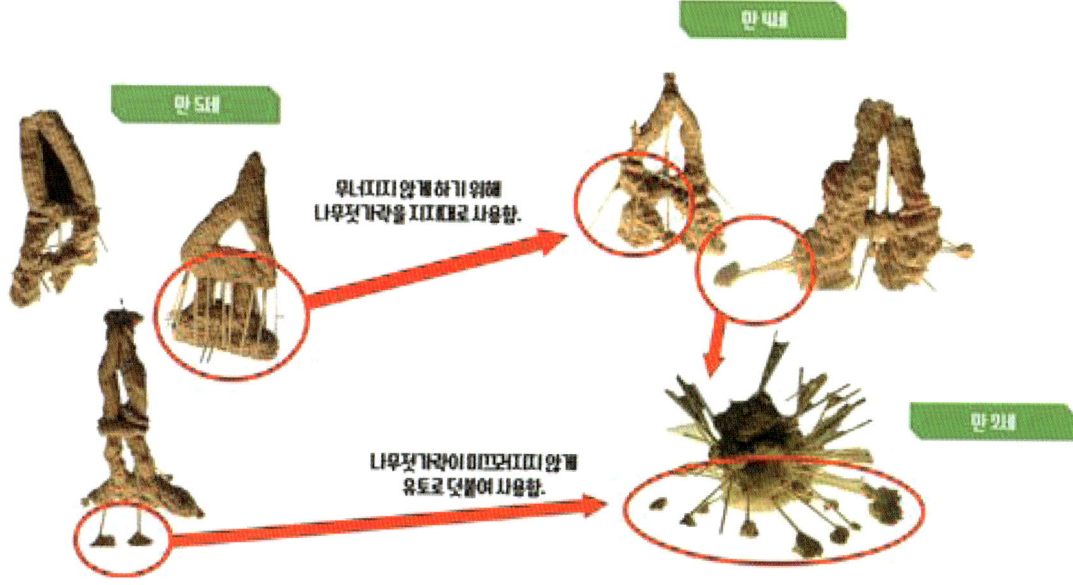

어린이들의 연령을 넘어 '함께 배움'

연령별 집단을 넘나들며 일어나는 '함께 배움'

어린이들의 유토 놀이를 들여다보며, 교사들은 자신들이 가지고 있던 고정관념과 다른 어린이들의 모습을 발견할 수 있었다. 우리의 생각과 달리, 영아들은 형님들의 놀이를 방해하는 대신 자신들이 수용할 수 있는 범위에서 형님들의 놀이를 이해하고 표현하였다. 구성물을 만든 형님들의 마음에 공감하며 소중하게 느끼고 있다는 것도 드러났다. 가만히 지켜보기만 하는 어린이는 유능하지 않다는 교사의 선입견은 민혁이의 눈빛을 통해 깨어지게 되었다. 놀이를 바라보는 행위 그 안에서 충분한 배움이 일어나고 있다는 것을 민혁이가 자신이 이해한 방법으로 시도해보고 친구들에게 알려주는 모습을 통해 명백하게 보여주었다. 지금까지 우리는 과정보다는 결과에만 집중해서 판단했던 것은 아니었을까? 어린이들의 시선을 따라 과정을 들여다보니 어린이들은 모두 다른 연령임에도 불구하고 서로가 서로에게 영향을 받으며 저마다의 방식으로 시도하고 배워가고 있었다. 그 속에서 함께 놀이하고, 협력하고, 상호작용하며 서로에게 배움의 존재가 되어주었다. 결국 배움이라는 것은 같은 연령의 또래에서만 일어나거나, 우리 반이라는 한정된 교실에서만 일어나는 것이 아니었다. 기록을 되돌아보며 우리는 '함께 배움'이란 연령을 넘나들며 어린이들이 소통하고, 이해하고 공감하는 함께 놀이이자, 함께 배워가는 과정이 아닐까 생각해본다.

유토놀이 공간은 2층 교실에서 1층 식당을 오가는 복도의 한 모퉁이에 있었다. 어린이들은 점심 식사 후 전이 시간에 여기로 모여들었고, 교사들은 그 모습을 기록으로 남겼다. 하루 일과 중 가장 정신없이 흘려보내기 쉬운 순간을 다시 되돌아볼 수 있도록 붙잡아 둔 것이다. 교사들은 각자가 보았던 순간, 순간들을 퍼즐처럼 맞춰가며 어린이들을 새롭게 바라보게 되었다. 놀이에 방해가 되리라 여겨졌던 만2세 영아들도 형님들의 목표를 이해하고 공동목표를 향한 소망과 감정을 공감하며 형님들이 보지 않아도 도우려는 모습을 보인다. 만4세 동생들은 조심스레 형님들의 작업을 지켜보며 상황을 읽어내고 이 경험을 자신들만의 작업에서 재현한다. 만5세 형들 역시 시간이 지나면서 동생을 놀이의 동반자로 여기고 동생들도 수동적으로 형들에게 의존하기보다 적극 참여한다. 동생 민혁이는 형인 민수에게 무엇을 어떤 시점에서 도움을 구할지를 파악하고, 민수 역시 대신 해주기보다는 왜 그런 조치가 필요한지 설명을 덧붙이는 모습이다. 연령별로 다른 모습이지만, 각자 나름의 방식으로 도움을 주기도 하고 받기도 하며 놀이를 함께 만들어 나갈 민감성과 능력이 잠재해 있음을 확인할 수 있었다.

어린이집에서 교사는 일일 계획안에 따라 하루 일과 속 시간을 계획한다. 보육 활동시간은 교사가 교육적 기대에 따라 계획하고 준비한 만큼, 어린이들은 배움을 경험할 것이다. 하지만 위 사례는 어린이들이 주요 활동시간이 아닌 일상 속 전이 시간에서도 배움이 일어나고 있다는 것을 보여준다. 그렇다면 배움이 일어나는 공간은 어떨까? 교실이라는 이름에서 느껴지듯, 우리에게 배움의 공간은 늘 '교실 안'이다. 하지만 교사들은 교실 밖 작은 공간을 새롭게 바라보고 놀이 공간으로 마련해주었다. 이로 인해 '교실 안'만이 아닌 복도의 한 모퉁이에서도 배움이 일어난다는 것을 알게 되었다. 어린이들이 관심을 가지고 모여들면 그곳이 어디든 배움의 공간이 되는 것이다. "배움은 언제 어디서나 일어날 수 있다."는 어디선가 많이 들어본 글귀이다. 당연히 알고 있다고 생각했는데, 이제야 조금씩 이해되기 시작하는 순간이다.

3-2. 협력적 가치를 지원하는 성인 문화

\ 같이 나누면 즐겁고 함께 하면 빛이 나니까
 : 기록 나눔을 통한 원내 협의문화 구축
\ 부모와 함께 나아가기
\ 만들어가는 협력문화로써 연구교사 협의체

어린이들에게 협력적 가치를 강조하면서 성인들이 동일한 가치를 실천하지 않는다면 우리의 주장은 힘을 잃게 된다. 그렇다면 협력적 가치가 담긴 어린이집을 둘러싼 성인들의 문화는 어떻게 구성되어야 하며, 교직원과 부모, 교직원들 간의 협력은 과연 어느 차원까지 일어날 수 있는가? 다음 사례들에서는 성인들 간 생각을 나누는 과정을 통해 함께 나아갈 방향을 설정하고 이해해 가는 과정을 보여주고 있다.

첫 이야기에서는 막연한 두려움을 넘어 성장하고자 하는 마음을 지닌 교사들이 원내 협의문화 구축을 통해 함께 두려움을 극복하자는 목표를 함께 설정하였고, 구체적 책략으로서 기록을 중심으로 하는 협의시간을 정기적으로 가졌다. 교사들은 함께 협의에서 다루고 수행할 '미션'을 스스로 찾아내고 실행하는 능동성을 보여주었다. 또한 선경험자인 교사는 교사들에게 부담을 주지 않으려고 노력하였고, 처음 경험하는 교사들은 자신의 두려움과 궁금증을 숨기기보다 드러내며 도움을 적극적으로 구하는 상호 존중과 배려를 실천하였다. 그 결과 이 집단은 기록의 가치를 이해하고, 이를 통해 교사로서 어린이들을 보다 더 이해하고 존중하게 되었고, 성인들도 서로의 존재를 소중하게 느끼고 즐거움과 보람도 함께 나누게 되었다.

두 번째 이야기는 교직원들이 부모들과의 간담회를 통해 부모와 함께 어린이들을 같은 방향으로 바라보게 된 과정을 담고 있다. 교사들이 이런 모험을 하게 된 배경에는 자신감이 부족하지만 소통을 시도하면 부모들도 다가올 것이라는 믿음이 있었다. 부모와 공감대가 생겨나면서 불안감을 느끼던 교사는 조금 더 확신이 생겼고, 참여하고 싶고 궁금증을 지닌 부모들은 교사에 대한 인식을 달리해 나갔다. 나눔을 통해 모두가 힘과 동기를 얻고 서로를 존중하는 문화가 형성됨을 확인할 수 있는 사례이다.

세 번째 이야기는 재단의 연구교사들로 구성된 협의체 안에서 교사들이 서로의 어려움을 나누면서 각자 조금씩 위치를 찾아가는 과정을 담고 있다. 이 모임의 논제는 미리 정해져 있기보다 교사들의 이야기에서 재단이 발췌하여 제공하면서 함께 만들어간 발현적 과정이었다. 자신이 속한 기관이라는 울타리를 넘어 타 기관의 문화와 상황을 접하는 기회로서 교사들은 각자가 느끼는 어려움을 타인에게서도 확인하며 공감대를 형성하고 정서적 지원을 얻게 되었다. 시각이 넓혀진 교사들이 자율적으로 동료와 나눔의 기회를 통해 스스로의 생각을 돌아보며 해결책을 구할 가능성도 있음을 발견하게 된 기회였다.

이 사례들은 어린이와 마찬가지로 성인인 교사들 역시 새로운 배움과 발전을 위해서는 공동체 내의 '나눔'이 얼마나 중요한 요소인지를 새삼 느끼게 해 준다.

같이 나누면 즐겁고 함께 하면 빛이 나니까
: 기록 나눔을 통한 원내 협의문화 구축

고스란·박선희·박주화·박효정·오미희 교사

이탈리아 북부의 작은 도시 레지오 에밀리아에서 시작된 이 오래된 교육철학이 50여년이 지난 지금까지도 지구반대편에 살고 있는 우리 교사들에게 여전히 작은 울림을 주고 있다는 것은 정말 놀라운 일이다. 우리는 저마다의 동기와 계기로 레지오 철학을 만나게 되었고, 어쩌면 서로 비슷한 고민과 시행착오의 과정을 거치며 살아왔다. 이 장에서 우리는 어린이들이 아니라 우리 교사들이 살고 있는 이야기를 조심스럽게 꺼내보려 한다.

우리 원은 만1세부터 만3세까지 총 3학급으로 다양한 연령대와 경력을 가진 교사들과 원장을 포함하여 총5명으로 구성되어 있다. 그리고 월 2회, 1시간 반~2시간 정도 기록작업을 토대로 한 협의모임이 주기적으로 이루어진다. 협의모임은 성인들의 협력문화 구축을 위한 시도로 마련한 것으로, '레지오 알아가기'(오문자, 2011) 책의 내용 중에서 관심 있는 부분을 함께 선택하고 돌아보는 스터디 시간과 각 학급에서 어린이들의 일상을 자유롭게 기록한 내용을 협의하는 시간으로 진행된다.

우리 원의 교직원들은 기록작업을 단순히 어린이들의 말을 기록하는 작업이 아닌 기록물과 기록물에 대한 해석 및 재해석이 포함되는 개념으로 받아들이고 있다.

> 기록작업은 일어난 일들의 흔적을 남기는 행위 및 결과물만을 의미하는 것이 아니라 기록을 토대로 교사가 어린이들의 말과 행동, 표상물들에 대해 해석을 하고 동료교사나 페다고지스따, 아뜰리에리스따와 함께 교류를 하며 어린이들의 사고에 대해 가설을 세우는 공동 및 개인의 연구 과정도 포함된다.
> '레지오 알아가기' 중에서 일부 발췌

따라서 기록작업은 어린이들을 더 잘 들여다보고 싶은 교사들의 마음을 반영하는 것이며, 어린이들의 생각의 과정에 대해 함께 해석하고, 교류하고, 가설을 세워나가는 그 모든 과정에서 우리는 큰 의미를 찾고자 한다. 말라구찌의 철학에 깊이 공감한 우리는 '**기록작업의 방법이나 노하우를 전수하거나 전수받기 보다는 기록작업의 가치를 스스로 알아가기**'를 올해의 목표로 잡아 큰 그림을 그렸다.

> 말라구찌(1998)는, 좋은 교육이란 어린이에게 전혀 없던 성향을 '가르치는 것'이 아니라, 있던 잠재력을 인정하고 '드러내어 발전시키도록' 기회를 줌으로 해서 소멸시키지 않도록 하는 것이라고 주장한다. 우리는 맹목적으로 레지오 교육의 내용을 본받는 것이 아니라 그들이 **교육에 접근하는 방식과 태도**에 영감을 얻어 우리 교육을 만들어 나가야 할 것이다.
> '레지오 알아가기' 중에서 일부 발췌

굵직한 계획을 실행함에 있어 레지오 접근법을 이미 경험해 보았던 경력교사가 자신의 경험을 토대로 교사들을 지원하기로 결정하였다. 경력교사는 우선 기록작업을 처음 접하는 교사들이 부담감을 내려놓고, 좀 더 편안하게 기록 작업의 의미를 스스로 발견할 수 있도록 도와주기 위해 몇 가지 아이디어를 제안하게 되었고 우리는 그것을 '미션'이라고 명명했다. 협의모임을 진행하며 즉흥적으로 떠오르는 아이디어나 교사들의 제안으로 미션이 추가되기도 했다. 중요한 것은 미션은 기록작업의 방법이나 매뉴얼이 아니라는 것이다. 교사들이 기록작업을 맛깔스럽게 느끼도록 시도했던 우리의 미션들을 소개해본다.

○ 3월의 미션: 4장 이하의 사진 & 짧은 해석 - 기록에 대한 부담감 내려놓기

첫 협의모임을 앞두고 가장 조심스럽게 생각했던 부분은 레지오 철학에 대한 이해와 경험이 적은 교사들이 느끼는 '부담감'이었다. 혹시 교사들이 기록작업을 시작도 하기 전에 기록하는 행위 자체를 버거워 하거나 또 하나의 업무가 과중되는 것처럼 느낄 수 있기에 전달과정에서의 어휘선택에 있어서도 신중함이 필요했다. '기록'이라는 직접적인 표현대신 "아이들의 첫 날의 모습들, 소소한 일상들, 표정들...을 사진으로, 메모로 남겨주시기 바랍니다."라고 몇 번의 수정작업을 거쳐 메시지를 전하기도 했다. 그리고 드디어 협의 모임 첫 날, 정해진 형식 없이 각자 편한 방법으로 재편집한 기록물을 가지고 모이게 되었다.

 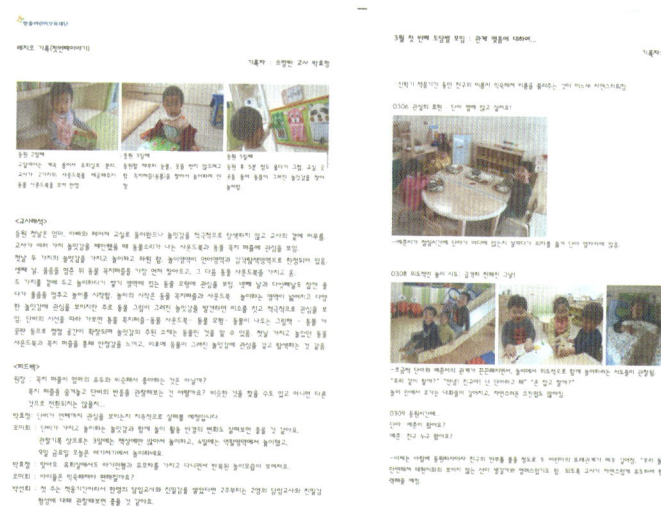

4장 이하의 사진과 짧은 해석이 첫 번째 미션이었음에도 불구하고 교사들의 기록물에 담긴 해석은 결코 짧지 않았다. 부담감을 주지 않았으면 하는 마음이 아무리 커도 받아들이는 교사들의 입장에서는 부담이 될 수밖에 없었나 보다. 이러한 교사들의 고민들은 협의과정의 기록을 통해서 찾아볼 수 있었다.

"기록은 어떤 정확한 답이나 틀이 없다 하는데... 기록을 하면서도 정작 내가 맞게 하는 건지... 하는 고민에 빠지게 돼요."

(A 교사)

'고민을 한다는 것'은 마음을 쓰는 일이기도 하지만 계속 해결점을 찾기 위한 생각을 이어가고 있다는 의미이기도 하다. 퇴근 후에도 고민하게 되고, 생각을 되돌아보고 있는 교사들의 모습을 통해 앞으로의 여정에 대한 긍정적 가능성을 엿볼 수 있었다.

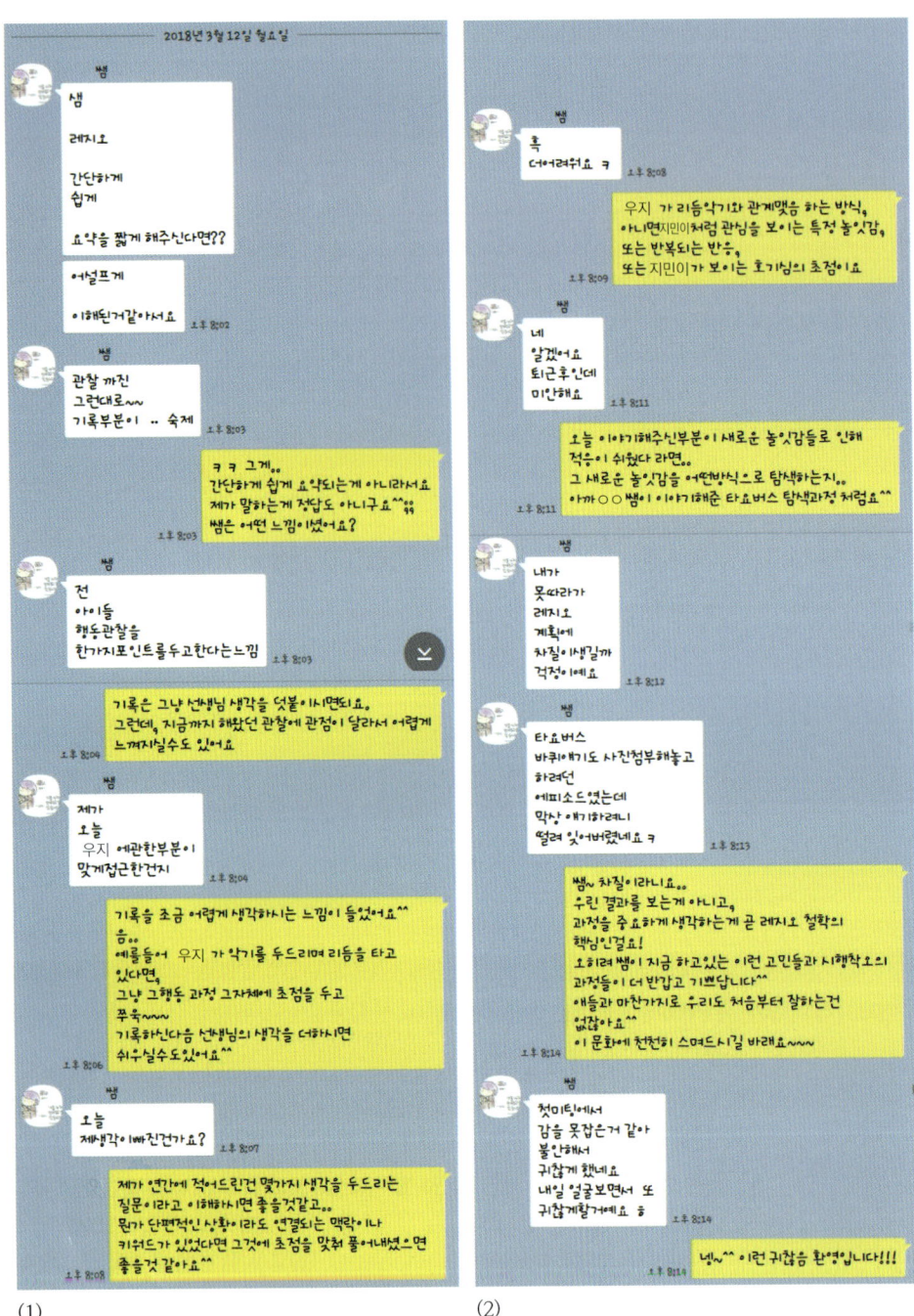

(1)　　　　　　　　　(2)

우리들의 협의모임과 기록작업의 과정을 재기록 하며 카카오톡 메신저에서 나누었던 사소한 대화들도 얼마나 중요한 기록이 될 수 있는지에 대해 깨닫게 되었다. 학기 초 레지오를 짧게 요약해달라는 그때의 질문을 지금 다시 되묻는 것을 보며 교사로서 우리가 얼마나 변화해 가고 있는지에 대해 생각해볼 수 있는 기회가 되기도 하였다.

○ 4월의 미션: close-up 한 사진 - 사진으로 기록하는 습관 돌아보기

3월 두 번의 협의 모임을 진행하며 교사들의 모든 사진 기록들이 어린이들의 얼굴만을 담고 있다는 것을 발견하게 되었다. 그래서 4월 기록에는 어린이들의 신체 일부에 집중하거나 밀착 촬영을 해보며, 교사들의 사진 찍기 습관을 되돌아보기를 미션으로 선택하였다.

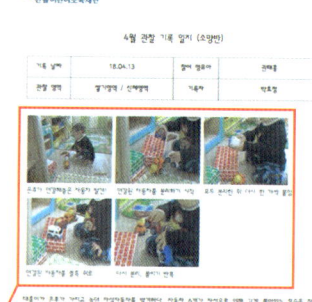

"지금까지 사진을 찍을 때 전체적인 모습만 보고 표정에 포커스를 맞췄지, 손을 본 적은 없더라구요. 제가 지금까지 한번도…"

(C 교사)

"아이가 의도하는 것을 좀 더 생각할 수 있었어요. 전체적으로 동작을 크게 봤을 때는 '그냥 노는 구나' 이렇게 단순하게 봤는데, 손만 보니까 생각이 읽혀지더라구요. '아이가 이러려고 하는 거구나…'"

(A 교사)

"저는 저에 대한 관찰의 시간이었어요. 제가 12일 동안 찍었던 사진이 700장이 넘는데, 그 중에 아이들의 얼굴이 나오지 않은 사진이 딱 15장 밖에 없더라구요… 문득 '우리는 왜 사진을 찍는 걸까? 우리는 언제 부터 이렇게 어린이들의 얼굴이나 모습을 사진으로 기록하는 과정이 익숙해진 것일까?' 하는 생각이 들었어요."

(B 교사)

우리에게 익숙한 것을 새롭게 보는 시도는 매우 중요했다. 습관처럼 카메라 셔터를 누르며 아이들의 '예쁘고 보기 좋은' 혹은 '보고 싶은' 모습만을 기록하던 나에 대해 돌아보게 되었다. 집중하고 있는 어린이들의 시선을 따라가자 그들의 몰입과 생각이 자꾸만 궁금해져 갔다. 조금씩 우리는 어린이들의 말을 주의 깊게 들음과 동시에 어린이들의 눈빛과 몸의 언어를 살피는 새로운 습관에 익숙해져 가고 있었다.

○ 5월: 교사들과 나누어 본 협의 전사록 - 우리 생각의 과정 되돌아보기

네 번째 협의모임에서 교사들이 기존에 익숙했던 교육방식과 레지오 에밀리아 접근법을 실천해 가는 과정 사이에서 느끼게 된 혼란스러움과 답답함에 대한 이야기들을 자연스럽게 나누게 되었다. 그리고 이러한 대화를 녹음했던 자료를 다시 되돌려들으며 전사를 시작했다. 녹음된 1시간 30분가량의 대화를 전사하는데 6시간이 소요되었다. 녹녹치 않은 과정이었지만 전체 대화의 흐름 안에서 달라지는 개인의 시각들의 소중함을 발견해갈 때마다 흥분되었다. 자신이 했던 말들을 다시 돌아보는 과정이 왠지 모르게 부끄러움이 밀려와 얼굴이 빨개지는 일이기도 했지만 용기를 내어 나와 우리에 대한 기록을 되돌아보는 경험을 가져보기로 했다. 그리고 이 경험은 생각보다 교사들에게 신선한 충격을 주기도 했다.

교사들과 나누었던 전사록 (2018. 4. 19.)

E교사: 이미 스터디 할 부분을 읽었고 토요일에 평가인증 지표교육을 받고 하다 보니 어떻게 보면 평가인증이랑 약간 충돌되는 부분이 있더라구요. 그런데 지켜보다 보니까 제 스스로가 조급함을 자꾸 느끼는 거예요. 지켜보다가 옆에서 살짝 자극만 해주어도 되는데 내가 가서 뭔가를 말해줘야 될 것 같고, 도와줘야 될 것 같고, 막 위험한 상황이 생겨서 다치면 원장님이 뛰어오실 것 같고... 하하하 아이들이 스스로 놀이를 하는데 제가 자꾸 중간에서 차단을 시키게 되더라구요. 이게 과연 내가 평가인증을 준비해야 맞는 건지, 아니면 레지오 철학대로 그냥 이걸 가만히 지켜 보는게 맞는지... 혼자서 내적 갈등이 생기니까 일주일간 너무 어렵더라구요.

B교사: 재홍이가 하는걸 보면서 이게 의미가 있구나 해서 일단 기다려주고, 기록을 하신거잖아요. 그 과정만으로도 선생님의 시각이 변하고 있다고 생각해요.

E교사: 정말 아까운 것 같아요. 레지오를 정말 재미있게 뭔가를 할 수 있을 것 같은데... 일단 안전위생 이런 부분에서 다 제외를 시켜버리게 되고, 제 스스로도 관찰하는 영역도 좁아지더라구요.

C교사: 저도 이걸 어떻게 절충해야 하는 건지... 뭔가 속 시원하게 누가 말해줬으면 좋겠어요. 평가인증 지표 교육 듣고 오면 이건 아니고, 레지오 연수도 듣고 오면 또 이건 아니고.. 양쪽에서 하는 말이 다르니까....

Q. 스터디 부분 중에서 나누고 싶은 부분이 있으셨나요?

E교사: 9페이지. 좋은 교육이란 어린이들에게 전혀 없던 성향을 가르치는 것이 아니라...

B교사: 다들 이 부분에 공감하시나봐요 (웃음) 어쩜 다들 이 부분에 밑줄과 별표가 되어있네요.

원장: 맞아요. 다 해결이 되더라구요. 저도 별까지 쳐왔어요.(웃음)

E교사: 저는 그 자세가 아니더라구요. 나는 교사니까 아이들을 가르쳐야 되고 돌보는 거야. 이거 였는데... 그게 아니라 교사로서 아이들이 뭔가 가지고 있는 것을 발견해줘야 하는 게 먼저더라구요. 이 말을 마음에 새기면 좋을 것 같아요.

2018. 4. 19, 협의 모임 전사록 내용 중 발췌

"내가 했던 말을 다시 읽어보니 처음에는 부끄럽고 말을 줄여야 겠다는 생각이 들었는데, 창피한 것을 넘어서니 진정한 기록에 대해 이야기했던 부분이 보이더라구요. 우리에게 익숙해진 방식들에 대해..."

(C 교사)

"일단 우리가 이렇게 많은 대화들을 나누었다는 것에 대해 놀라웠고, '나는 지금 혼란스러워요'라는 각자의 이야기를 나누며 달라지는 시각들이 보였어요."

(E 교사)

○ 6월: 다른 교사의 기록물 재분석 - 생각의 다양성 및 기록자 관점의 중요성 인식하기

교사들이 가지고 있는 기질이나 경험의 차이는 아이들의 놀이를 기록하는 순간에도 반영되며, 같은 상황을 보더라도 다른 가치에 대한 해석이 나타날 수 있다. 교사들의 기록물을 통해 에피소드를 공유하며 '만약 이 상황을 다른 교사가 기록했다면, 어떤 관점과 의미를 부여할까?'라는 생각이 들었다. 이 새로운 가설에 대해 이야기를 나누며 다른 교사의 기록의 상황에 대한 상호주관적 이해와 사진을 토대로 새로운 시각으로 분석해보는 시도를 하게 되었다.

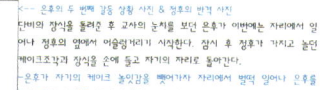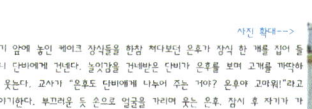

"협의를 통해 교사들과 충분히 다루어 보았던 기록물이지만 재분석을 위해 '나라면 어디에 초점을 두고 기록하였을까?'라고 생각하며 다시 읽어보았어요. 처음에는 관찰기록을 하였던 교사의 시점에서만 생각했었다면 재기록을 하며 다시 생각해보는 과정에서 좀 더 넓은 시야로 상황을 볼 수 있는 기회가 되었던 것 같아요. 또 내가 관찰한 기록물을 가지고 협의를 준비하는 것과는 다르게 다른 반의 기록을 재구성하는 새로운 시도가 재미있기도 했어요."

(C 교사)

○ **7월~9월: 어린이들에게 되돌려 준 기록 – 기록에서 순환의 가치 인식하기**

엄마의 초인종 소리를 듣고 반갑게 달려 나간 민태가 신발을 신으며 자꾸만 시선이 사진게시판으로 향한다. 오늘 처음 전시해준 8월의 사진들을 발견하고 낯익은 친구와 자신의 경험들을 천천히 살핀다. 신발을 신기고 서둘러 인사를 재촉하는 민태 어머님에게 조금만 기다려 달라고 했다. 오늘 처음 보는 사진이라 민태도 궁금했나보다. 그리고 민태와 엄마와 함께 서서 사진들을 보았다. 마침 교사가 기록작업으로 남겨두었던 것과 같은 사진이 눈에 띄어 손가락으로 짚으며, 교실에서 빨강색을 찾아 모아 보았던 기억을 떠올려보도록 유도했다.

교사: 민태야~ 우리 이때 뭐 했지??
민태: .... 심심했어.
교사: ^^;; 맞아! 이날 민태가 혼자 왔던 날이라 심심했구나!

한 장의 사진을 보며, 교사는 스스로 의미있다고 생각했던 기록의 포인트(빨강색)를 기억하여 주길 바랐으나 민태의 대답은 의외였다. "심심했어"라는 말 한마디에 '빨강색'보다 훨씬 더 중요한 민태가 느꼈던 그날 하루 동안의 감정이 녹아있었다. 두 명의 유아 중 한명의 친구가 오지 않았던 그날, 아무리 교사가 곁을 지켜주고 동생들과도 웃으며 놀이했던 기억이 있었을 지라도, 민태의 마음 한 켠은 허전했나보다. 어린이에게 색에 대해 간접적으로 경험의 기회를 주고, 재미있는 놀이와 색의 이름에 대한 강렬한 이미지를 남겼을 것이라는 것은 교사의 분석과 평가는 '감정적 공감'이라는 다른 관점에서는 맹점을 남겼다.

2018. 8. 29, 하원시간의 짧은 기록, 기록자: B교사 (만3세)

 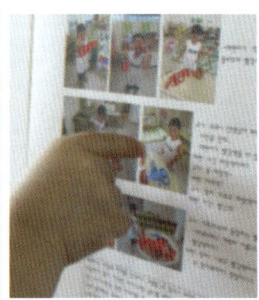

만약 민태에게 교사의 기록을 되돌려주지 않았다면, 아마도 교사는 민태가 빨강색을 드디어 인식하게 되었던 특별한 경험이었다고 영원히 믿고 있었을 것이다. 하지만 정작 기록의 주체였던 민태의 기억은 달랐다. 기록을 통해 우리가 범하고 있을지도 모르는 수많은 오류들, 그리고 교사가 발견하지 못한 연결고리들은 기록을 공유하여 피드백이 오고가는 과정을 통해서 더욱 면밀해지고 정확해질 수 있다. 따라서 기록을 교사들끼리만 나누는 것이 아니라 기록의 주체인 어린이들에게 기록을 돌려주고 부모와 또 다른 조력자들과 함께 나누어 순환될 수 있도록 하는 것은 매우 중요한 일이다.

우리는 교사의 기록물 그대로를 벽에 게시해주기도 하고, 재기록 과정을 거친 패널을 통해 아뜰리에의 공유된 공간에서 일어나는 서로의 놀이 과정을 간접적으로 나눌 수 있도록 하였다. 그리고 교사들의 기록물을 현관 게시판에 게시해 부모들로부터 피드백을 받는 등 다양한 방법으로 기록을 되돌려주기 위한 시도를 이어나갔다.

레지오 협의모임 후에 에피소드를 사진으로 추려 어린이들에게 돌려주기로 했다. 사랑반 영아들은 자신들의 에피소드를 보며 어떤 반응을 보일까? 나의 가설은 아이들이 사진을 보고 자연스럽게 흥미가 번져가고 친구나 교사에게 질문을 하거나 이야기를 나누지 않을까 하는 것이었다.

일찍 등원한 대한이가 가장 먼저 관심을 보였다. 자신의 에피소드 보다 친구의 에피소드 사진을 관찰하는 모습을 보인다. 그리고 사진을 찬찬히 본 대한이가 흥미를 잃고 책을 읽기 시작한다. 다른 어린이들도 마찬가지였다. 일주일동안 관찰하였지만 짧은 시간동안 사진을 살펴보고 금방 관심사가 다른 곳을 옮겨갔다.

나는 어린이들이 분명 흥미로워 할 것이며 새로운 재밌는 놀이가 시작될 수 도 있을 것이라는 기대감을 가졌지만 어린이들은 특별한 반응을 보이지 않았다. 기록을 나누기로 한 날짜가 다가오면서 나는 점점 초조해지기 시작했고, 문제가 무엇일까 고민하게 되었다. 새롭게 제시할 것인가, 교사가 먼저 소개해 볼 것인가에 대해 며칠을 고민하던 중 일주일정도의 시간이 지난 이후 흥미로운 상황을 관찰할 수 있었다.

오후간식을 먹은 어린이들이 자유롭게 놀이를 하고 있다. 엄마놀이를 하던 보민이가 테이프와 가위를 가져와 바닥에 붙이기 시작한다. 진서도 좋아하는 색인 노란색 테이프와 가위를 가져와 바닥에 붙여 본다. 진서는 테이프를 짧게 잘라 이어 붙이고, 보민이는 테이프를 최대한 길게 뜯어 붙이고 있다. 보민이의 테이프 선은 어느새 교실전체를 가로 지르고 있다. 사랑반 교실에 놀러온 동생도 관심을 갖고 교사의 도움을 받아 보민이와 진서의 놀이를 모방해 본다.

보민이는 지속적으로 테이프에 관심을 보였으나 한 번도 테이프 길을 만들어 본 적이 없다. 학기 초 어린이들이 모두 테이프 길 만들기에 흥미를 보였을 때도 보민이는 친구들이 만든 테이프 길을 걸어 보았을 뿐이었다. 그런데 드디어 보민이가 처음으로 친구들의 놀이를 모방하는 것이 아닌가.

아이들이 특별한 반응을 보이지 않았다고 하여 관심이 없다고 생각한 것은 교사의 섣부른 판단이었다. 아마도 교사가 미처 관찰하지 못했을 때 아이들 스스로 흥미를 갖기 시작했을지도 모른다. 교사가 먼저 관심을 유도하지 않고 기다리길 잘했다는 생각이 들었고, 아이들은 끊임없이 탐색하고 놀이하는 존재라는 것을 다시 한 번 알 수 있었다.

2018. 8. 24, 기록을 어린이들에게 되돌려주기, 기록자: C교사 (만2세)

기록물을 어린이들과 공유하는 과정을 통해 어린이들은 자신들의 경험을 재방문하는 기회가 되었고, 또래의 놀이가 자연스럽게 공유되고 놀이가 번져가며 그 안에서 새로운 아이디어들이 생겨나는 시너지 효과를 발견할 수 있었다. 또한 어린이들의 놀이를 사진으로 기록하는 교사의 모습, 그들의 말과 행동, 표정과 제스처 등 작은 것들도 의미있게 바라봐주고 담아내려는 교사의 모든 노력들이 어린이들로 하여금 자신들이 존중받고 있음을 느끼게 한다.

지금까지 우리는 레지오 철학을 실천해가기 위해 노력하며 어린이들의 모습을 들여다보고 기록을 하고 나누는 시간들을 소중하게 지켜왔다. 어린이들을 잘 이해하기 위해 시작한 '기록 나눔'을 통해 우리는 그 안에서 교사로서 나의 모습을 반성적으로 비추어보고 있었고 조금씩 서로를 이해하고 격려하고 있었다. 우리의 이러한 경험은 '협력'과 '아뜰리에 정신'과 상응하는 부분이라고 볼 수 있다.

함께 놀이는 공동체의 협력을 통한 배움으로 한솔어린이보육재단이 지향하는 개념적 가치이다. 어린이가 주체가 되어 실험성이 강하고 자유로운 놀이를 하며, 이를 통해 상호 배움의 맥락을 함양해가는 기회로 본다. 이런 협력이 잘 이루어지게 하는 것이 '아뜰리에'라는 환경이다. 아뜰리에는 새로운 물건을 사고 화려한 공간을 갖추가는 과정이 아니다. 다양한 자료를 통해 실험과 탐구의 공간, 소집단의 상호작용이 일어나기 좋은 공간으로서의 의미가 있는 것이다. **작은 공간에서 소규모 집단은 서로를 이해하고 의견을 나누어 협력하면서 새로운 생각들을 발전시키는 '아뜰리에 정신'**으로서 접근한다.

한솔어린이보육재단 오문자 대표 '한솔다움' 찾기 특강 중에서

우리는 아뜰리에 정신을 단순히 지식으로 습득하는 것이 아니라 직접 느끼고 경험해보았기 때문에 그 의미가 얼마나 가치로운 것인가에 대해 누구보다 자신있게 이야기할 수 있다. 그리고 함께하는 과정의 즐거움, 협력의 가치가 우리 교사들의 삶에 녹아지고 있다.

A교사: 솔직히 말하면... 레지오가 아직까지는 반갑기 보다는 부담이 돼요..
그래도 예전처럼 기록하는게 막연하지도 않고 답답하지도 않은게,
우리가 기록나눔을 함께 하면서 **기록이 익숙해지는 것 같아요.**
나도 모르게 보육시간에 아이들의 행동을 카메라로 찍고 기록하는게 습관이 되었더라구요.
레지오 기록도 일상생활을 엄마한테 전달해주고 싶은 자연스러운 마음처럼
편하고 가볍게 쓰다보면 기록이 즐거워지고 있다는 건 느껴져요.
3월 초에 막연하게 기록이라는 부담감이 지금은 점점 녹여지면서 조금은 편해지고 있다는 거...

D교사: 즐거워 보이세요.

A교사: 나는 선생님과 함께 해서 더 즐거워요.

D교사: (웃으며) 저두요.

A교사: 둘이 짝짜꿍이 되어서 결과물이 더 완성도가 높았고,
처음에는 내 기록물을 교사들과 협의를 나눌 때 내 기록물을 내놓기 부끄럽고,
다른 교사들 에피소드를 들어보고 내가 준비한 에피소드가 좀 수준이 낮지 않나 라는 마음이 들었는데
요즘은 내 기록물을 발표해주고 싶은 자신감이 생겼어요..
선생님이 오고 파트너를 하게 되면서 **기록이 개인기록이 아니고 같이 공동으로 하는 기록이 되다보니까**
더 힘을 얻고 자신감도 생겼고, 내용이나 생각도 더 풍성해지는 것 같아요.

D교사: (끄덕끄덕)

A교사: 지금 금요일인데 다음 월요일 협의 모임이 오늘 작성하면서 정말 기다려졌어요
아! 우리 둘 기록을 다른 선생님들 한테 빨리 읽어주고 싶다.
오늘 우리반에서 일어난 이 에피소드를 공유하고 싶다. 아, 시간이 빨리 갔으면 좋겠다…
이렇게 협의시간이 기다려지지 않았는데 보여주고 싶다라는 마음이 아까 기록작업을 하는 내내 들더라구요.
이게 평소에 레지오를 하면서 기록을 하는 습관들에 연결되면서 이 과정까지 왔다고 생각이 들어요.

D교사: 저도 선생님이랑 같이 하면서 부담감을 많이 내려 놓고 좀 재미있게 할 수 있었던 것 같아요.
처음에 시작 할 때는 나만 못하면 어떡하지? 이런 생각이 들었는데 선생님이 보완해 주시고,
제가 더 잘 할 수 있는 부분은 부각이 되고, 같이 해서 **저희가 함께 해서 레지오 기록이 더 재미있어지는 것 같아요.**

A교사: **같이 나누면 즐겁고....함께 하면 빛이 나니까....**

2018. 11. 16, 만1세반 두 동료교사간의 협의 대화 중에서, 기록자: B교사

어린이들에게 뿐 아니라 교사들이 협력의 가치를 먼저 느끼고 실천하고 있다는 것은 매우 가치로운 일이다. 우리들의 과정을 통해 기록 나눔은 어린이들만을 위한 것이 아니었으며 기록하는 과정에서 성장해가는 교사, 나눔을 통해 더욱 견고해지는 생각들을 느낄 수 있다.

허용과 기다림, 소통과 협력의 문화... 우리는 지금도 우리만의 문화를 만들어가며 계속해서 들여다보는 과정 중에 있다. 그리고 이렇게 **다양성을 갖춘 개개인의 구성원들이 함께 모여 가치를 공유하고 협력해 하나의 공동체로** 나아가며 '한솔다움'을 찾아가고 있다.

부모와 함께 나아가기

오미경 원장

어린이집에서 부모와 보육과정을 공유하는 것은 매우 중요하기에 매년 어떻게 계획할지에 대한 고민으로 한 해를 시작하게 된다. 레지오의 교육철학과 가치가 원장과 교사들에게 더욱 소중해지면서 부모와 교육과정을 더 가까이 함께 나누고 싶은 마음은 자연스러운 고민으로 이어졌고 부모와도 색다른 계획을 세워 실행하지 않으면 안 될 것 같은 불안감이 찾아오기도 했다. 그동안 활동 중심, 계획과 실행의 결과 중심적인 내용 들이 중심이 되었던 교육에 익숙한 부모들의 반응에 대해 걱정이 앞서기도 했다. 어린이들이 오늘 무엇을 배웠는지 빨리 보여 주어야 하는 것은 아닐까? 눈에 보이는 교육적 지원으로 어린이들의 성장을 이루어가고 있다는 것을 알려주어야 하는 것은 아닐까?

그러나 조급한 마음과 앞선 고민을 잠시 내려놓고 우리가 가치 있게 여기는 교육철학을 어린이들과의 일상에서 실천하며 보육과정을 채워가다 보면 부모와 무얼 공유해야 할지 구체화할 수 있으리라 생각했다. 막연하게 시작한 가운데 레지오 교육철학이 무엇이고 어떻게 펼쳐나가는지를 부모들에게 쉽게 설명할 수는 없었다. 그러나 어린이와 교육에 대한 관점을 어린이들과의 삶에서 실천할 때 부모와 소통하고 협력할만한 거리가 생길 것이라는 기대감이 있었다. 한 해를 돌아보니, 우리가 어린이들을 새롭게 바라보고 발견하고 지원하는 도구가 되어준 기록작업이 교육과정의 내용을 결정짓는 토대가 되면서 자연스럽게 부모와 공유하는 방식에도 변화를 가져오고 있었다. 구체적인 계획을 갖고 시작한 것은 아니었지만 한 걸음씩 부모와 공유하며 걸었던 흔적들을 되돌아보고자 한다.

어린이들의 자발적 일상 공유와 부모들의 자연스러운 도움의 손길

별도로 준비된 부모참여 프로그램이 아니더라도 어린이들에게 특별한 이슈는 부모의 관심으로 이어지고 자발적인 참여의 동기부여가 되었다.

3월 부모들과 함께 텃밭을 만든 공간에서 어린이들에게 예상치 못하게 찾아온 사건이 있었다. 비가 오면 텃밭이 물에 잠기는 상황들이 발생하자 어린이들은 텃밭과 이어진 수로를 만들어 물이 빠져나갈 길을 만들었다. 어린이들은 몇 날 며칠을 만들고 비가 오면 텃밭의 상태를 확인하며 수로를 이어가는 과정을 이어가고 있었다. 그러던 어느 날, 하원 시간 자발적으로 수로 만들기에 참여하고 있는 아버지의 모습이 보였다.

어린이들은 그들의 일상에서 특별하게 다가왔던 이슈에 대해서 목소리 톤과 억양, 표정으로 부모에게 생생한 현장의 이야기를 꺼내놓는다. 때로는 교실에서 일어난 일들, 실외에서 일어난 상황을 공유하며 부모와 같이 해결해 가길 원한다. 부모들은 어린이들에게 공유받은 사건이나 상황들이 요구하는 바를 채워주고자 노력하며 그 현장에 영향을 미치는 존재로 더 가까이 어린이들의 일상에 참여할 의지가 있었던 것이다.

교사들의 힘으로 감당할 수 없는 부분에 대해서 도움을 요청하는 것이 자연스러운 분위기가 형성되어 가고 있었다. 어린이들의 활동과 연결된다는 것을 인식한 부모들은 무언가 도움을 주고 함께 한다는 것에 열정을 내고 있었다. 교사와 부모는 어린이들의 교육에 도움이 되는 환경을 위해서는 협력하며 서로 노력해야 한다는 것을 조금씩 인식하는 것이다.

교사의 저널을 통한 일상 공유: 말보다 강한 글의 힘

교사는 어린이들의 놀이를 바라보면서 변화된 관점과 발견한 의미에 대해서 부모와 더욱 긴밀하게 공유하고 싶어졌다. 그런데 이 메시지를 전달하고 싶을 때 말보다는 글이 더 힘이 있다는 것을 발견하였다.
최근 어린이들의 놀이는 집을 구성하고 가족의 역할을 정하는 순서로 진행되고 있다. 그 과정에서 어린이들 간의 활발한 대화가 이어지며 지극히 일상적인 가족의 분위기가 느껴진다.

소진: 아기가 아파서 이불도 덮어줘야 해. 토닥토닥.
윤후: 우리가 병원에 데리고 가야지.
규빈: 청소기 지나가요. 아빠는 청소하는 중이야.
해성: 청소는 아빠만 하는 거야?
현준: 아니야, 엄마도 하고 아빠도 하는 거야 번갈아서.
록현: 캠핑가고 있어요. 지금 캠핑카에 가족들이 다 탄 거예요.
루희: 애기는 애기 의자에 앉아야지 안전벨트 하고.
하겸: 어른들도 안전벨트 해야지 위험하잖아.

2018. 11월 5주~12월 1주 활동저널 중, 가족 이야기, 만3·4세

어린이들이 표현하는 가족은 서로를 돌본다. 부모 역할이 정해지면 가족 놀이로 이어진다. 자유롭게 그림을 그리면서
나눈 어린이들의 대화에 엄마와 아빠 이야기가 등장했다. 그런데 무언가를 말하고 싶은 어린이들의 감정이 느껴졌다.

"스마트폰을 만들어야 해. 어른들은 스마트폰을 꼭 가지고 있어야 하니까요."
"엄마는 나랑 잘 안 놀아줘."
"맞아! 우리 아빠도 맨날 게임만 해. 나랑 안 놀아주고."
"엄마는 핸드폰 게임만 하는데."
"나는 아빠야. 아빠는 피곤해서 잠만 자. 그리고 깨우면 안 돼."
"여보, 애기랑 많이 놀아줘야지."

교사의 생각 나눔	부모님의 생각 나눔

어린이들의 시각에서 부모님을 생각했을 때 그려지는 일상의 모습이 어린이집 놀이 가운데 자주 등장한다. 이번 주 어린이들의 대화를 통해서 부모님과 관계에 대해 무엇인가를 원하는 것 같았다. 어린이들은 부모님들의 바쁜 일상의 삶을 잘 알고 있을 것이다. 그리고 개인적인 시간도 필요하다는 것을.

그럼에도 불구하고 평소 가정에서 누구보다 부모님의 모습을 가까이하는 어린이들의 시선은 '나에게 관심이 있나?'를 끊임없이 묻고 생각하는 듯하다.

평소 퇴근하고 나서의 생활에 대해 되돌아보니,
퇴근해서 저녁먹고 아이랑 씻고 정리하면 9시..
같이놀자고 말하는 소진이에게 바빠서 혼자놀고있어!
이야기 놀거나 태블릿PC를 혼자보는 소진이의 모습이 떠올랐네요
주말이라도 같이 잘 놀아주자 다짐하지만 쉬거나 키즈카페..
정말 소통하며 대화하며 놀이를 함께 꼭 해줘야겠다며
오늘도 다짐하게됩니다. 많은생각과 반성하게되는
제목이였네요.

저널을 통해서 어린이들이 고민하고 생각했던 일상의 일들을 공유하자 부모들도 어린이들의 이야기에 더 귀 기울이고 어린이들이 하는 행동의 의미를 한 번 더 생각해 보는 기회가 되고 있었다.

박소진 엄마 7.20 오후 2:26
이번 저널은 생각을 많이 하게 만드는 주제네요. 곤충을 관찰 하려면 잡아야 하고 생명의 소중함도 생각해야 하고..공원에 가서도 하나 둘 셋 규칙을 지키며 관찰 해야겠습니다.

김록현 엄마 7.20 오후 4:27
얼마전 길 바닥에 있는 달팽이를
보고는 "엄마 달팽이가 여기있으면 차에
다치는데 우리 풀로 옮겨 주는게 어때?"
라고 말하는 록현이였습니다
곤충과 자연스럽게 만나며 생명존중을
알아가는 아이들이 너무 사랑스럽네요

강현준 아빠 7.20 오후 7:51
비가온 다음날이면 어린이집 가는길에 해가 뜨기전에 달팽이를 구해줘야 한다고 한참이나 달팽이를 찾는 모습이 대견했었는데..선생님과 친구들과 함께 놀이하면서 느낀거였었나봅니다..^^

어린이들이 어린이집에서 느끼고 생각하며 경험한 일상은 가정에서도 이어지고 있고 부모들도 그런 어린이들의 일상을 의미 있게 보며 어린이들의 이야기에 귀 기울이는 모습을 발견하였다.

부모 간담회를 통해 커져가는 공감

상반기를 보내며 어린이집에서 지낸 어린이들의 이야기를 부모와 공유하는 간담회를 가졌다. 이 자리에서 기록물과 패널, 그리고 교실에서 이슈가 되었던 내용을 교사가 나누는 시간을 갖기로 했다.
부모들에게는 평소 모바일 스마트 알림장과 벽면에 게시되었던 기록, 저널을 통해서 공유한 내용이었기에 생소한 내용은 아니었지만, 교사들은 어떤 교육적 기대를 갖고 어린이들을 지원하고 있었는지, 어린이집에서의 삶에 어떤 의미가 있었는지를 공유하였다. 부모들은 매우 진지하게 집중하고 교사들의 이야기에 몰입하였다.

김단비 엄마: 어린이들의 놀이를 이렇게 세심하게 기록하는 것을 몰랐는데 아이들의 모습이 잘 관찰이 되고 있는 것 같아 놀랐습니다. 집에서 놀이할 때는 지켜보게만 될 때도 있는데 선생님들이 세심하게 관찰하시고 놀이를 지원해 주고 있구나를 알 수 있었습니다.

문해준 아빠: 어린이들의 행동을 그냥 지나치지 않고 많은 관심 가져주시는 것을 느낄 수 있었습니다.

강건오 아빠: 선생님들 고생하셨습니다. 어린이들의 놀이를 지원해 주고자 하는 선생님들의 고민이 느껴졌습니다. 그런 면에서 어린이집에 보내는 것이 부모로서 안심이 됩니다.

박민희 엄마: 민희는 집에 갈 때 "오늘은 뭐했어?"라고 물어보면 항상 관계중심으로 이야기 합니다. "누구랑 놀았어, 싸웠어, 오늘은 울었어."… 오늘 간담회에서 민희가 무엇을 하고 놀이하는지에 대해서 알 수 있어서 좋았습니다. 평소 어린이집에서 10시간~12시간이라는 집에서 보다 긴 시간을 보내고 있는데, 그냥 먹고 자고 놀고 목표 없이 놀이하는 것보다 생각을 할 수 있고 자기들의 의지를 반영한 놀이를 할 수 있어 좋은 것 같습니다.

이관우 아빠: 관우와 놀이할 때에 체력을 고갈시키려는 놀이를 많이 하는데 선생님들을 보면서 많이 보고 배우게 되었습니다. 아이들을 관찰하고 고민해서 놀이를 지원하는 것을 알 수 있었습니다.

이관우 엄마: 선생님들이 아이들의 놀이를 지원하려고 노력하는 모습을 느낄 수 있었습니다. 이런 작은 부분에서 감동을 많이 받는 것 같습니다. 행사가 있을 때 어린이집에 가벼운 마음으로 오는 데 갈 때는 무거운 마음으로 돌아가게 됩니다. 어떤 놀이가 있어도 단편적인 부분만 보게 되는데 여러 가지 아이디어를 고민해서 지원하는 교사의 마인드를 느낄 수 있었습니다.

강현준 아빠: 어린이집 안에서 하는 놀이가 많다고 생각했는데 어린이들이 함께 생각을 나누고 자신의 생각을 이야기로 만들어 나가는 과정을 보니 놀랍기도 했고 좋았습니다.

박윤후 엄마: 이야기를 만들어 내는 과정이 너무 놀라웠습니다. 서로의 의견을 들으며 자연스럽게 협업을 하고, 다른 사람의 이야기를 듣고 경청하는 경험을 통해 어느 순간 친구에 대한 배려를 배울 수 있게 되는 것 같아 감격스러웠습니다.

김하겸 아빠: 선생님들의 고생이 많을 것 같습니다. 예전에 하겸이는 혼자만의 생각을 갖고 있다고 느꼈었는데, 지금은 동생 서겸이의 생각도 하고 의견을 물어보기도 하는 모습을 보며 어린이집에서 친구들과 선생님과의 협력하는 일상이 하겸이를 많이 성장하게 했구나 라는 생각이 들었습니다.

그리고 간담회가 끝난 후, 부모들의 생각은 모바일 스마트 알림장에까지 이어졌다.

김서겸 엄마 8.16 오후 2:58
아이들이 그동안 했던 행동들 그행동들이 어떤 이유에서 나왔는지 알수 있어 좋았어요
아이들 행동 하나하나 세세히 관찰해서 기록까지 해주시고 그걸 토대로 놀이 유형도 바꿔서 더 재미있게 놀 수 있도록 지원 해주시는 모습에 감동 받았어요

박민희 엄마 8.17 오후 3:25
일관성있는 교육 철학으로 놀이로 구체화하여 지낸다는 메세지를 명확히 전달받았습니다. 아이들 뿐 아니라 함께 지내는 선생님들도 많은 시간과 노력을 할애하시는 만큼 보람있는 어린이집

박민희 엄마 8.17 오후 3:26
생활이 되시면 좋겠습니다. (한 번에 다 안써지네요. ㅠㅠ)

박윤후 엄마 8.14 오후 4:07
상반기동안 아이들의 생활에 대해 돌아보며
한층더 성장한모습에 가슴이 뭉클했습니다.
바쁘신와중에 영상까지 준비해주시고 아이들의 한마디 한마디 귀기울여주시며 꼼꼼하게 기록남겨주신 선생님께 감사합니다^^
하반기에도 아이들이 즐거운 이야기 많이 만들어갈수 있도록 연계하여 가정에서도 적극 지원하겠습니다.

문해성 엄마 8.14 오후 4:09
선생님들이 아이들을 위해 너무나 많은 관심과 애를 쓰시는 것에 다시 한번 감사함을 느끼는 자리였던거 같습니다. 단순하게 넘겨왔던 놀이들이 그 놀이 속에서 아이들에게 다양한 방면으로 조금씩 배우며 성장하는 것에 새삼 놀라웠습니다. 감사합니다.^^

김하겸 엄마 8.14 오후 4:28
집에서 아이들의 놀이를 함께하기 보단 내 생각대로 이끌고 갔다는 생각을 많이 하게되는 계기가 되었습니다 아이들의 표현과 행동들을 놓치지 않고 기록하고 이야기를 만들어 질수 있게 이끈 선생님들이 정말 대단하게 느껴졌습니다 정말 감사 합니다 ^^

박소진 엄마 8.14 오후 4:51
아이들이 하는 말에 대해 기록하는 일이 쉽지 않을텐데 선생님들의 열정에 감동 받았습니다. 간담회 준비하시느라 고생 많으셨습니다! 감사합니다~

부모들의 반응은 예상보다 훨씬 놀라웠다. 부모들의 평가에는 어린이들의 놀이에 대한 '기록'에 대한 놀라움, 과정 중심의 교육과정에 대한 인정, 교사들의 전문성이 담긴 교육적 시각에 대해 감탄하는 내용이 담겨 있었다. 어린이들의 삶을 공유했는데, 그 속에 담긴 교육철학과 교육과정의 내용이 부모들을 이해시키고 가슴으로 공감하게 했다. 교사들에게는 부모의 긍정적인 시선과 평가로 인해 전문가로서 자신감이 충족되고 보상받는 시간이 되었다.

어린이야 너는

어린이야 너는 봄이란다.
새싹이 돋아나듯 너의 꿈도 커가기 때문이지. -소진엄마 서희라-

어린이야 너는 꾸밈없이 사랑가득하고 행복은 느리게 머무르길 바란다.
너와 함께 한순간 하나하나가 사랑하기에 소중하기 때문이지. -재범엄마 김지숙-

어린이야 너는 종합비타민이란다.
너의 활짝 웃는 미소 한 번에 하루의 피로가 눈 녹듯 사라지기 때문이지. -서겸·하겸엄마 박현주-

어린이야 너는 에너지 짱이란다.
하루가 부족할 만큼 에너지를 다 소비 못하고 넘치기 때문이지.
어린이야 너는 미래란다.
너의 미래가 우리의 미래이기 때문이지. -규빈엄마 윤정애-

어린이야 너는 보석이란다.
반짝반짝 빛나는 너는 소중하며 특별하기 때문이지. -윤후엄마 정명숙-

어린이야 너는 태양이란다.
태양이 우주의 중심이듯 우리에게 가장 소중한 건 너이기 때문이지. -현준엄마 박자경-

어린이야 너는 묘목이다.
비록 지금은 여리지만, 깊이 뿌리 내리고 튼튼하게 자라
세상을 이롭게 하기 때문이지. -동찬엄마 신별-

어린이야 너는 충전기란다.
내가 지치고 힘들어 방전되면 너의 미소로 금방 충전되기 때문이지. -록현엄마 조아영-

어린이야 너는 소중하고 특별한 다이아몬드란다.
엄마, 아빠가 영원히 사랑할 수밖에 없는 고귀함을 가졌기 때문이지. -수아아빠 진병철-

어린이야 너는 순수한 눈망울을 가진 꼬마 천사란다.
주변의 모두를 웃음 짓게 하기 때문이지. -관우엄마 이은경-

어린이야 너는 무지개란다.
알록달록 무지개 색처럼 여러 가지의 매력을
가지고 있기 때문이지. -해준·해성엄마 박문주-

어린이야 너는 단비란다.
메마른 이 세상을 적셔 줄 수 있는 소중한 존재이기 때문이지. -단비엄마 김나리-

어린이야 너는 행복이란다.
네가 있기에 행복하기 때문이지. -관우아빠 이경환-

어린이야 너는 물이란다.
물처럼 맑고 순수하며, 또한 우리에게 없어서는 안 될
존재이기 때문이지. -현준아빠 강동훈-

어린이야 너는 복덩이란다.
네가 세상에 나와 준 것만으로도 아빠 엄마 세상 그 무엇과도
바꿀 수 없는 복을 받았기 때문이지. -건오아빠 강동우-

어린이야 너는 백지란다.
원하는 무엇이든 그릴 수 있지. -재희·민희엄마 이은선-

어린이야 너는 무지개란다.
소나기가 내리고 난 뒤 맑게 갠 푸른 하늘에 비치는 희망이기 때문이지. -루희엄마 은보연-

어린이야 너는 물이란다.
생명을 살리는 물처럼 우리 가정에 행복과 웃음으로 가정에 생명을 주기 때문이지. -가연엄마 이선경-

어린이야 너는 별이란다.
저마다 각기 다른 빛을 내는 별처럼 고유하고 특별한 빛을 가지고 있기 때문이지. -교사 안드레-

어린이야 너는 도화지란다.
그 어떠한 것도 그려 담아낼 수 있는 도화지처럼 너희가 가지고 있는
가능성이 꿈이자 현실이 될 수 있기 때문이지. -교사 고은희-

어린이야 너는 꽃이란다.
자신만의 색과 향기로 세상을 아름다운 정원으로 만들기 때문이지. -교사 김예지-

어린이야 너는 우주란다.
가능성으로 충만한 무한한 존재이기 때문이지. -교사 김경원-

어린이야 너는 희망이란다.
미래를 향한 무한한 가능성이 있기 때문이지. -원장 오미경-

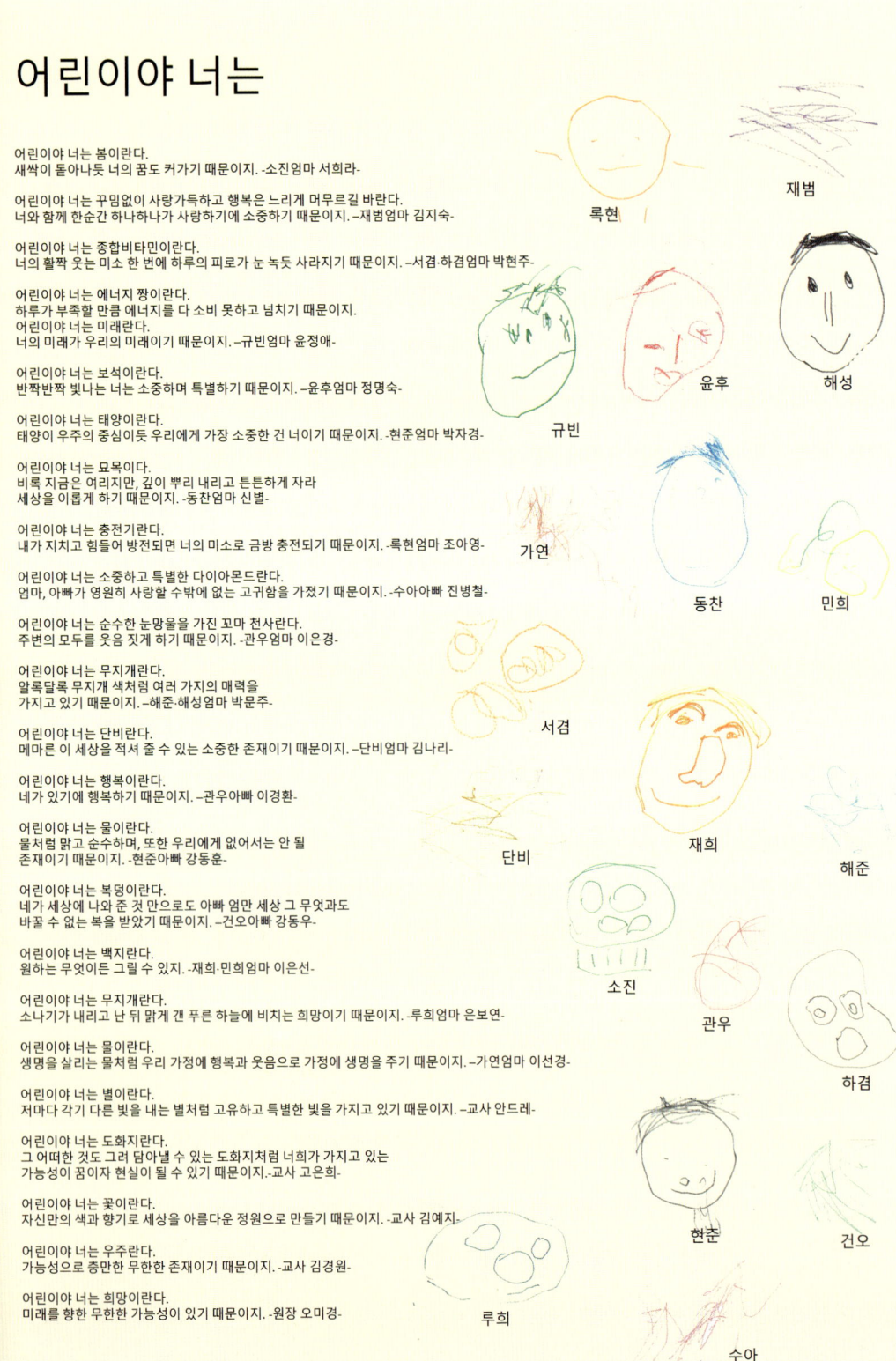

어린이날을 맞이하여 어린이집의 모든 성인은 어린이에 대한 관점과 기대를 공유하며 공동의 '시'를 만들었다. 어린이에 대한 우리의 마음을 글로 표현해보면서 어린이를 바라보는 우리의 눈을 돌아보는 기회가 되길 바랐다. 짧게 표현한 부모들의 글에는 어린이에 대한 기대가 담겨 있었다. 부모도 교사도 어린이들에 대해 무한한 가능성을 갖고 그들의 개별적인 잠재력을 키워주고자 꿈을 꾼다. 레지오 교육철학과 이를 실천하는 보육내용은 부모와 교사가 함께 같은 곳을 바라보며 꿈을 향해 함께 힘차게 걸어갈 힘을 주고 방향도 제시하고 있다. 우리의 경험을 부모와 공유하기 위해 준비하는 과정에서 우리 교직원은 변화를 시도할 용기와 '적응'이라는 인내의 시간이 필요함을 느꼈다. 그러나 이 기회를 통해서 교육적 철학을 일상의 삶에 반영하고 실천하고자 하는 교사의 열정과 신념은 더 깊게 뿌리를 내리며 견고해지고 있다는 확신이 든다.

3-2. 협력적 가치를 지원하는 성인 문화

만들어가는 협력문화로써 연구교사 협의체

한솔어린이보육재단 교육연구원

연구교사들을 중심으로 협의체를 만들어 보자는 첫 생각은 레지오 원리의 실천을 시도하고 있는 어린이집 교사들의 고민이 점점 재단으로 들려오면서부터였다.

"연구교사이기 때문에, 동료 교사들이 어떻게 적용하면 좋을지 많이 물어보기도 하고 무언가 더 주도적으로 시작해야 할 것 같은데 어디서부터 어떻게 해야 할지 모르겠어요."

재단이 추구하는 방향으로 레지오 교육철학을 소개하면서, 현장 교사들은 레지오 접근법에 대한 이해가 필요하였고 자연스럽게 어떻게 현장 실천에 접목할지 고민하게 되었다. 특히 각 기관 안에서 새로운 시도를 이끌어가야 하는 책임을 맡은 연구교사들은 큰 부담을 느끼고 있었다. 상반기를 거치며 도움을 받고자 하는 요구들이 점차 많아지기 시작하자, 재단에서는 총 4회 정도 협의를 위해 모일 것을 제안하였다. 연구교사들의 모임을 통해 각 어린이집에서 진행되고 있는 기록작업 컨설팅과 세미나 내용을 공유하고 재단 구성원 간의 교류를 통해 함께 성장할 기회를 마련하고자 한 것이다. 우리는 공동으로 직면한 어려움을 헤쳐 나가기 위해서는 외부의 도움보다는 비슷한 상황에 처한 동료끼리 서로의 생각을 나누는 과정이 집단의 사고수준을 높이고 배움을 가져다주어 현실적으로 도움이 되리라 기대하고 있었다.

처음부터 구체적 주제를 제안하기보다는 1회차 모임을 통해 교사들의 어려움에 대해 자유롭게 이야기를 나누고, 이를 통해 함께 고민했으면 하는 주제를 정해 2회차부터는 '초점이 있는 협의'를 진행하기로 했다.

1회차: 레지오 접근법을 적용하며 어려운 점에 대해 자유롭게 토론
(공통된 논의거리 모으기)
2회차: 기록작업과 협의를 하는 이유에 대한 생각 나눔
실제적인 적용에 대한 각자의 사례 나눔 등
3회차: 기록작업을 되돌아본다는 것의 의미
결과적 기록작업에 대한 의미와 방법 등
4회차: 결과적 기록작업 공유의 자리
(콜로키움 및 패널전시회)에 대한 피드백 및 소감
1~3회차 협의체에 대한 평가, 협의체라는 '협의문화' 되돌아보기

1회차 모임에서 드러난 연구교사로서 가진 고민은 몇 가지의 논의거리로 묶일 수 있었는데, 기록작업과 관찰일지 작성에 있어서의 접목, 레지오 철학을 반영한 표준보육과정(누리과정 포함) 운영, 일과 중 기록 및 협의시간에 대한 운영 고민, 연령별 놀이 안에서 관찰의 범위 등이었다. 그래서 2회차 모임에서는 1회차를 통해 묶여진 논의사항을 바탕으로 모임 전 안건을 미리 안내하였다. 2회차 안건은 기록과 협의를 왜 하는지에 대한 이유를 되돌아보고 기록작업과 협의에 대한 실제적인 적용 방안이 주요 안건의 내용이었다. 연구교사들은 모임 전 안건에 대해 미리 생각해 본 후 간단하게 자신의 의견을 작성하여 제출하였고, 재단은 제출한 내용과 교사들의 이해의 정도에 따라 적절하게 소그룹을 조직하여 의견이 자율적으로 교류될 수 있도록 하였다. 소그룹 모임 후에는 모두 한데 모여 각 그룹마다 어떤 이야기들이 나왔는지 의견을 공유하고 재단은 교사들이 혼란스러워 하는 부분에 대해 적절하게 피드백을 주어 논의의 초점이 흐려지지 않도록 하였다.

3회차에서도 2회차와 동일한 형식으로 재단에서 모임 전 안건을 연구교사들에게 미리 안내하였다. 2회차 모임의 안건과 연결지어 기록작업을 되돌아본다는 것의 의미, 결과적 기록작업의 의미와 작성 방법, 실제 현장 적용 사례 등을 안건으로 안내하였다. 연구교사들은 2회차와 동일하게 안건에 대해 생각한 내용을 저널로 작성하여 제출하였고, 재단에서는 제출한 내용을 바탕으로 분석해본 결과 논의 내용이 대부분 유사하여 소그룹으로 나누지 않고 전체가 함께 모여 자유롭게 의견을 나눌 수 있도록 하였다. 마지막 4회차 모임에서는 1~3회차간 이루어졌던 협의체에 대한 평가와 결과적 기록작업에 대한 공유의 자리였던 콜로키움과 패널전시회에 대한 평가 그리고 '협의 문화'를 되돌아보는 시간을 가졌다.

다음의 내용은 참여자들이 모임 중 나눈 이야기를 전사한 4차례의 협의체 회의록 내용과 전사록, 교사들이 제출한 반성적 저널, 재단 연구원들의 협의체 평가에 대한 전사록을 토대로 연구교사 협의체 경험이 교사들에게 주는 의미를 찾아본 것이다.

고민하는 것들을 드러내기: 공감과 위안

첫 모임 때는 레지오를 시작하면서 힘들 법한 것들, 고민스러운 것들을 모두 자유롭게 말하는 시간을 가졌다. 머뭇거리던 교사들은 한 두명이 이야기를 시작하면서 점차 용기를 내어 자신의 고민스러운 점들을 쏟아내었다. 교사들은 추후에도 그 첫 모임을 회상하여 이야기를 덧붙이기도 하였다.

"처음에 왔을 때는 마음이 무거웠던 부분이 있었는데, 같이 이야기를 나누다 보니 좋았던 것 같아요. 소그룹으로 자유롭게 의견을 나누고 했었던 시간은 특히 더 좋았고, 긴밀하게 이야기를 나누었던 것 같아 사실 그 부분이 도움이 많이 되었어요."

2018. 12. 19, P어린이집, M교사

"우리만 하는 것이 아닌 전국에서 고민하고 있다는 점에서 동질감을 가졌던 것 같아요. 연구어린이집과 운영어린이집 모두 섞어서 함께 이야기를 나누는 점도 좋았고요."

2018. 12. 19, I어린이집, O교사

고민의 내용을 드러내서 이야기한다는 것만으로도 교사들에게는 큰 위안이 되는 듯 보였다. 무엇보다도 자신의 어린이집에서만 어려움이 있는 것이 아니며, 다른 지역의 어린이집에서도 고민의 방향이 비슷하다는 것을 느끼면서 원초적 공감대가 형성되었던 것이다. 개별 기관만의 문제가 아니라 공통의 문제로 생각해 보며, 교사들은 보다 편안한 감정과 객관적인 시각으로 다가가는 경험이 되었던 것 같다.

"소그룹으로 나누어져서 이야기 나누었을 때, 훨씬 더 좋았던 부분들이 있었던 것 같아요. 개인적으로 가지고 있었던 생각들을 솔직하게 이야기 나눌 수 있었던 것 같아요. 특히 레지오 연구어린이집과 운영어린이집 교사들이 서로 나누어져 논의할 수 있었던 부분은 더 도움이 되었던 것 같아요."

2018. 12. 19, J어린이집, Y교사

2018년 레지오 시범어린이집으로 2017년 첫 해 시작하여 두 번째 해에는 전면적으로 실천하려는 '운영어린이집'과 이제 막 레지오 철학을 공부하며 발을 딛기 시작한 '연구어린이집'의 연구교사들은 서로 구분 없이 소그룹으로 섞여 모이게 되면서 보다 조밀한 논의가 이루어질 수 있었다. 어린이들의 놀이 내용에 대한 구체적인 이야기부터 문서 서식 및 평가지표 적용에 대한 큰 방향성에 대한 고민까지 다양한 이야기를 자유롭게 나누었다. 이 과정을 통해 서로가 공통적으로 겪고 있는 어려움이 무엇인지 확인할 수 있었다. 누구도 문제에 대해 완벽한 해결책을 찾은 것은 아니지만, 조금이라도 먼저 경험한 교사들과 동질감을 느끼며 함께 털어놓고 공감할 수 있다는 자체가 위로로 작용하고 힘이 되는 경험이라 하겠다.

서로 배우기: 협의를 통한 생각의 전환

"영아반의 경우, 맥락이 끊어지는 것에 대한 어려움이 있는 것 같아요. 특정 상황을 들여다보면서 연계하는 것에 대한 어려움이 있고요. 반면에 유아반의 경우 기록할 수 있는 것들이 많은데 아이들이 많다 보니, 서로들의 관심사가 상반되는 상황도 많아요. 이럴 때는 어디에 포인트를 두면서 잡고 나가야 할지 어려워요."

2018. 6. 22, C어린이집, K교사

" 결과적 기록물을 해보는 것 자체가 낯설기도 하고 혼란스럽기도 해요. 처음 기록작업을 했던 부분과 모두와 나누고 싶은 메시지로서 전달하려는 것은 무엇인지... 이 사이에서 고민을 많이 했던 것 같아요. 다른 어린이집에서는 이 부분을 어떻게 진행했는지 궁금하기도 하네요."

2018. 11. 1, S어린이집, K교사

협의주제가 분명해질수록 교사가 고민하는 내용도 이전보다 구체적으로 드러나는 모습이었다. 공통으로 언급된 주제는 일과 내 기록작업 작성시간, 기록물 관리 및 협의 방식, 기록작업과 관찰일지의 적용과 같은 구체적인 내용이었다.

영아반의 경우 맥락이 끊어지는 부분들이 잦은데 어떻게 흐름을 가지고 기록할 것인지?
유아반의 경우 어떻게 그룹화하여 기록할 것인지?
평가인증과의 문서적 결합을 어떻게 할 것인지?
어린이들간의 상반된 흥미 안에서 어떤 것을 포인트로 잡아 들여다볼 것인지?
아뜰리에 안에서 매체와 자료를 언제, 어떻게 지원해 주어야 할 것인지?
기록물을 부모와 공유하는 방법은 어떻게 할 것인지?
재단의 중점보육과정과 어떻게 접목할 것인지?
현실적으로 협의 시간을 어떻게 조정하고 언제 진행할 것인지?
결과적 기록물을 정리할 때 어떤 방향으로 초점을 가지고 가지치기를 할 것인지?
.... (중략)....................

2018. 8. 30 협의체 회의록 중에서

또한 협의 내용이 조밀해지면서 협의 모임은 교사들의 고민을 덜어주기에 직접적인 도움이 되었다. 교사들은 구체적인 고민의 내용에 대해 각 어린이집에서 어떻게 적용하며 지내는지 이야기를 들으며 다양한 아이디어들이 교류되는 모습이었다. 미처 생각하지 못했던 부분들을 작은 실천방법을 통해 헤쳐 나갈 실마리를 마련하고, 당장 해결할 수 없는 부분들은 조급함을 가지기보다는 심리적 거리를 두며 여유로운 마음가짐을 가져야 함을 배우기도 하였다.

그러나 협의 모임에서 교사들만 질문을 제기한 것은 아니었다. 우리가 추구하고 있는 방향성을 잃지 않기 위해서는 보다 큰 맥락의 질문도 필요해 보였다. 그래서 협의 모임을 주관하고 흐름을 추적하던 재단 연구원들은 교사들이 구체적인 방법론 차원의 질문 이외에도 근원적인 생각을 해 볼 수 있는 질문들을 생각해 내고 던져보기로 하였다. 예를 들어, 기록을 왜 하는지, 협의를 왜 하는지, 교육과정의 의미는 무엇인지 등과 같은 질문들이다. 넓은 의미로 보면, 현장의 교사들과 재단의 연구원들 간의 교류를 통해 연구교사 협의체를 함께 만들어가고 있었다.

"K어린이집에서, 일과 중 충분한 협의 시간을 확보하기 어려운 부분이 있었는데 어느 날 문득 화장실 가는 길목에서 오며 가며 나눈 짧은 이야기들이 지나고 나서 생각해 보니 모두 협의 과정 중 하나였다고 했던 말이 무척 인상적이었어요. 우리가 생각했던 협의 방식에 대해서 고정관념은 없었는지 돌이켜 보는 시간이 되었어요."

2018. 8. 30, 소그룹 협의 후 전체 소감 중에서

범주가 다양한 여러 가지 질문들을 놓고 협의하는 과정에서 교사들은 질적인 차원에서 고민의 깊이가 생겨나기 시작하였다. 조금 더 먼저 레지오 철학에 영감을 받아 현장적용을 시도한 운영어린이집, 이제 막 시작하는 연구어린이집이라는 구분을 떠나서 각자의 방식에서 살았던 자신들이 실천했던 방향에 대해 되돌아보는 기회가 되었다. 그러면서 점차 생각의 전환을 마련할 수 있게 되었다.

다른 교사를 통해 자신의 역할 인정하기: 연구교사로의 자리매김

"사실 연구교사로서 혼자서 정리하려다 보니 중요한 부분들을 놓치고 부담감이 컸던 것 같아요. 되돌아보며 같이 공유하면서 조금씩 그 부담감이 내려갔던 것 같고 가지치기가 되었던 것 같고요. 아뜰리에를 마련했던 당시 아무도 오지 않아 연구교사로서 부담도 컸는데 교사들끼리 이야기를 나누고 협의하는 과정을 되돌아보니 치열하게 살았다는 생각을 많이 하게 되었어요."

2018. 12. 19, K어린이집, C교사

"특정 사례를 정리하며 제 사례가 최종적으로 정해져 뿌듯한 것도 있었지만 상대적으로 다른 교사들에게 미안한 부분도 있었어요. 일과 중 업무와 병행하는 과정에서 다른 교사들에게 도움을 많이 받아야 하는 부분도 있었고, 모두가 치열하고 바쁘게 살아내고 있는데 기록한 놀이 사례를 정리해야 하는 부담감도 컸어요."

2018. 11. 1, W어린이집, J교사

"사실, 매일 즐겁진 않죠. 되게 힘들 때가 많은데, 근데 이 힘든 과정에서 막 기록을 하면서 기록한 걸 돌아보면서 돌아보는 게 되게 중요한 것 같다는 생각이 들어요. (...중략...) 돌아보는 과정 자체가 교사로서 얻을 수 있는 큰 부분인 것 같아요."

2018. 8. 30, L어린이집, A교사

재단의 보육철학 안에서 연구교사가 가지는 위치는 스스로 만들어가는 것이라 하겠다. 무엇보다 연구교사 중 대부분은 주임, 원감의 경우가 대부분이었기에 그러한 부담이 더욱 크게 작용하기도 했다. 운영 측면이 아닌 보육과정에 대한 고민을 논의해야 하는 상황에서 어린이집 안에서 대표성을 띄고 참석한 이들이 가지는 심리적인 부담감은 컸다. 하지만 시간이 흐르며 부담감이 극복되는 과정에서 나름대로 의미 있었던 점들을 발견해 나가고 있었다. 혼자서 부담감을 이겨낸 것이 아니라 비슷한 처지와 역할을 하는 다른 교사들과의 소통과 나눔을 통해 가능했던 것이다.

"교사가 기록하고 그것을 나누면서 관점이 달라지고 있어요. 좀 더 기다려 보고, 시행착오도 겪어보고, 기다려 봐주고 그렇게 변해가는 선생님 자신을 바라보게 되고... 그 과정인 것 같아요. 그게 재미있어요."

2018. 12. 19, I어린이집, O교사

"각 반에서 의미 있는 사례를 가지고 와서 어떤 일이 있었는지 나누는 시간이 있었어요. 특히 한 사례를 들으며 교사들이 참 대단하다는 생각을 다시금 했어요. 그뿐만 아니라 협의 후 교구장을 재배치하는 과정에서 부모님들의 관심을 보며 여러 생각이 많이 들었어요."

2018. 11. 1, O어린이집, L교사

"연구교사로서 사례발표를 준비하며 어떤 부분이 소통되면 더 도움이 되었을까? 라는 고민을 많이 하게 되었는데, 이것 자체의 고민들이 기록을 하는 것과는 또 다른 차원의 고민이었던 것 같아 의미 있었던 것 같아요."

2018. 12. 19, S어린이집, K교사

연구교사로 자신의 사례발표를 준비하는 과정, 다른 교사들의 기록작업과 사례 나누기를 지켜보는 과정 등 각자의 자리에서 연구교사의 역할을 수행하며 느끼는 점들은 달랐다. 그렇지만 이 교사들 경험의 공통점은 이전의 미시적인 관점에서 벗어나 보다 거시적으로 조망하고 생각해 보는 시간을 가질 수 있었다는 점이다. 연구교사 협의체에 참석했던 교사들 대부분이 원내의 중간관리자와 같은 역할을 겸하였기에 이들은 원으로 돌아가 어떻게 다른 교사들과 소통할지 자신의 역할에 대해 재정립해보는 시간이 되었을 것이다. 교사들이 그동안 레지오 철학을 반영해서 자신만의 보육과정을 살아내기에만 급급했다면, 연구교사 협의체가 진행될수록 교사들은 자신 개인보다는 자신들을 포함한 다른 교사들에 대한 현재와 미래를 더 큰 시각으로 바라볼 수 있었다. 그래서 그들을 어떻게 지원해 주어야 할지, 어떤 내용으로 어떻게 협의해야 할지, 자신은 어떻게 결과적 기록작업을 작성할지에 대해 나름의 고민을 하고 있었다. 이처럼 연구교사의 위치에서 생각해 볼만한 것들을 협의체를 통해 나누면서 자신의 역할에 대한 부담감의 무게만큼 교사로서의 성장에 대한 자신감도 같이 느꼈던 시간은 아니었을까?

함께한다는 것은: 지속적으로 만들어 가는 협의문화를 기대하며

"작년에 이어 영아반, 유아반으로 나누어 협의를 하였는데, 한 학기를 지낸 후 전체적인 흐름을 서로 나누고자 패널을 만들어보기로 했어요. 그 과정에서 모두가 열의를 가지고 진행하는 시간이 되어 정말 뿌듯했어요. 특히 패널을 보며 부모들과 소통하는 과정에서도 아이들의 놀이를 가지고 이야기를 나누다 보니 부모들의 이해나 피드백도 감동적인 부분이 많았고요. 전체적으로 모두가 열심히 하고 함께 성장하는 느낌이어서 좋았어요."

2018. 11. 1, Y어린이집, K 교사

"하반기부터 모든 반들이 기록작업을 시작했는데, 점차 고민을 본격적으로 시작하게 되었던 것 같아요. 그래서 아뜰리에 뿐 아니라 교사 협의에 대한 부분은 다른 원의 패널을 보면서 보다 시야를 넓혀가는 시간이었어요. 갇혀있던 시야가 깨지는 부분이 깨지는 시간이 되어 귀한 시간이었던 것 같아요."

2018. 12. 19, C어린이집, K교사

"해답을 찾아가는 과정을 같이 고민했던 것이 좋았던 것 같아요. 처음에는 서로가 각자 헤매는 시간을 좀 가진 이후에, 모이면서 서로 섞여 같이 의견을 나누며 진행하면 좋을 것 같다는 생각이 들었어요."

2018. 12. 19, K어린이집, C 교사

총 4번의 협의체 모임을 지켜보는 동안 협의문화에 대한 관심이 높아지고 있음을 느낄 수 있었다. 협의란 해답을 찾는 것이 목적이 아닌 그 과정을 나누는 것이 소중한 가치임을 느낀 순간은 각자마다 달랐다. 부모와의 이야기 속에서, 패널전시회를 통해 다른 어린이집 교사의 사례를 통해서, 협의체를 통해 고민을 나누는 과정에서.

이렇게 각자가 깨달음의 순간들은 달랐지만 4번의 모임 후 의견을 모았던 것은 앞으로도 연구교사 협의체 같은 협의 문화가 지속적으로 이루어지며 밀도 있게 진행되었음을 바라는 마음이었다. 어떤 이야기를 해야 할지 망설이고 두려웠던 처음과는 달리, 협의를 통해 활발하게 진행되는 이야기 속에 서로의 성장을 위한 배움이 일어날 수 있다는 확신이 교사들 사이에 생긴 것 같았다. 이렇듯 협의 문화는 교실 안에서 일어나는 어린이들 간, 교사-어린이 간의 성장을 위한 것뿐만 아니라 성인들인 부모 간, 교사 간에도 배움과 변화를 가져다 줄 수 있다는 점이다.

"지방의 연구교사들이 서울까지 오가는 시간은 많이 들지만, 자신의 어린이집만 들여다보고서는 배움이 일어날 수 없으니, 같이 살아내는 교사들과 함께 이야기를 나누며 부족한 것을 알아가는 것은 중요한 것 같아요. 그리고 이것을 건설적으로 풀어갈 수 있도록 도움을 주는 것은 재단의 역할이고요. 확실히 서로에게 영향을 줄 수 있을 거라는 기대를 가지고 있었는데, 점차 진행하면서 확신이 생겼던 것 같아요."

"... 우리 재단에서 레지오 철학에 영감을 받은 선배 교사들이 없으니 막막할 수도 있을 것 같아요. 모든 것이 첫걸음이기 때문이죠. 하지만 협의체를 통해서 나만 힘든 것은 아니었구나. 반걸음 정도 앞서가는 곳은 저렇게 풀어보았구나. 그럼 우리도 해볼까? 라고 느끼고 돌아가겠죠. 그리고 그들이 자신들의 어린이집 속으로 조금씩 확산시킬 거에요. 어린이집 상황에 맞춰 적용할 수 있는 힘을 얻었기 때문에."

2019. 1월, 재단 교육연구원 협의체 평가 회의록 중에서

재단에서도 처음으로 시도해본 연구교사 협의체 모임은 적은 횟수로 인해 아쉬운 점이 많았지만, 우리 나름의 실험적인 요소도 있었던 것 같다. 하지만 재단에서는 관리의 차원이 아닌 현장을 살며 실천하는 교사들과 진솔하게 이야기를 나누며 의견을 공론화하고자 시도한 것이다. 우리의 이러한 방향이 연구 교사들에게 마음으로 전해지기를 바랐다. 돌이켜 생각해 보면 각 지역의 현장교사들이 모여 협의를 한다는 것 자체는 그동안 우리의 조직문화 안에서 생각하기 어려운 협력체계였던 것 같다.

하지만 우리가 생각했던 협의란 수직적인 관계가 아닌 수평적인 관계에서 이루어지는 밀도 높은 논의였고 이것은 재단만의 생각과 의지로 이루어질 수는 없었다. 교사들도 편하게 자신들의 이야기를 풀어내고 그 안에서 해결책을 함께 고민해 본다는 것이 굉장히 조심스러운 부분이었을지도 모른다. 나아가 실천하는 과정을 나누는 것에 대한 두려움도 있었을 것이다. 그러나 교사들이 협의할 수 있도록 진행을 맡기기도 하고, 재단에서 명료한 답을 얻어가도록 하기보다는 고민거리를 함께 찾을 장을 마련해 줌으로써 재단도 협의체 구성원의 하나로 수평적인 참여를 조금이나마 할 수 있었다.

연구교사들은 처음이지만 자신이 처한 상황에서 나름의 진지한 고민을 진솔하게 드러내며 경력과 지역을 막론한 각자의 방식으로 열띠게 토론하는 모습을 보였다. 그리고 4회의 협의가 끝난 후에도 이 협의체가 이어지기를 바랐다. 한 교사는 자신과 협의했던 교사가 12월에 열린 콜로키움에 나와서 발표하는 모습을 보며 친근한 느낌을 받았다는 말을 자연스럽게 건네며 향후에도 서로의 앞날을 응원하는 모습이기도 했다. '함께한다는 것'이 이런 것이었을까? 교사들이 단순히 어린이집에서 어린이들과 함께 하는 재단 소속의 어느 어린이집 교사로만 머무는 것이 아니었다. 너, 나, 그리고 우리로 이어지는 하나의 협력 문화란 이런 과정의 산물이 아닐까?

3-2. 협력적 가치를 지원하는 성인 문화

IV. 나가며

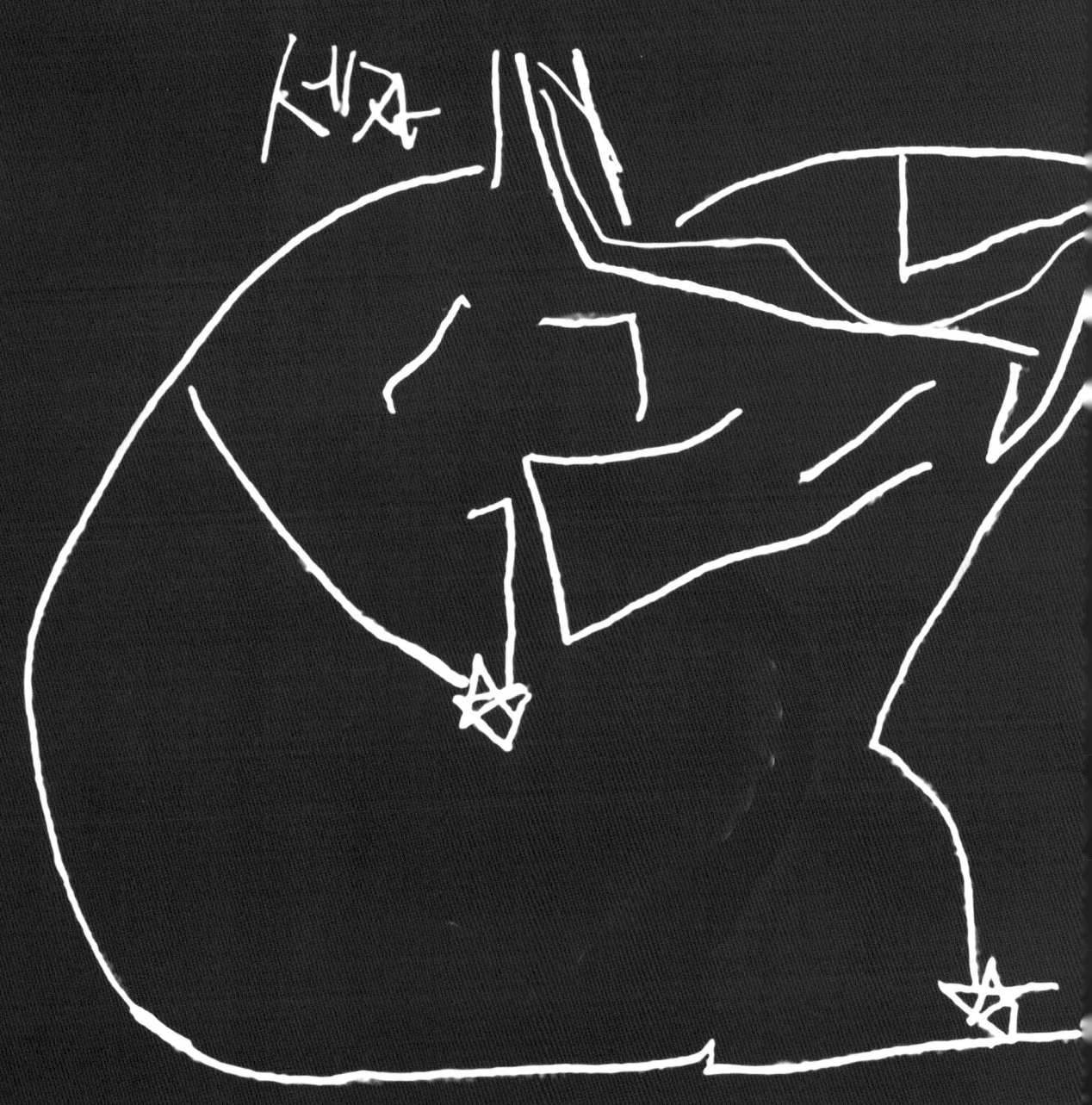

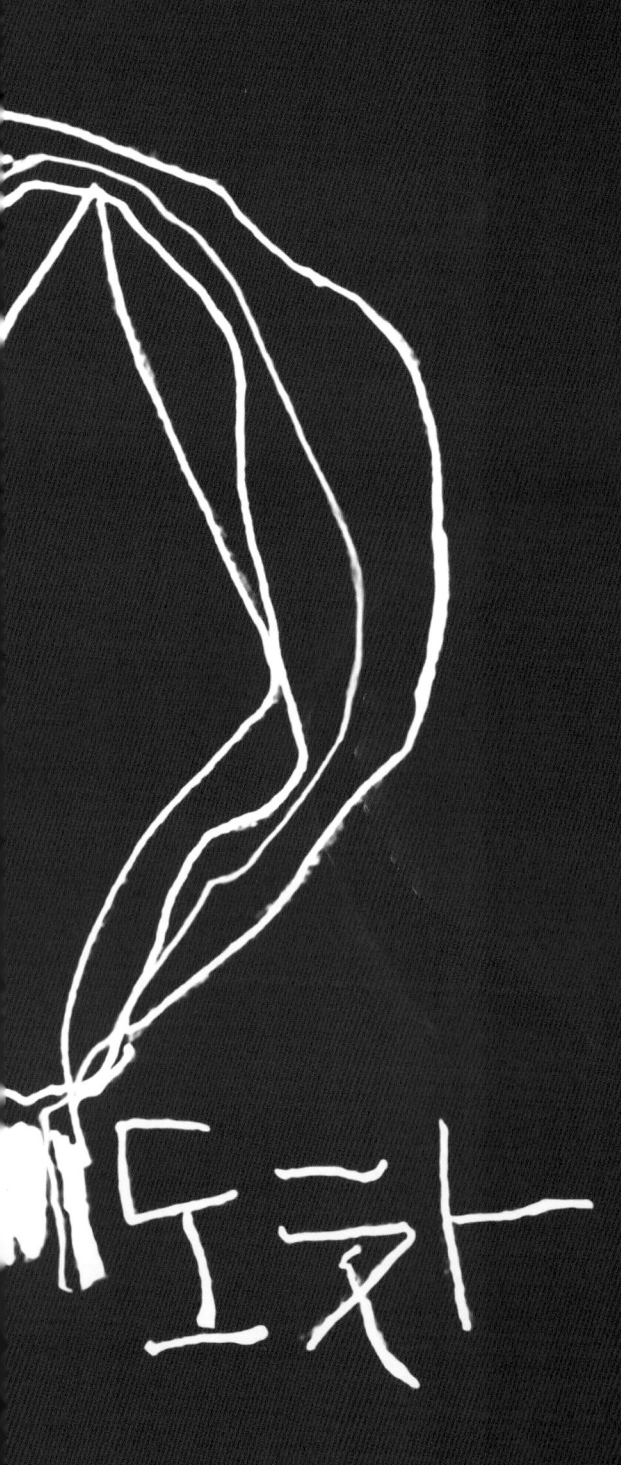

발견과 나눔의 순환을 통해 배움이 깊어짐을 경험하다

도담도담이야기 I과 마찬가지로, 도담도담이야기 II는 어린이들에게 제공하기 위해 외부 전문가들이 마련한 활동들로 가득한 활동모음집과는 다른 성격을 지닌다. 개별 교사들의 성공적 사례보다 현장에서 어린이들과 만나며 매일을 살아가는 교사들의 치열하고 시행착오적인 경험을 기록하고 돌아본 내용들로 채워져 있다. 우리는 교사의 스스로 읽고, 공감하며, 판단을 내릴 능력이 있음을 믿었고 어린이 개별마다 지닌 경험의 역사와 특징을 존중하고자 하였다. 비록 매끄럽거나 정돈되지 않았지만 이는 솔직한 현장의 이야기를 기록하고 돌아본 임시적 결과물이다. 재단의 관점에서 보면 지난 한 해의 과제와 이슈들을 정리하고 돌아보면서 무엇을 이해하고 얻었으며, 어디로 나아가야 할지를 결정하기 위하여 깊이 들여다보고 정리한 나름의 보고서이다. 일련의 책 발간을 통해 한솔어린이보육재단은 현장 교사들에게 정교한 계획안, 가져다 쓰기 쉬운 교수법, 완벽하게 준비된 형식을 일방적으로 전파하기보다 어린이들과 교사가 함께한 경험의 흔적들을 토대로 여러 교사들과 소통하며 함께 지속적으로 방향을 찾아 나가기로 선택했음을 다시금 밝히고 있다.

사실 재단의 '한솔다움 찾기' 여정은 끊임없이 현장과 교류하고 조정하며 방향을 만들어가는 발현적 과정이다. 2018년 한 해 우리의 경험도 예외는 아니었다. 우선, 현장연구의 초점 선정에서부터 조율이 필요했다. 한솔다움 찾기 첫 해인 2017년, 기록작업을 통해 어린이들을 다시 만나면서 우리는 그들의 협력하고자 하는 성향과 능력, 그리고 주변으로부터의 자신의 존재를 존중받고자 하는 소망을 여러 상황에서 발견한 바 있었다. 이를 토대로 두 번째 해에 우리는 잠재력을 충분히 발휘할 상황을 제공하고자 현장연구 주제로 협력적 가치를 강조하는 '함께놀이'에 집중하고자 하였다. 한편, 현장에서는 새로운 시도를 가시화하고자 하는 필요성과 욕구를 표출하였고 재단은 이를 받아들여 '아뜰리에 정신'을 '함께놀이'와 결합시키기로 결정하였다. 두 요소 간의 상승작용도 기대하였지만 초점이 희석될까 우려하였던 것도 사실이다. 그런데 성인들의 우려와 달리, 지난 해 경험들을 돌아보면 이 두 요소는 유기적으로 상호작용하며 교사와 어린이들이 구성한 경험 안에서 자연스럽게 함께 작동하고 있었다. 어린이들은 끊임없이 세상을 탐구하였고 자신들이 발견해 낸 것을 자발적으로 또래들 혹은 다른 연령의 집단과도 나누고자 하였으며 이 경험을 통해 구성원 모두에게 각기 다른 정도와 방향의 배움이 일어남을 볼 수 있었다.

두 번째로, 재단의 현장연구 방향도 지속적으로 변화해 갔다. 아뜰리에 설치를 지원하되 구성원 모두가 아뜰리에 존재 이유와 가치를 공유하는 것이 절실해졌다. 재단 차원에서 지원한 아뜰리에 컨설팅, 개별 기관차원에서 교사들의 집단 경험을 지원한 다양한 실험들, 멘토그룹 안의 모임을 통한 경험의 교류들이 일어나기 시작했다. 또한 현장 교사들의 어려움이 드러나면서 재단은 각 기관의 연구교사의 역할을 담당하는 교사들의 지원체제 확립이 필요하다는 점을 인식하고 연구교사 협의체를 운영하기 시작하였다. 현장들은 각기 필요성에 의해 자신들의 시도를 부모와 나누는 경험도 자발적으로 실행하기 시작했다. 결국, 그 형태는 다양하고 참여 구성원도 달랐지만 이 모든 시도들은 협력의 가치를 배경으로 이루어졌다. 집단 경험이 누적됨에 따라 서로 참조할 수 있는 선행사례도 늘어났다. 이 책의 출판은 근원적으로 동료들의 경험을 교류하며 교사들의 생각을 풍성하게 만들기 위한 또 다른 협력적 시도인 것이다.

마지막으로, 책을 집필하는 과정 역시 지속적인 변화와 조정의 연속이었다. 한 해의 기록작업을 굵직하게 돌아보면 성인의 관점과 자세가 어린이들이 어떤 경험을 하게 되는지에 결정적 영향을 주고 있었다. 그런 이유로 본 책은 성인이 어린이들을 위해 자극이 풍부한 놀이 맥락을 준비하는 사례에서 시작하여 성인 구성원의 협력 경험을 소개하며 끝나는 방식으로 구성되었다. 이 책은 어린이들의 이야기들로 이루어져 있지만 결국 가정이 아닌 기관의 모든 교육적 경험은 성인의 시도에서 시작해서 성인의 되돌아보기로 끝날 수밖에 없기 때문이다. 그렇지만 어떤 사례의 주체가 과연 어린이들인지 성인 교사인지조차 분명하게 구분하기 어려웠다. 성인의 준비과정과 뒤따르는 어린이의 실험적 놀이라는 두 가지의 단계로 명료하게 구분되기보다는 어린이와 성인이 서로 반응하며 함께 경험을 만들어가고 있었기 때문이다. 물론 경험을 자연스럽게 이어가는 어린이에 비해서, 구획 짓기에 익숙한 성인들은 더욱 많은 노력과 돌아봄이 필요한지도 모르겠다. 또한 어린이들의 경험 사례를 조직화하면서도 책 구성에 대한 조정도 수차례 일어났다. 성인의 의도와 별개로 어린이들의 경험 안에서는 협력과 탐구라는 요소가 필연적으로 함께 작용하였기에 '아뜰리에 정신'을 드러내는 사례와 '함께놀이' 개념을 포착한 사례들을 쉽게 분리하여 조직화할 수 없었다. 이는 보육현장에서 어린이들은 이미 자신들이 의미를 부여하는 경험을 통합적으로 살아내고 그 안에서 몰입하며 배우고 있음을 보여준다.

본 책을 마무리하며, '함께놀이'의 의미를 다시 풀어보고자 한다. 기존 현장에서 함께놀이란 협력적 기술을 토대로 작업할 것을 요구하는 놀이 혹은 협력의 가치를 숙지시키도록 계획된 놀이의 명칭으로 인식되기 쉽다. 그러나 올해 경험을 토대로 하면, 재단의 '함께놀이'란 **함께 서로 다른 생각을 섞으며 배움을 키워갈 가능성이 있는 놀이 상황**이라고 바라보는 것이 바람직해 보인다. 우리가 열린 기회를 제공하고 이들의 어설픈 시도를 가치롭게 바라봐 주자, 어린이들은 자신의 협력적 성향을 최대한 발휘하고 상대에게 귀 기울이며 협력하는 법을 배우고, 협력을 통한 배움과 즐거움을 얻으며 서로의 발전에 도움이 되는 학습 집단으로 변화해 가는 모습을 드러내었다. 이 과정은 성인의 학습에도 해당된다. 올해 내용을 편집하는 과정은 여러 면에서 시간이 많이 걸리고 쉽지 않은 작업이었다. 그 이유 중 하나는 지난해에 비해 기록작업의 내용이 풍부하고 하나의 경험 안에도 다양한 측면과 가치가 포함되어 있었기 때문이었다. 이는 곧 우리가 하나의 '학습 집단'으로서 지난해에 비해 더 많은 교류를 통해 함께 발전하고 있음을 보여주는 증거이다. 힘들면 때로는 쉬거나 한 걸음 물러서서 지켜볼 때도 있지만, 공동의 방향만 잃지 않고 지속적으로 노력한다면 우리는 계속 발전할 수 있다고 확신한다.

V. 부록

참여자 명단

경찰청어린이집
정미숙 원장 최혜원 교사

광명경찰서어린이집
허윤정 원장 정주혜 교사

기아광주어린이집
정희순 원장 고스란 교사 박선희 교사
박주화 교사 박효정 교사 오미희 교사

르노삼성연구소어린이집
조상희 원장 김미선 교사

무궁화어린이집
김양숙 원장 김진이 교사 박경아 교사

서산오토밸리어린이집
고영숙 원장 김현주 교사 김현희 교사
변영경 교사 육슬기 교사

서울시농수산식품공사올본어린이집
김민경 원장 이승연 교사 임동은 교사

풀무원어린이집
이혜원 원장 김서연 교사 문사라 교사

하이원태백어린이집
정찬승 원장 김소림 교사 채송화 교사

한솔교육&CJ키즈빌어린이집
김진희 원장 권순주 교사 박소연 교사
박해진 교사 한소진 교사

한화여의도어린이집
김현욱 원장 김민정 교사 이소정 교사

항공누리어린이집
최영주 원장 강은경 교사 이성민 교사

현대양재어린이집
양수정 원장 김지수 교사

현대제철당진어린이집
한지연 원장 이현숙 교사

현대제철인천어린이집
이선우 원장 김은애 교사 윤지은 교사

CJ키즈빌어린이집
김민영 원장 양미소 교사 이하얀 교사

KR어린이집
이진수 원장 손지혜 교사 진소미 교사

LB루셈어린이집
김정예 원장 정대현 교사

LG이노텍(파주)어린이집
오미경 원장 고은희 교사 김경원 교사
김예지 교사 안드레 교사

SKY어린이집
김경희 원장 김세이 교사 김예린 교사 최윤혜 교사

the KIDS 여의도2어린이집
김은미 원장 김하늘 교사 이은주 교사

참여교사 소감

경찰청어린이집
최혜원 교사

빛으로 놀이하던 유아들 간에도 생각을 나누며 빛의 모양을 서로 이야기하는 것을 들여다 볼 수 있었으며, 빛의 모양을 조금 더 잘 볼 수 있게 비밀의 아뜰리에 공간을 만드는 과정에서 교사들도 마음을 더할 수 있었다.

광명경찰서어린이집
정주혜 교사

주제 중심 교육에 익숙해져 있는 나에게 장기간에 걸쳐 영아의 흥미를 바탕으로 '영아의 공간'에 대한 기록을 하는 것은 쉬운 일은 아니었다. 기록을 통해 영아의 개인 공간의 대해 인정해주게 되었고 더 나아가 영아들은 스스로 개인의 것 뿐 아니라 친구와 자신의 공간, 자신의 것을 공유할 수 있는 능력이 있다는 것에 대해 알게 되었다.

기아광주어린이집
고스란 교사

물 흐르듯 노력하며 지내온 시간들이 쌓여가서 서로를 이해하고 소통하는 문화가 만들어졌지 않았나 싶다. 앞으로도 지금처럼 서로를 존중하고 협의할 수 있는 우리가 되길 바란다.

기아광주어린이집
박선희 교사

협의를 함께 하는 동료들이 있었기에 내 부족한 면을 볼 수 있었고 자극이 되며 조금씩 발전되어갔다. 우리는 지극히 수평적인 관계에서 서로에게 좋은 기본서가 되어주었으며 생각과 나눔이 솔직했고 자유로웠다.

기아광주어린이집
박주화 교사

기록 작업은 어렵고 복잡한 과정이라고 느껴지기도 했다. 하지만 함께 기록을 나눔으로 인해 이 과정은 점차 기대되고 흥미로운 과정으로 변해갔다.

기아광주어린이집
오미희 교사

우리가 함께 일상을 살아가고 있는 지금도 어린이와 교사의 삶이 만나고 있는 과정의 연속이다. 그렇기에 함께하는 관계 속에서 어린이, 교사 모두 상호의존적으로 성장 중에 있다. 어린이들의 사고와 경험에 대해 열린 마음으로 맞이하고 그들의 권리를 존중하는 우리들의 모습이 교사와 교사간의 관계 속에서도 적용되었을 때 우리는 비로소 '함께함'의 가치를 느낄 수 있었다.

르노삼성연구소어린이집
김미선 교사

'어린이들의 있는 그대로의 모습과 말에 귀 기울여야 한다.'는 것이 왜 중요한지를 확실하게 느낄 수 있는 기회가 되었다.

무궁화어린이집
김진이 교사

어린이들의 놀이를 관찰하며 기다려주고, 때를 잘 포착하여 놀이를 지원해주면 어린이들의 새로운 모습과 흔적들을 발견할 수 있음을 알았다. 기록을 통해서 흔적들을 되돌아보며 함께 배워가는 과정에서 이해의 대상으로서 어린이라는 존재를 새롭게 바라볼 수 있었던 것 같다.

무궁화어린이집
박경아 교사

동그란 놀잇감을 찾아 돌리던 한 어린이의 관심이 반 전체 어린이들의 팽이 놀이의 계기가 되고 더 나아가 만5세 형님들의 흥미를 이끌어 함께놀이가 이루어졌다. 교사도 함께함으로써 아뜰리에 정신이 얼마나 값진 것인지 느낄 수 있었던 시간이었다.

처음에는 교실에서의 활동을 어떻게 아뜰리에에서 연계해서 활동할 수 있을까라는 단순한 호기심에 시작하게 되었다. 기록을 하면서 점차 유아들의 활동을 들여다보게 되었고, 그 안에서 이루어지고 있는 수많은 일들을 알게 되면서 나도 모르게 빠져들어 관찰하고 기록하고 있는 것에 재미를 느끼게 되었던 것 같다.

**서산오토밸리어린이집
김현주 교사**

영아들이 유토 놀이를 할 때 많은 기대를 하지 않고 들여다보기를 하였던 것 같다. 하지만 기록을 하면서 영아들 나름대로 그들의 시선과 그들의 방식으로 해석하여 놀이에 적용하는 것을 바라보며 교사에게도 배움이 있었던 시간이 되었다.

**서산오토밸리어린이집
김현희 교사**

그 동안 나는 '내가 교사니깐, 내가 어른이니까'라는 위치 때문에 고정관념을 갖고 어린이들과 지냈던 것 같다. 어린이 이미지 연구회를 하고 OHP 공룡이야기 기록을 하게 되면서 어린이들이 얼마나 유능하고 빛나는 존재인지 느낄 수 있었다. '어린이들이 만든 공룡이야기'는 내가 그 동안 읽었던 공룡에 관한 이야기들 중에서 제일 재미있는 이야기였다.

**서산오토밸리어린이집
변영경 교사**

유토를 가지고 시작된 점토놀이를 보며 어린이들의 공통의 관심사를 알아갈 수 있었고, 교사가 어떠한 지원과 관심을 가지느냐에 따라 활동이 구체화되고 정교화 되는지 알 수 있었다. 어린이들의 성향에 따라 각자 알아가는 방법이 다르고 교사가 얼마만큼 어린이의 개별성을 인정해주고 공감해주느냐에 따라서 그들의 잠재력이 발현될 수 있음을 알 수 있었다.

**서산오토밸리어린이집
육슬기 교사**

먹을 내주면서 '정리하기 힘들어지기만 하지 않을까?'라고 생각했던 예상과 달리 예측하지 못했던 차이, 시간에 따른 자료의 변화 등을 어린이들은 끊임없이 실험해나가는 모습이었다. 교사가 어떤 생각으로 자료를 제공하느냐에 따라 어린이들도 달라진다는 것을 깨닫게 되었다.

**서울시농수산식품공사올본어린이집
이승연 교사**

미로 놀이를 시작하며 실을 내어 줄 때의 나의 의도와는 다른 방향으로 진행되었지만, 그 과정 안에서 어린이들은 많은 것들을 이루고 있음에 너무 놀라웠다.

**서울시농수산식품공사올본어린이집
임동은 교사**

만1세 영아라는 연령의 제한점, '공기청정기는 만지면 안 돼.'와 같은 일상 속에서 당연시하게 여겨왔던 관념의 틀에서 벗어나 단순히 어린이들이 현재 관심을 쏟고 있는 그 행동과 자료, 요소들에만 집중했던 들여다보기라는 시도는 어린이들을 바라보는 새로운 과정이었다.

**풀무원어린이집
김서연 교사**

교사의 모델링을 내려놓고 어린이들의 일상을 들여다본다는 것이 참 어렵게만 느껴졌다. 그런데 시간이 지날수록 어린이들은 눈빛, 표정 등 수만 가지의 신호를 보내며 표현하고 있다는 것을 알게 되었고, 그것을 글과 사진으로 담아내기 위해 노력하는 나를 발견할 수 있었다. 또한 그 동안 금기시 했던 '괴물'이라는 소재를 허용하며 어린이들을 들여다보니, 어린이들은 보이지 않는 것을 상상해서 괴물을 정의내리며 다양한 형태로 즐거움을 표현하고 있었다. 어린이들을 있는 그대로 들여다보며 기다려주는 것은 어린이들의 주도성과 잠재력을 끄집어낼 수 있는 방법임을 다시 한 번 느낄 수 있었던 계기가 되었다.

**풀무원어린이집
문사라 교사**

하이원태백어린이집 김소림 교사	나의 고정관념을 깨고 어린이들의 놀이를 보았더니, 교사의 개입 없이도 어린이들은 수많은 놀이를 할 수 있음을 알게 되었다. 놀이를 통해 어린이들의 다양한 생각들을 들여다봄으로써 교사로서도 더욱 의미 있는 시간들이었다.
하이원태백어린이집 채송화 교사	기록작업을 통해 어린이들의 놀이를 들여다보면서 교사의 내면속에 어린이들을 향한 고정관념과 편견들이 어린이들의 무한한 가능성을 방해하고 있었다는 것을 깨닫게 되었다. 어린이들에게 자율성을 인정해 준다는 것이 어쩌면 두려움의 시작이 될 수 있지만, 그 과정을 통해 소중한 열매를 맺을 수 있다는 것을 모든 교사들과 함께 공유하고 싶다.
한솔교육&CJ키즈빌어린이집 권순주 교사	어린이들의 놀이를 따라가다보니 유능한 어린이들의 모습을 만날 수 있게 되었다. 어린이들은 섬세하게 세상을 이해해나가며 저마다의 방법으로 활발히 탐색하는 모습을 살펴 볼 수 있었고, 예상하지 못했던 모습들을 발견할 수 있는 소중한 시간이 되었다.
한솔교육&CJ키즈빌어린이집 박소연 교사	교사가 수없이 많이 제공해 주었던 그 어떤 빛보다 어둠속에서 발견하는 하나의 빛 줄기에 어린이들은 더 열광하고 흥분하기도 하고, 긴장을 하며 탐색하기도 했다. 그 동안 성인의 고정관념으로 인하여 어린이들의 수많은 언어로 표현할 수 있는 '어둠이라는 환경'을 조명으로 다 제거하여 버린 것은 아닌지 하는 생각의 전환이 들었다.
한솔교육&CJ키즈빌어린이집 박해진 교사	어린이는 교사들의 계획과 프로그램을 통해 배우는 수동적인 존재가 아니라 스스로 발견하고 놀이를 통해서 배워갈 수 있다는 것을 몸소 느낄 수 있었다. 나 또한 어린이 앞에서 겸손해야 어린이의 세상에 초대받을 수 있음을 기억해야겠다.
한솔교육&CJ키즈빌어린이집 한소진 교사	과거에는 '매순간 위험하니까', '다양한 빛을 어린이들이 탐색해야 하니까'라는 교사로서의 이유로 어린이들의 손에 '먼저 쥐어준 빛'이었지만 어린이들이 어둠 속에서 찾아낸 빛과 놀이는 더욱 애착을 가지고 어린이들 스스로 빠져들게 되는 모습이었다. 일회성으로 끝나지 않았던 모습을 보며 서로간의 배려가 빛을 볼 수 있었던 놀이였다는 생각이 든다. 어린이들 뿐 아니라 교사들에게도 귀중한 경험이 되었다.
한화여의도어린이집 김민정 교사	비록 영아들이지만 자신의 점토를 친구에게 나누어 주는 과정을 보면서, 우리가 예상했던 것보다 어린이들은 훨씬 사회적으로 관계 맺고자 하는 성향이 강하고 그 나름대로의 시도가 있음을 알게 해준다.
한화여의도어린이집 이소정 교사	어린이들의 놀이를 의식적으로 들여다보는 과정을 통해 어린이들이 주로 해나갔던 놀이의 패턴, 유형이 변하는 것을 알 수 있었다. 특히 또래의 놀이를 모방하는 과정을 통해 변화해 나가는 놀이 형태가 인상적이었다.

젖은 셀로판지에 대한 흥미를 이어가기 위해 들여온 라이트 테이블은 영아들의 색다른 흥미를 발견할 수 있도록 함과 동시에 공유된 맥락 속에서 함께 놀이하는 기쁨을 주었다. 이는 교사의 반복된 관찰과 기록작업이 있었기에 놀이의 가능성을 발견할 수 있었던 것 같다.

항공누리어린이집
강은경 교사

외부인 출입증을 만들고, 출입기록지를 작성하기를 안내하는 어린이들의 모습을 보며 그 놀이가 지속적으로 이루어지고 있다는 점과, 그것이 우리 반 뿐만 아니라 점차 동생들 반까지 영향력을 미쳐 어린이집만의 놀이문화로 자리 잡은 것은 놀라웠다. 사실, 기록작업과 들여다보기가 아니었다면 어린이들이 만든 놀이를 보며 '왜 이렇게 하는 거지?' 라는 생각을 못하고 지나가지 않았을까 하는 생각을 해본다.

항공누리어린이집
이성민 교사

지금까지 '어린이들은 유능하다.'라고 너무 쉽게 말해왔던 것은 아닐까? 기록 작업을 통해 만난 영아들은 자신의 욕구를 원동력으로 놀이를 펼치며 친구들을 때로는 성인인 교사마저도 매료시킬 만큼 특별했다.

현대양재어린이집
김지수 교사

기다림 속에서 능동적인 아이들을 믿고 들여다보며 기록으로 남기는 것과 협의를 통해 동료들과 소통하며 한 방향으로 마음으로 모으는 것 모두 교사인 나에게 가장 약한 부분을 다듬어가는 길이었다.

현대제철당진어린이집
이현숙 교사

매체에 다양한 의미들을 부여하는 어린이들을 보며 교사들도 긍정의 의미를 부여하게 되었고 친구들과의 함께 놀이 속에서 생기는 갈등상황을 풀어가는 과정에서도 다양한 의미를 만들어가는 어린이들을 살펴볼 수 있었다.

현대제철인천어린이집
김은애 교사

하루에도 몇 번씩 갈등이 있던 어린이들이 함께놀이를 통해 조금씩 타인을 이해하고 감정을 공감해가며 관계를 확장해나가는 모습을 보며 함께놀이의 가치를 알 수 있었으며, 어린이들은 스스로의 가치를 발견하고 자신이 유능한 존재임을 느꼈던 한 해였다.

현대제철인천어린이집
윤지은 교사

단편적으로 끝날 수 있는 거울방 놀이였지만 기록을 통해 어린이들과 놀이를 함께 되돌아보자, 우리의 놀이는 장편의 이야기를 갖게 되었고 한 해 동안 어린이들과 '따라방'이란 이름으로 다양한 이야기를 확장해나가며 즐겁게 놀이할 수 있는 의미 있는 시간이었다.

CJ키즈빌어린이집
양미소 교사

놀이 속에서 생기는 특별한 의미가 담긴 공간의 진화는 어린이의 유능함을 찾아볼 수 있었고 교사가 어린이의 놀이를 깊이 있게 바라볼 수 있도록 도와주는 소중한 경험이 되었다. 지금도 변화하는 따라방(거울방)에서 실험적 탐색이 놀이로 발현되며 지속적으로 확장되길 기대해본다.

CJ키즈빌어린이집
이하얀 교사

KR어린이집 손지혜 교사	어린이들의 흥미에 따라 주제를 정하고 활동을 해보자라고 생각하며 실행에 옮기기를 마음먹었을 때 설렘, 기대, 불안함 등 다양한 감정이 교차하였다. 그러나 점차 어린이들이 소통하고 협력하며 놀이가 이루어지는 것을 관찰하였을 때, 그 희열은 어떤 단어로도 표현할 수 없을 만큼 기뻤다.
KR어린이집 진소미 교사	기록작업을 통해 어린이들의 상호작용과 활동을 살펴보며 내가 무엇을 놓치고 있었는지 발견할 수 있었고, 교사 주도적인 활동들이 이루어지고 있었던 것에 대해 다시 한 번 생각해보게 되었다.
LB루셈어린이집 정대현 교사	작은 발견에서 시작된 빛 찾기 놀이가 그림자놀이까지 이어지는 동안 어린이들에 대한 믿음과 기다림이 반복되었다. 교사로서 반복되는 시간으로 지쳐갈 때쯤, 어린이들이 놀이에 몰입하며 스스로 발견하는 모습을 보며 의미 있게 바라볼 수 있었다.
LG이노텍(파주)어린이집 고은희 교사	그림책을 통해서 인상 깊게 남았던 소재와 그 속에서 느꼈던 감정을 공유하고 표정과 몸짓의 신호로 소통하는 어린이들을 보며 영아들의 일상에서 함께함의 의미를 발견하는 시간이었다.
LG이노텍(파주)어린이집 김경원 교사	기록의 공유와 협의를 통해 어린이들의 놀이에 대한 질문, 가설을 세우며 여러 가지 시도를 해볼 수 있었다. 어린이들과 함께 알아내고 즐거워하며 놀이의 참 의미를 찾아나갈 수 있었고, 더 나아가 기록의 나눔과 협의의 즐거움을 느낄 수 있는 시간이었다.
LG이노텍(파주)어린이집 김예지 교사	언어표현이 서툰 어린이들이 일상적인 책읽기를 시작으로 서로 소통을 시도하고 감정을 교류해 나가며 즐거운 '함께놀이'가 되어갔던 과정들을 다시 돌아보며 일상의 기록들로 어린이들을 발견해 갔던 시간이 소중하게 다가왔다.
LG이노텍(파주)어린이집 안드레 교사	색깔물을 만드는 어린이들의 놀이에서 실험이 지속되는 것을 발견하며 기록의 즐거움을 경험하였다. 기록을 토대로 고민하는 시간을 통해 어린이들이 각자 표현하는 놀이가 얼마나 의미 있고 놀라운지 나도 모르게 빠져드는 시간이었다.
SKY어린이집 김세이 교사	기록을 통해 사소하고 일반적인 사건들도 자세하게 들여다보고 어린이들과 함께 다가선다면 의미 있는 과정으로 전개될 수 있다는 것을 돌아볼 수 있었다. 쉽게 지나칠 수 있는 부분들도 어린이들에게 배움과 성장의 기회가 될 수 있음을 알고 더욱 세심하게 바라보며 들여다보는 눈을 가질 수 있어야겠다.
SKY어린이집 김예린 교사	어린이들의 흥미와 연계하여 어린이들의 시선에 맞춘 놀이 지원이 어린이들에게 중요하다는 것을 깨달을 수 있어 교사로서 유익한 시간이 되었다.

어린이들에게 많은 재활용품을 제공해주었지만 왜 한 번도 기다란 종이심을 제공해 줄 생각을 해보지 않았을까? 생각을 전환하여 다양한 매체를 어린이들에게 제공해주었을 때, 어린이들은 교사가 예상하지 못하였던 방법으로 스스로 가설을 세우고 그것을 실험할 수 있다는 것을 기록을 통하여 깨달을 수 있었다.

SKY어린이집
최윤혜 교사

나 또한 그랬듯이 무엇이든 처음은 어렵다. 하지만 이 과정을 통해서 새로운 것에 도전하며 자신의 교육 철학을 고민해볼 수 있기에, 우리의 시행착오를 바탕으로 많은 교사들이 편안한 마음으로 함께 시작해 보기를 바래본다.

the KIDS 여의도2어린이집
김하늘 교사

기록작업을 통해 어린이들의 놀이에 초대되어 탐색과 몰입, 협력의 순간을 발견하기도 하였다. 또한 당시에는 이해할 수 없었던 어린이들의 모습 속에 숨어있던 의도를 찾아보며 이해해보는 시간을 가질 수 있었다.

the KIDS 여의도2어린이집
이은주 교사

레지오 정신을 토대로 한 도담도담이야기 II

발견과 나눔의 순환을 통한 배움
: 아뜰리에 정신과 함께놀이

첫째판 1쇄 발행 | 2019년 5월 20일
둘째판 1쇄 발행 | 2020년 6월 1일

펴낸이	한솔어린이보육재단·오문자
대표번호	02-2001-5418 (보육 및 인사채용), 02-2001-5381 (설치상담)
주소	서울시 마포구 월드컵북로 361(상암동) 한솔교육빌딩 7층
팩스	02-2001-5406
전자우편	hansol@hansolhope.or.kr
홈페이지	http://www.hansolhope.or.kr/
디자인	소정당협동조합
대표번호	02-838-8967
주소	서울시 금천구 탑골로8길 23, 금천구사회적경제허브센터 404호
전자우편	sojungdang@gmail.com
홈페이지	http://youngbuthonest.com
발행처	주식회사 도담서가
발행인	박종서
출판등록	제2019-000174호
주소	서울시 마포구 월드컵북로 361(상암동) 한솔교육빌딩 7층
대표번호	02-2001-5688
전자우편	skg10@naver.com

ⓒ 한솔어린이보육재단·오문자, 2019
이 책은 저작권법의 보호를 받는 저작물이므로 무단 전제 또는 복제를 금합니다.

ISBN 979-11-970329-1-2 (93370)
정가 20,000원

이 도서의 국립중앙도서관 출판예정도서목록(CIP)은 서지정보유통지원시스템 홈페이지(http://seoji.nl.go.kr)와
국가자료공동목록시스템(http://www.nl.go.kr/kolisnet)에서 이용하실 수 있습니다.(CIP제어번호: CIP2020021428)